《永乐大典》安徽江南方志研究

蒲 霞 ◎ 著

安徽省哲学社会科学规划项目研究成果
项目批准号：AHSKHQ2018D09

北京师范大学出版集团
安徽大学出版社

图书在版编目(CIP)数据

《永乐大典》安徽江南方志研究/蒲霞著. —合肥：
安徽大学出版社,2019.8
ISBN 978-7-5664-1842-5

Ⅰ.①永… Ⅱ.①蒲… Ⅲ.①安徽—地方志—研究 Ⅳ.①K295.4

中国版本图书馆CIP数据核字(2019)第185938号

《永乐大典》安徽江南方志研究
YongLeDaDian AnHui JiangNan FangZhi YanJiu

蒲霞 著

出版发行	北京师范大学出版集团 安徽大学出版社 (安徽省合肥市肥西路3号 邮编230039) www.bnupg.com.cn www.ahupress.com.cn
印　刷	合肥远东印务有限责任公司
经　销	全国新华书店
开　本	170mm×240mm
印　张	17.75
字　数	268千字
版　次	2019年8月第1版
印　次	2019年8月第1次印刷
定　价	49.00元

ISBN 978-7-5664-1842-5

策划编辑：李　君　　　　　　　　装帧设计：李　军　金伶智
责任编辑：杨　序　　　　　　　　美术编辑：李　军
责任印制：陈　如　孟献辉

版权所有　侵权必究

反盗版、侵权举报电话：0551—65106311
外埠邮购电话：0551—65107716
本书如有印装质量问题，请与印制管理部联系调换。
印制管理部电话：0551—65106311

说明

- 本书论述《永乐大典》安徽江南方志所引佚文均以马蓉等点校的《永乐大典方志辑佚》为基础,并同时考察张国淦《永乐大典方志辑本》的内容,如《永乐大典方志辑佚》《永乐大典方志辑本》所辑内容与中华书局影印出版的《永乐大典》残卷不同,或《永乐大典》残卷有误,则在具体论述时予以指出,对讹误之处进行订正。
- 《永乐大典方志辑佚》的编者对《永乐大典》中原有类目,是直接引用,不加变化的,从而保持了原著的本来面貌。至于那些丢失原有类目的,则根据文字内容,列出类目,并以方括号"【】"表示,以示区别。本书在引用时悉遵《永乐大典方志辑佚》的处理原则,按其设置的类目对相关内容进行分类论述,个别地方确实需要调整的,则在具体论述时加以说明。
- 本书引用原始文献时,原书阙漏或字迹不清无法辨认者,皆以"□"表示。
- 本书引用原始资料时,为保持资料的完整性而需作补充处,皆括以"()"。

目录

前　言 …………………………………………………………………… 1

第一章　宁国府方志研究 ……………………………………………… 1

　第一节　宁国府建置沿革和宣城志编修源流 ………………………… 1
　　一、宁国府建置沿革 ………………………………………………… 1
　　二、宣城志编修源流 ………………………………………………… 3
　第二节　大典本《宣城志》研究 ……………………………………… 5
　　一、关于大典本《宣城志》编修时间的探讨 ……………………… 6
　　二、大典本洪武《宣城志》佚文的价值 …………………………… 12
　　三、洪武《宣城志》佚文辑补 ……………………………………… 46
　第三节　大典本《续宣城志》研究 …………………………………… 52
　　一、关于大典本《续宣城志》编修时间的探讨 …………………… 52
　　二、大典本《续宣城志》佚文的价值 ……………………………… 53
　第四节　大典本《泾川志》研究 ……………………………………… 65
　　一、关于大典本《泾川志》编修时间的探讨 ……………………… 65
　　二、大典本王桎《泾川志》佚文的价值 …………………………… 73
　　三、王桎《泾川志》佚文辑补 ……………………………………… 84

第五节　大典本《泾城志》研究 …………………………………… 94
　　一、关于大典本《泾城志》编修时间的探讨 ………………………… 94
　　二、大典本《泾城志》佚文的价值 …………………………………… 96

第六节　大典本《旌川志》研究 …………………………………… 106
　　一、关于大典本《旌川志》编修时间的探讨 ………………………… 106
　　二、大典本李瞻《旌川志》佚文的价值 ……………………………… 110
　　三、李瞻《旌川志》佚文辑补 ………………………………………… 115

第七节　大典本《旌德志》研究 …………………………………… 117
　　一、关于大典本《旌德志》编修时间的探讨 ………………………… 118
　　二、大典本《旌德志》佚文的价值 …………………………………… 120

第八节　大典本《宁国县志》研究 ………………………………… 123

小　结 ………………………………………………………………… 125

第二章　池州府方志研究 …………………………………… 128

第一节　池州府建置沿革和池州府志编修源流 …………………… 128
　　一、池州府建置沿革 …………………………………………………… 128
　　二、池州府志编修源流 ………………………………………………… 130

第二节　大典本《秋浦新志》研究 ………………………………… 132
　　一、关于大典本《秋浦新志》编修时间的探讨 ……………………… 132
　　二、大典本王伯大《秋浦新志》佚文的价值 ………………………… 136

第三节　大典本《池州府志》研究 ………………………………… 144
　　一、关于大典本《池州府志》编修时间的探讨 ……………………… 144
　　二、大典本《池州府志》佚文的价值 ………………………………… 146

第四节　大典本《池州府图志》和《池州府新志》研究 ………… 153
　　一、大典本《池州府图志》研究 ……………………………………… 153
　　二、大典本《池州府新志》研究 ……………………………………… 155

第五节　大典本《池州志》和《池州路志》研究 ·············· 158
　一、关于大典本《池州志》编修时间的探讨 ·············· 158
　二、大典本《池州志》佚文的价值 ·············· 162
　三、大典本《池州路志》研究 ·············· 164
第六节　大典本《青阳志》和《青阳县志》研究 ·············· 167
　一、大典本《青阳志》研究 ·············· 167
　二、大典本《元青阳志》和《青阳志》佚文价值 ·············· 171
　三、大典本《青阳县志》研究 ·············· 174
小　结 ·············· 176

第三章　太平府方志研究 ·············· 178
第一节　太平府建置沿革和方志编修源流 ·············· 178
　一、太平府建置沿革 ·············· 178
　二、太平府志编修源流 ·············· 180
第二节　大典本《太平州图经》研究 ·············· 185
　一、关于大典本《太平州图经》编修时间的探讨 ·············· 185
　二、大典本《太平州图经》佚文的价值 ·············· 187
第三节　大典本《太平州图经志》研究 ·············· 196
　一、关于大典本《太平州图经志》编修时间的探讨 ·············· 196
　二、大典本《太平州图经志》佚文的价值 ·············· 197
第四节　大典本《太平府志》《太平志》和《太平府图经》研究 ·············· 204
　一、大典本《太平府志》研究 ·············· 204
　二、大典本《太平志》研究 ·············· 208
　三、大典本《太平府图经》研究 ·············· 210
小　结 ·············· 212

第四章　广德州方志研究 …… 214

第一节　广德州建置沿革和广德州志编修源流 …… 214
　一、广德州建置沿革 …… 215
　二、广德州志编修源流 …… 216

第二节　大典本《桐汭志》研究 …… 219
　一、关于大典本《桐汭志》编修时间的探讨 …… 219
　二、大典本《桐汭志》佚文的价值 …… 224

第三节　大典本《桐汭新志》研究 …… 236
　一、关于大典本《桐汭新志》编修时间的探讨 …… 236
　二、大典本《桐汭新志》佚文的价值 …… 239

第四节　大典本《广德军志》研究 …… 243

　小　结 …… 246

总　结 …… 247

参考文献 …… 251

后　记 …… 259

前言 QIANYAN

《永乐大典》是明朝永乐年间官修的大型综合性类书。永乐元年(1403年)七月,明成祖朱棣命解缙、姚广孝、王景、邹辑等人纂修大型类书,永乐二年(1404年)十一月书成,初名《文献大成》。但明成祖认为这部书并不是十分完备,复敕姚广孝等人重修。又四历寒暑,永乐六年(1408年)最终完成全书,成祖赐书名为《永乐大典》,并亲撰序言以纪其事。全书22937卷,正文22877卷,凡例、目录60卷,共装订成11095册,约3.7亿字。全书体例"用韵以统字,用字以系事",可以按照韵字进行检索。全书举凡天文、地理、人伦、国统、道德、政治制度、名物、奇闻异见,以及日、月、星、雨、风、云、霜、露和山海、江河等均随字收载。《永乐大典》收录了上自先秦,下迄明初的经、史、子、集百家之书及天文、地志、阴阳、医卜、技艺等各种古籍八千余种。它保存了明朝初年以前大量的哲学、历史、地理、社会、语言、文学、艺术、宗教、科学技术、军事等方面丰富而珍贵的资料。学者称之为"宇宙之鸿宝"。由于《永乐大典》辑录的书籍,往往一字不易,悉照原著整部、整篇或整段编入,这就更加提高了其保存资料的文献价值。

由于卷帙浩繁,难以刊刻,《永乐大典》修成后仅缮写一部。后明世宗为防火灾等不测之虞,命人重录一部,至隆庆元年(1567年)完成。从此《永乐大典》才有正、副两部,原本为正本,重抄本为副本,分别珍藏在北京紫禁城文渊阁和皇史宬两处。但是，后来《永乐大典》屡遭厄难，正本在明朝末年即已下落不明。副本到清朝康熙年间就已有部分遗失。雍正朝《永乐大典》由皇史宬移入翰林院。乾隆元年（1736年）至三十八年（1773年）设四库馆修《四库全书》时，《永乐大典》陆续遗失，前后总计佚失2400余卷。而自咸丰十年（1860年）《永乐大典》开始大规模陆续散出。至光绪十八年（1892年），只剩下870册。光绪二十六年（1900年），八国联军入侵北京，幸存之《永乐大典》又被肆意抢掠，运往英、美、日、法、德、俄等国，或散出辗转贩卖作为古董收藏，散布于国外的许多图书馆、博物馆。为了尽可能恢复《永乐大典》原貌，海内外仁人学者不辞艰辛，多方探寻，广泛收集残卷剩册。到1959年共收集到《永乐大典》原本215册，加上复制副本等，总共得到730卷，1960年由中华书局影印出版，1986年中华书局又将已经征集到的现存的《永乐大典》近八百卷，缩印精装出版。人们找寻《永乐大典》残卷的热情并没有就此而停止，在国内外学者和留学生的协助下，终于又取得现藏于美国、日本、英国、爱尔兰等国的十七卷《永乐大典》复制件，并编辑成《海外新发现〈永乐大典〉十七卷》一书，2003年由上海辞书出版社出版发行。因此，目前现存的《永乐大典》残卷有八百多卷。收集和影印出版《永乐大典》残卷是一项非常重要的活动，取得了丰富的成果，这也是文献学史上的一项重要收获。

由于《永乐大典》网罗宏富，而且整部、整篇、整段地收录原文，虽然现存《永乐大典》已经残缺，仅有八百余卷，但因收录的原书存者寥寥，所以这部类书残卷仍是辑佚古书的可靠资料。《永乐大典》收录众多的方志，黄燕生先生就认为《永乐大典》"征录地方志在1000种以上"[①]。而且许多方志原书久佚于世，赖《永乐大典》得以重现部分内容。专门以《永乐大典》收录的方志为对象进行辑佚及其他研究活动是从清朝雍正年间开始的。清朝雍正年间的全祖望，在翰林院得见《永乐大典》，赞其"或可以补人间之缺本，或可以正后世之伪书，则信乎取精多而用物宏，不可谓非宇宙间之鸿宝也"[②]，认为

---

① 黄燕生：《〈永乐大典〉征引方志考述》，载《中国历史文物》，2002年第3期，第74页。
② （清）全祖望：《鲒埼亭集外编》卷一七《记》，清嘉庆十六年（1811年）刻本。

可从中辑经、史、志乘、氏族、艺文五类典籍。全祖望辑出高氏《春秋义宗》等10种,其中有志乘类《永乐宁波府志》1种。大约从清中叶开始,一些见到《永乐大典》的学者开始注意到该书征录的大量方志。乾隆年间编修《四库全书》时,特设校勘《永乐大典》散篇办事处,当时由四库馆臣所辑的宋元旧志有《嘉泰吴兴志》《嘉定维扬志》《嘉定镇江志》《至顺镇江志》《淳祐临安志》5种,惜未收入《四库全书》。后徐松辑得《元河南志》,晚清文廷式、缪荃孙亦辑有《寿昌乘》《永乐顺天府志》《泸州图经志》。总的说来,清朝利用《永乐大典》辑佚方志的工作虽有所成果,但做得很不充分,尤其在修《四库全书》之时,《永乐大典》尚散佚不多,如果认真辑佚,可以辑得更多的方志,可惜有清一代仅辑出10种,其中《嘉定维扬志》《永乐宁波府志》辑出后又亡佚,现仅存8种。

20世纪30年代,赵万里辑出《元一统志》。张国淦又依据当时所能见到的《永乐大典》残卷,对历代地理总志和方志进行了一次较为全面而系统的辑佚。张国淦先生是民国以来研究古方志最有成就的学者,惜其《蒲圻张氏大典辑本》当时未及刊刻,无法了解原书面貌,只能从他的《中国古方志考》中得到一些线索。此外,陈香白、李裕民则在20世纪80年代分别辑出《三阳志》《三阳图志》《太原志》3部志书的佚文。

20世纪80年代,马蓉等学者开始对《永乐大典》残本中收录的方志进行全面辑佚。他们利用的资料不仅有中华书局1960年和1986年所影印的近八百卷《永乐大典》残本,而且当他们得知美洲、欧洲、亚洲一些公私藏家尚有《永乐大典》残卷十余卷,且这些残卷均为中华书局影印本所未收录时,便多方努力,在海外友人的大力协助下,终于取得这些残卷的复制件。因此,他们进行辑佚时共掌握现存《永乐大典》残卷八百余卷。在这一基础上,经过多年努力,其辑佚成果《永乐大典方志辑佚》问世,该书共五册,2004年由中华书局出版。马蓉等学者本着"已有辑本者不辑"的原则,如《永乐顺天府志》《泸州图经志》已有缪荃孙辑本、《析津志》已有北京图书馆善本室辑本,便不再重复辑佚，从《永乐大典》残卷中共辑出方志893种，总志7种，共900种。①

张国淦先生的《蒲圻张氏大典辑本》虽未得以及时刊印，但因其书稿已成，再加上张先生不断补充及后人的努力，经杜春和整理，张国淦先生的《永乐大典方志辑本》在2006年由北京燕山出版社出版，2009年再版。这部辑佚之作对原稿进行了整理，并补充了后来从《永乐大典》残卷中新辑到的方志，较《蒲圻张氏大典辑本》内容更为充实和丰富。此书从《永乐大典》残卷中辑出方志550种左右。②

随着学者们逐渐认识到《永乐大典》方志不仅保存了丰富的资料，还具有补阙史料、校勘他书、辑佚古书等作用，其研究就不再局限于辑佚旧志，而是开始对这些佚志进行更为具体的研究。林之的《〈永乐大典〉中保存的方志》③、廖盛春的《〈永乐大典〉地方志存目校订一则》④、黄燕生的《〈永乐大典〉征引方志考述》⑤、邹帆的《论〈永乐大典〉的方志辑佚价值——以〈宋元方志丛刊〉辑本为例》⑥等，皆是对《永乐大典》方志的宏观性研究，主要涉及《永乐大典》收录方志的原则、特点、辑佚价值等问题。姜纬堂的《〈永乐大典·南宁府志〉及其价值》⑦、罗新的《〈永乐大典〉所录湖北方志考》⑧、黄燕生的《〈永乐大典〉杭州方志辑考》⑨、黄燕生的《〈永乐大典〉湖州方志辑考》⑩、黄燕生的

---

① 马蓉等点校：《永乐大典方志辑佚》第一册《前言》，北京：中华书局，2004年，第2～3页。
② 杜春和整理、张国淦：《永乐大典方志辑本》，北京：北京燕山出版社，2009年。
③ 林之：《〈永乐大典〉中保存的方志》，载《杭州师范学院学报》，1990年第4期。
④ 廖盛春：《〈永乐大典〉地方志存目校订一则》，载《广西地方志》，1994年第6期。
⑤ 黄燕生：《〈永乐大典〉征引方志考述》，载《中国历史文物》，2002年第3期。
⑥ 邹帆：《论〈永乐大典〉的方志辑佚价值——以〈宋元方志丛刊〉辑本为例》，载《群文天地》，2011年第16期。
⑦ 姜纬堂：《〈永乐大典·南宁府志〉及其价值》，载《学术论坛》，1986年第5期。
⑧ 罗新：《〈永乐大典〉所录湖北方志考》，载《湖北方志》，1988年第3期。
⑨ 黄燕生：《〈永乐大典〉杭州方志辑考》，载《浙江方志》，1989年第2期。
⑩ 黄燕生：《〈永乐大典〉湖州方志辑考》，载《浙江方志》，1990年第6期。

《〈永乐大典〉绍兴方志辑考(上)》①、黄燕生的《〈永乐大典〉绍兴方志辑考(下)》②、黄静的《〈永乐大典〉辑存江苏古方志考录》③、崔伟的《〈永乐大典〉本〈应天府志〉及其佚文考》④、崔伟的《〈永乐大典〉收录的〈茅山续志〉及其佚文考》⑤、崔伟的《〈永乐大典〉收录扬州方志考略》⑥、邹帆和胡伟的《论〈永乐大典〉的方志辑佚价值——以〈宋元方志丛刊〉中辑本为例》⑦、崔伟的《〈永乐大典〉本〈金陵志〉编修时间及佚文考》⑧、王继宗的《〈永乐大典〉十九卷内容之失而复得——[洪武]〈常州府志〉来源考》⑨、滑红彬的《〈永乐大典〉辑本〈江洲志〉的目录学价值》⑩、周方高和宋惠聪的《〈全宋文〉拾补十一则——以〈永乐大典〉本湖南方志为中心》⑪、张传勇和宋淑兵的《〈永乐大典〉本"邹平县志"小识》⑫、王宇的《陈亮"六达帝廷"——兼论〈永乐大典〉所载〈元一统志婺州路陈亮传〉的真实性》⑬、张升的《大典本〈维扬志〉考》⑭等论文,以及周方高

---

① 黄燕生:《〈永乐大典〉绍兴方志辑考(上)》,载《浙江方志》,1991年第6期。
② 黄燕生:《〈永乐大典〉绍兴方志辑考(下)》,载《浙江方志》,1992年第8期。
③ 黄静:《〈永乐大典〉辑存江苏古方志考录》,载《江苏地方志》,2009年第1期、第2期。
④ 崔伟:《〈永乐大典〉本〈应天府志〉及其佚文考》,载《中国地方志》,2009年第3期。
⑤ 崔伟:《〈永乐大典〉收录的〈茅山续志〉及其佚文考》,载《学理论》,2009年第10期。
⑥ 崔伟:《〈永乐大典〉收录扬州方志考略》,载《江苏地方志》,2011年第4期。
⑦ 邹帆、胡伟:《论〈永乐大典〉的方志辑佚价值——以〈宋元方志丛刊〉中辑本为例》,载《群文天地》,2011年第8期。
⑧ 崔伟:《〈永乐大典〉本〈金陵志〉编修时间及佚文考》,载《江苏地方志》,2014年第1期。
⑨ 王继宗:《〈永乐大典〉十九卷内容之失而复得——[洪武]〈常州府志〉来源考》,载《文献》,2014年第3期。
⑩ 滑红彬:《〈永乐大典〉辑本〈江洲志〉的目录学价值》,载《兰台世界》,2015年12月下。
⑪ 周方高、宋惠聪:《〈全宋文〉拾补十一则——以〈永乐大典〉本湖南方志为中心》,载《信阳师范学院学报》,2016年第3期。
⑫ 张传勇、宋淑兵:《〈永乐大典〉本"邹平县志"小识》,载《中国地方志》,2017年第5期。
⑬ 王宇:《陈亮"六达帝廷"——兼论〈永乐大典〉所载〈元一统志婺州路陈亮传〉的真实性》,载《浙江社会科学》,2017年第10期。
⑭ 张升:《大典本〈维扬志〉考》,载《史学史研究》,2018年第1期。

的专著《〈永乐大典〉本南宋至明初湖南佚志辑校》①,则是以某一地区方志为研究对象,对《永乐大典》方志进行的个案分析。从目前取得的研究成果看,这类研究大多是一些宏观性研究,主要是对这些方志进行了梳理,总结了《永乐大典》收录方志的一些特色,但还没有对方志佚文作完整、系统、深层次的研究,特别是没有对《永乐大典》方志的体例、佚文的价值、佚文的正误等问题作细致地研究,亦没有对早期方志编修的基本情况和修志理论作出总结,因此,对《永乐大典》方志的研究,在研究的深度和广度上有待进一步加强,以便充分发掘这些志书的价值,为其他研究所利用。

根据上文分析,到目前为止,虽然已有学者对《永乐大典》中的方志佚文作了一些研究,取得了一些成果,这些研究既有对《永乐大典》征引的方志作总体上的论述,也有对《永乐大典》方志佚文所作的具体研究,但这一具体研究主要集中于浙江、湖北、江苏、广西、湖南方志上,而对安徽方志却少有论述。虽然刘尚恒《安徽方志考略》、宫为之《皖志史稿》等著作曾专门对安徽方志进行过研究,但他们侧重于对皖志编修情况、流传及存佚情况进行总体性分析和说明,虽然对《永乐大典》收录的安徽方志有些论述,但没有对《永乐大典》收录的安徽方志佚文作专门细致的分析和研究。《永乐大典方志辑佚》《永乐大典方志辑本》是两部辑佚之作,张国淦的《中国古方志考》是考述性著作,《永乐大典方志辑本》和《中国古方志考》这两部著作只是对辑出的《永乐大典》安徽方志的编修时间作了初步分析,没有对这些志书的佚文进行深入研究,总结其价值。

笔者从 2004 年开始对《永乐大典》安徽方志进行初步研究,摸索出一套具有实用价值的研究方法,总结出一些研究经验。发表多篇相关研究论文:《〈永乐大典〉本〈新安志〉佚文订误七条》②《〈永乐大典〉所收《〈新安志〉佚文

---

① 周方高:《〈永乐大典〉本南宋至明初湖南佚志辑校》,上海古籍出版社,2015 年。
② 蒲霞:《〈永乐大典〉本〈新安志〉佚文订误七条》,载《东南文化》,2006 年第 1 期。

订误二则》①《〈永乐大典〉所辑〈新安志〉研究》②《大典本〈新安志〉的编修时间和佚文辑补》③《大典本〈徽州府志〉的编修时间和佚文订误》④《大典本〈新安志〉佚文研究》⑤《〈永乐大典〉本〈徽州府新安志〉编修时间考》⑥《〈永乐大典〉中〈新安续志〉编修时间考辨》⑦《〈永乐大典〉本〈旌川志〉的编修时间和佚文补辑》⑧《〈永乐大典〉中五部"凤阳"方志的编修时间》⑨《〈永乐大典〉本〈泰和志〉研究》⑩《〈永乐大典〉所收方志的特点和价值——以徽州方志为考察中心》⑪《〈永乐大典〉本〈秋浦新志〉的编修时间和逸文价值》⑫。出版研究专著两部：《〈永乐大典〉徽州方志研究》⑬《〈永乐大典〉安徽江北方志研究》⑭。

通过研究笔者认为,《永乐大典》收录的安徽方志数量大,涉及地区广,不仅佚文内容丰富,补充了现存文献记载的不足,具有重要的史料价值,而且具有校勘其他文献、辑佚古书等文献学价值;不仅可以为了解早期安徽方

---

① 蒲霞:《〈永乐大典〉所收〈新安志〉佚文订误二则》,载《中国地方志》,2006年第3期。

② 蒲霞:《〈永乐大典〉所辑〈新安志〉研究》,载《史学月刊》,2006年第6期。

③ 蒲霞:《大典本〈新安志〉的编修时间和佚文辑补》,载《中国地方志》,2007年第1期。

④ 蒲霞:《大典本〈徽州府志〉的编修时间和佚文订误》,载《福建广播电视大学学报》,2007年第3期。

⑤ 蒲霞:《大典本〈新安志〉佚文研究》,载《安大史学》第三辑,2008年。

⑥ 蒲霞:《〈永乐大典〉本〈徽州府新安志〉编修时间考》,载《中国地方志》,2009年第3期。

⑦ 蒲霞:《〈永乐大典〉中〈新安续志〉编修时间考辨》,载《安庆师范学院学报》,2009年第10期。

⑧ 蒲霞:《〈永乐大典〉本〈旌川志〉的编修时间和佚文补辑》,载《中国地方志》,2010年第6期。

⑨ 蒲霞:《〈永乐大典〉中五部"凤阳"方志的编修时间》,见《皖北崛起与淮河文化》,合肥工业大学出版社,2010年。

⑩ 蒲霞:《〈永乐大典〉本〈泰和志〉研究》,载《图书情报工作》,2011年第1期。

⑪ 蒲霞:《〈永乐大典〉所收方志的特点和价值——以徽州方志为考察中心》,载《合肥学院学报》,2011年第6期。

⑫ 蒲霞:《〈永乐大典〉本〈秋浦新志〉的编修时间和逸文价值》,见《文化引领与皖江发展》,合肥工业大学出版社,2013年。

⑬ 蒲霞:《〈永乐大典〉徽州方志研究》,合肥:安徽大学出版社,2013年。

⑭ 蒲霞:《〈永乐大典〉安徽江北方志研究》,合肥:安徽大学出版社,2015年。

志编修情况提供新线索,也可以为进一步全面了解明朝永乐六年(1408年)以前安徽地区历史发展的相关问题提供重要的资料。因此,相对于大典本安徽方志的价值而言,目前对于《永乐大典》安徽方志及其佚文的研究还处于一个起步阶段,有待进一步加深和提高。

马蓉等学者辑录点校的《永乐大典方志辑佚》是迄今为止关于《永乐大典》方志辑佚成果最为丰硕的一部著作,辑佚出来的方志内容最为全面。统览全书,笔者以为《永乐大典方志辑佚》具有以下几个特点。

第一,所据《永乐大典》残卷多是该书的一个最基本的特点。前人在进行辑佚工作时,参考的《永乐大典》残卷往往十分有限。虽然清朝《永乐大典》仍较为齐全,但当时对利用《永乐大典》辑佚方志的工作未能重视,因此,辑佚出来的方志也十分有限。而20世纪30年代,张国淦先生虽对《永乐大典》中的方志作了较为全面系统的辑佚,但其时尚有不少《永乐大典》残卷流散在异邦他域,难以得见,所以他参考的《永乐大典》残卷并不全面,因而辑佚多有阙漏,其不足之处有三:一,志书应辑而未辑,如《金陵景定志》《庆远路志》《云南志略》等宋元古志,张氏皆遗阙未辑。二,佚文漏辑严重,如《诸暨志》辑得6条,漏辑7条;《太平州图经》辑得5条,漏辑4条;等等。三,张先生所辑之方志止于元代,对明洪武、永乐年间方志一概未收。① 虽然经过补充和整理,张国淦先生的《永乐大典方志辑本》在2006年出版,但在所辑内容上仍没有超越《永乐大典方志辑佚》,只辑出志书550种左右,而后者则辑出方志893种,总志7种,共900种志书。② 《永乐大典方志辑佚》编者参考的《永乐大典》残卷在数量上远远超过前人。20世纪50年代后期,中华书局曾对现存于世的《永乐大典》残卷作了认真细致的调查,分别于1960年、1984年两次影印出版,凡797卷,1986年又将以上两次影印本合并刊印成16开精装本,凡10册。这些《永乐大典》残卷,成为《永乐大典方志辑佚》编者重要的参考资料来源。此外,编者还在海外友人的大力协助下,复制了美

---

① 马蓉等点校:《永乐大典方志辑佚》第一册《前言》,北京:中华书局,2004年。
② 马蓉等点校:《永乐大典方志辑佚》第一册《前言》,北京:中华书局,2004年。

洲、欧洲、亚洲一些公私藏家的十余卷《永乐大典》残卷,而且这些残卷均为中华书局影印本所未收录。《永乐大典方志辑佚》的编者共掌握现存《永乐大典》残卷800余卷。《永乐大典方志辑佚》就是在这样一个资料基础上,经过编者的不懈努力而编成的。《永乐大典方志辑佚》一书所参考的《永乐大典》残卷之多是到目前为止任何一部相关的辑佚著作所无法相比的。

第二,辑佚内容丰富、全面是该书的一个重要的特点。参考资料的丰富为辑佚内容的全面提供了可能。丰富的参考资料使《永乐大典方志辑佚》所辑之方志在数量上和涉及地域范围上远远超越前人。《永乐大典方志辑佚》收录方志的原则是"已有辑本者不辑",在这一前提下,共收录方志893种,另收总志7种,共900种。依1987年之行政区域统计,北京市13种,天津市3种,河北省29种,山西省24种,上海市6种,江苏省69种,浙江省123种,安徽省56种,福建省51种,江西省143种,山东省12种,河南省35种,湖北省39种,湖南省63种,广东省77种,海南省12种,广西壮族自治区58种,四川省52种,云南省3种,陕西省8种,甘肃省3种,不明地域者10种,外国5种。① 根据《中国地方志联合目录》的统计,现在存世的各地方志有8000余种,其中宋元方志仅40余种(包括清人从《永乐大典》中辑出的8种),明志约800余种,其余是清朝和民国时期所修之志。相比而言,《永乐大典》收录的方志有如下特点:一,数量多。《永乐大典方志辑佚》收录的志书已有900种,如果加上前人从《永乐大典》中已经辑佚出来的方志,而《永乐大典方志辑佚》未重复辑佚的,其总数应超过900种。一部类书能够保留这么多方志资料是其他古籍无法相比的。二,修纂时间早。900多种方志最迟的修纂时间都应在明永乐六年(1408年)之前,其中修于宋元时期的方志在数量上远远超过存世之40余种,另外还有一些唐朝之前编修的方志。三,资料珍贵。由于《永乐大典》所收方志原书已佚,《永乐大典》残卷中保留的这些佚文尤其显得珍贵。《永乐大典》方志佚文保留了明朝初年以前科举与教育制度、

---

① 马蓉等点校:《永乐大典方志辑佚》第一册《前言》,北京:中华书局,2004年。

农田水利、地理、仓廪、地震、矿产资源、动植物资源、社会保障、封建大家族、民俗、古籍版刻、名胜文物及石刻、文学艺术、军事等方面的史料,并且具有补正清人方志辑本之遗阙的价值。《永乐大典方志辑佚》一书是目前关于《永乐大典》方志佚文内容最全面、最丰富的一部辑佚之作。

第三,保持辑佚内容的原始性是该书的另一特点。《永乐大典方志辑佚》编者不仅力求辑佚的全面,而且非常重视保持辑佚内容的原始性,以忠实于原文为其指导思想。《永乐大典方志辑佚》对《永乐大典》所收方志除个别文字有明显脱漏者,才标以括号加以增补文字外,至于其他讹缺者,因无版本依据,难以补改,故一仍其旧,让读者在使用时自行鉴定。另外,《永乐大典》征引书名,殊不一致,究为一书或他书,已难寻考,《永乐大典方志辑佚》的编者在辑佚方志时悉遵《永乐大典》所录书名,一般不强为合并,让读者使用时自行鉴定。由于《永乐大典》依韵编纂,同一方志被分散在不同韵字之下,这样就出现了两种情况:一,有些方志仍保留了原有的条目;二,有些方志被打破了原书门类的归属,原有条目丢失。对于原有条目的,《永乐大典方志辑佚》一书直接引用,不加变化,从而保持原著的本来面貌。由于没有加入编者的主观意见,所以《永乐大典方志辑佚》一书辑佚的资料基本保持了文献的原始面貌,这是有利于后来人的利用和研究的。

第四,方便实用是该书的又一特点。《永乐大典方志辑佚》作为一部资料性的辑佚著作,方便实用是其最基本的要求,编者在书的结构安排上处处考虑到这一问题。《永乐大典方志辑佚》全书五册,分为"前言""目录""正文""补遗""图版""书名索引"六个部分,结构完善,每一部分起着不同的作用。"前言"部分,肯定了《永乐大典》收录的方志的资料价值,论述前人辑佚《永乐大典》方志的情况,间或评论其得失,并论述了《永乐大典方志辑佚》一书辑出的方志佚文在学术上的价值。通过前言的叙述,关于《永乐大典》方志辑佚活动的发展线索便清晰可见,具有"辨章学术,考镜源流"之功用。《永乐大典方志辑佚》所收之方志基本上是按中国地图出版社1987年《中华人民共和国行政区划图册》中的分区来进行分类编排的。这种做法符合现代人的认知习惯,也避免了因历史发展而出现的行政区划变迁所带来的麻烦。对于今已不知何地志书及记述外国的方志,则单独处理,全部排列在正文之后。《永乐大典》中保留的方志还有不少有地图的,编者在收录时不遗余力尽量收录,共收有地图114幅。但在编排这些地图时,编者并未按原书的形式编排,而是将地图单独集中以"图版"一项全部附印于书后。考虑到不同读者的不同需要,《永乐大典方志辑佚》采用了两种检索形式,一是体现在"目录"中,以行政区划为索引单位,分省或市、府、县等几级,读者可以按其归属来查阅有关方志;一是在全书最后单独设置"书名索引",按照笔画或四角号码来检索方志书名首字,从而查到所需方志。以上种种考虑和安排均以方便实用为原则,这种处理方法为研究者查阅和使用带来了便利。

《永乐大典》采取"用韵以统字,用字以系事"的编辑原则,往往将同一部方志的内容分散在不同韵字之下,针对这种情况,根据方志"横排门类"的体例特点,《永乐大典方志辑佚》的编者对《永乐大典》中原有类目的,则直接引用,不加变化,从而保持原著的本来面貌;至于那些丢失原有类目的,则根据文字内容,列出类目,并以方括号"【】"表示,以示区别。例如,《昭潭志》下分17个门类,其中"坊""桥""津渡""税赋""公署""邮置""堡寨"7个门类是《永乐大典》原有的,作者未加改变,一依原书;而【建置沿革】【至到】【风俗形势】【户口】【山川】【寺庙】【坛】【税课】【局院】【学校】10个门类则是编者根据内容列出的。这样一来,原本散乱于不同韵字之下的同一志书的内容又重新编排到一起,这为阅读和进一步研究提供了很大的方便。

综观全书,《永乐大典方志辑佚》所取得的成果超越前人,它是对《永乐大典》方志的又一次充分发掘和利用,不仅有补阙前人之功,还改变了长期以来学术界对《永乐大典》方志认识不足、利用不够的局面。《永乐大典方志辑佚》既是一部《永乐大典》方志辑佚的集大成之作,又开创了一个研究和利用《永乐大典》方志的新局面。《永乐大典方志辑佚》一书是目前关于《永乐大典》所收方志辑佚最为全面的一部著作,它是研究《永乐大典》方志的重要参考资料。

《永乐大典》收录了不少安徽方志,从《永乐大典方志辑佚》一书辑佚出的安徽方志情况来看,根据书名统计,《永乐大典》共收录安徽方志56部,涉及庐州府、凤阳府、徽州府、太平府、池州府、宁国府、安庆府、滁州、和州、无为州、广德州、合肥县、青阳县、太平县、泗州、凤阳县、临淮县、定远县、无为县、庐江县、巢县、宣城县、泾县、宁国县、旌德县、秋浦、舒城县、太和县、潜山县、桐城县、望江县、灵璧县、清流县等地,保留了有关山岭、仓廪、陂塘、宫室、人物、物产、祥异、古迹、湖泊、诗文、兵防、土产、官署、村寨、寺观、遗事、宦绩等方面的内容,涉及地区之广,收录内容之丰富,是非常突出的。根据《中国地方志联合目录》《中国地方志综录》等方志目录的统计,明朝永乐六年(1408年)以前编修的安徽方志仅有南宋淳熙年间罗愿的10卷本《新安志》存世,而《永乐大典》中收录的56部安徽方志则均修于明朝永乐六年(1408年)以前,不仅编修时间早,数量也较为丰富,更重要的是这些方志原书均已亡佚,而《永乐大典》残卷保存了部分内容,所以对这些方志佚文加以研究和探讨,了解其编修的情况,确定其编修时间,发掘其佚文的价值并加以利用,是有积极意义的。这不仅是对《永乐大典》这部类书进行的更深层次的研究和发掘,也是对方志编修和发展的历史所作的进一步认识,同样也可以对安徽古代方志编纂情况作一次梳理。另外,也可以利用这些安徽方志佚文提供的资料去研究相关的问题。这是对《永乐大典》收录的安徽方志及其佚文进行研究的根本目的和意义所在。

由于《永乐大典》收录的安徽方志数量较大,无法一次性全面而深入细致地研究,笔者按地域将这些志书加以归类,分别进行研究。结合地域归属和志书佚文多少,笔者将《永乐大典》收录的安徽方志分为徽州方志、江北方志和江南方志三个部分,并依次先后予以整理和研究。《〈永乐大典〉徽州方志研究》(安徽大学出版社,2013年)、《〈永乐大典〉安徽江北方志研究》(安徽大学出版社,2015年)两书均已出版,本书则是沿续以前的研究,对《永乐大典》收录的安徽长江以南地区(徽州地区除外)的方志进行的综合而全面的研究。因《永乐大典方志辑佚》是目前辑出的方志数量最多、内容最完整的著作,本书所引《永乐大典》安徽江南方志佚文均以《永乐大典方志辑佚》为基础,并兼及《永乐大典》和《永乐大典方志辑本》,旨在对《永乐大典》安徽江南方志进行研究时,也对《永乐大典方志辑佚》和《永乐大典方志辑本》的辑佚成果进行评述。

《永乐大典方志辑佚》一书是按照1987年中国行政区划来安排志书的归属的,由于本书是从方志学、历史文献学、历史地理学、地方史的角度来探讨安徽古代方志编修情况及其价值的,因此不适合采用这一编排办法,而是做了一些调整。地方志是一种地方文献,本书根据方志本身的特点,以行政区划为单元,每个单元容纳本地区的方志。由于《永乐大典》修成于明朝永乐六年(1408年),本书即按照明朝的行政区划来设置单元,并划定府、州、县各级行政区划的归属,从而安排全文的结构。

《永乐大典》收录的安徽江南方志主要包括三府一直隶州,即宁国府、池州府、太平府三个府,广德州一个直隶州。根据《明史·地理志》《南畿志》《明一统志》等记载,本书按明朝安徽行政区划的归属情况来安排全文。

宁国府,领六县,即:宣城县、宁国县、泾县、太平县、旌德县、南陵县。

池州府,领六县,即:贵池、青阳、铜陵、石埭、建德、东流。

太平府,领县三,即:当涂县、芜湖县、繁昌县。

广德州,领县一,即:建平县。

本书按照上述行政区划的顺序,将宁国府、池州府、太平府、广德州各为一章,每章之下则按其属州或属县的方志设立节目,对每一部志书的编修时间、佚文价值等进行分析和探讨。本书的主要研究内容涉及以下几个方面:

第一,根据建置沿革、方志编修源流、佚文内容以及其他线索,确定《永乐大典》安徽江南方志的编修时间或编修者,如无法确定相对具体的编修时间,则推测出大概的编修时间。因《永乐大典方志辑佚》一书是按《永乐大典》中使用的书名来辑佚方志内容的,所以有可能存在同书异名或异书同名的情况,本书对此也作了适当的分析和说明。

第二,分析和论述佚文的价值。从两个方面分析和论述,一方面分析佚文的史料价值,一方面考察佚文在校勘、辑佚等方面的文献学价值。《永乐大典方志辑佚》的编者对《永乐大典》中原有类目的,则直接引用,不加变化,从而保持原著的本来面貌;至于那些丢失原有类目的,则根据文字内容,列出类目,并以方括号"【】"表示,以示区别。本书在引用时悉遵《永乐大典方志辑佚》的处理原则,按其设置的类目对相关内容进行分类论述,个别地方确实需要调整的,则在具体论述时加以说明。

第三,以同一地区的现存方志和其他文献作为参考,对佚文内容进行具体研究,判断其准确与否,对可断定错误之处进行校正,对各书有异文、不能判断正误之处则以存疑处之。同时也对《永乐大典》《永乐大典方志辑本》的内容进行考察,如有讹误也予以校正。

第四,以现存方志和其他文献作为资料来源,对《永乐大典》安徽江南方志佚文进行补辑,进一步恢复佚志的内容。

第五,本书在论述《永乐大典》安徽江南方志时所引佚文均以马蓉等点校的《永乐大典方志辑佚》为基础,标点也依其原样,同时考察杜春和整理、张国淦著的《永乐大典方志辑本》所辑安徽江南方志佚文,并参考中华书局影印出版的《永乐大典》原文,指出其异同,且对讹误之处(包括标点)进行订正。《永乐大典方志辑本》亦对方志编修时间进行了说明,笔者如有不同意见,则一并加以分析和讨论。①

---

① "前言"部分的撰写参考了以下研究成果:《永乐大典》,北京:中华书局,1986年;郭伯恭:《永乐大典考》,北京:中华书局,1938年;马蓉等点校:《永乐大典方志辑佚》第一册《前言》,北京:中华书局,2004年;宫为之:《皖志史稿》,合肥:安徽人民出版社,1997年;张国淦:《中国古方志考》,北京:中华书局,1962年;(清)永瑢等:《四库全书总目》卷一三七,子部四七,北京:中华书局,2008年;张升:《〈永乐大典〉正本的流传》,载《图书馆建设》,2003年第1期;曹之:《〈永乐大典〉编纂考略》,载《图书馆》,2000年第5期;张升:《〈永乐大典〉副本流散史》,载《中国典籍与文化》,2004年第4期;刘春英:"《永乐大典》散亡考",载《枣庄师范专科学校学报》,2001年第4期;黄燕生:《〈永乐大典〉征引方志考述》,载《中国历史文物》,2002年第3期。

第一章
宁国府方志研究

《永乐大典方志辑佚》从《永乐大典》中共辑出7部宁国府方志,即《宣城志》《续宣城志》《泾城志》《泾川志》《旌川志》《旌德志》和《宁国县志》。根据建置沿革、方志编修源流和佚文提供的时间线索,本章对这7部宁国府方志佚文进行研究,对其编修时间和佚文价值作分析和探讨。

第一节 宁国府建置沿革和宣城志编修源流

一、宁国府建置沿革

宁国府所属之地旧称"宣城",而从建置沿革的情况看,"宣城"既可能是郡名、府名,也可能是县名。

关于宣城郡、宣城府的建置沿革,文献中多有记载。《晋书·地理下》载:"及晋平吴,以安成属荆州,分丹杨之宣城、宛陵、陵阳、安吴、泾、广德、宁国、怀安、石城、临城、春谷十一县立宣城郡";"宣城郡,太康二年置,统县十一。"①《隋书·地理下》载:"宣城郡,旧置南豫州。平陈,改为宣州。统县

---

① 《晋书》卷一五《志五》,北京:中华书局,1974年。

六。"①《旧唐书·地理三》载:"宣州,隋宣城郡。武德三年,杜伏威归化,置宣州总管府,分宣城置怀安、宁国二县。六年,陷辅公祐。七年,贼平,改置宣州都督,督宣、潜、猷、池四州,废姚州,以绥安来属,省怀安、宁国二县。宣州领宣城,绥安二县。八年,废南豫州,以当涂来属,废猷州,以泾县来属。九年,移扬州于江都,以溧阳、溧水、丹阳来属。贞观元年,罢都督府。废池州,以秋浦、南陵二县来属。省丹阳入当涂县。开元中,析置青阳、太平、宁国三县。天宝元年,改为宣城郡。至德二年,又析置至德县。乾元元年,复为宣州。永泰元年,割秋浦、青阳、至德三县,置池州。"②《宋史·地理四》载:"宁国府,本宣州、宣城郡、宁国军节度。乾道二年,以孝宗潜邸,升为府。"③《元史·地理五》载:"宁国路。上。唐为宣州,又为宣城郡,又升宁国军。宋升宁国府。元至元十四年,升宁国路总管府。"④《明史·地理一》载:"宁国府,元宁国路,属江浙行省。太祖丁酉年四月,曰宁国府。辛丑年四月,曰宣城府。丙午年正月,曰宣州府。吴元年四月,仍曰宁国府。"⑤

《明一统志》亦载:"《禹贡》扬州之域,天文斗分野。春秋属吴。战国属越,后属楚。秦为鄣郡地。汉置丹阳郡,治宛陵。东汉永和间,析置宣城郡。桓帝时,省宣城,复为丹阳郡。三国属吴。晋复置宣城郡,治宛陵。宋析置淮南郡,寻又置南豫州,治宣城。陈改南豫州为宣州。隋初,郡废州存。大业初,复改为宣城郡。唐置宣州。天宝初,改宣城郡。乾元初,复为宣州。昭宗时,升宁国军节度。宋仍为宣州,属江南东路。乾道初,升宁国府。元改为宁国路,属江浙行省。本朝改为宁国府,直隶京师,领县六。"所领六县为宣城县、宁国县、泾县、太平县、旌德县、南陵县。⑥

---

① 《隋书》卷三一《志二六》,北京:中华书局,1973年。
② 《旧唐书》卷四〇《志二〇》,北京:中华书局,1975年。
③ 《宋史》卷八八《志四一》,北京:中华书局,1977年。
④ 《元史》卷六二《志一四》,北京:中华书局,1976年。
⑤ 《明史》卷四〇《志一六》,北京:中华书局,1974年。
⑥ (明)李贤等奉敕:《明一统志》卷一五,《四库全书》本,上海:上海古籍出版社,1987年。

由上述记载可知,宣城郡至迟设于晋太康二年(281年)①,隋改为宣州,唐天宝元年(742年)复为宣城郡,乾元元年(758年)又改为宣州,唐昭宗时宣州升为宁国军,宋复为宣州,到乾道初升为宁国府,元至元十四年(1277年)升为宁国路,明太祖丁酉年(1357年)四月改为宁国府,辛丑年(1361年)四月改称宣城府,丙午年(1366年)正月改曰宣州府,吴元年(1367年)四月仍复为宁国府。宣城郡的设置时间为晋太康二年(281年)到隋建立、唐天宝元年(742年)至乾元元年(758年)这两段时间内,而且历史上亦曾有宣城府之设,其时间为明太祖辛丑年(1361年)四月至丙午年(1366年)正月。以"宣城"为名的郡志或府志应该修于这三段时间内。

关于宣城县的建置沿革,嘉庆《大清一统志》有如下记载:宣城县,"汉置宛陵县,初属鄣郡。元封二年,为丹阳郡治。后汉因之。晋为宣城郡治。宋齐以后因之。隋大业初,改县曰宣城,仍为宣城郡治。唐为宣州治。五代因之。宋为宁国府治。元为宁国路治。明为宁国府治。本朝因之"②。宣城县始设于隋大业初年,曾为宣城郡、宣州、宁国府、宁国路、宁国府治所。宣城县自隋设置,后世一直沿置未改。以"宣城"为名的县志,应该修于隋朝大业初年以后。

二、宣城志编修源流

以"宣城"为名的方志,或是郡志,或是府志,或是县志。关于宣城志的编修情况,现存文献中有所记载。

嘉庆《宣城县志》载:"宣城为宁郡附郭首邑,旧志无专书,以郡志统之。其有邑志也,自康熙丁卯袁令朝选始,乾隆戊午,吴令飞九重修。"③光绪《宣城县志》收录的"康熙旧志序"则载:"宣于江左称名胜,山川秀发,人物飙举,往往散见于史传文集,以迄稗官所纪载",岁丙寅,"命校士宛郡所辖邑,各循

---

① 《明一统志》称宣城郡始置于汉。
② (清)穆彰阿:《(嘉庆)大清一统志》卷一一五,四部丛刊续编景旧钞本。
③ 嘉庆《宣城县志》,《序》,《稀见中国地方志汇刊》本,北京:中国书店,1992年。

例以其志进,而宣顾阙如。盖自有明以还,六邑志统载郡志中,厥后他邑踵事增华,各志其志,宣以附郭与郡为股肱,其志仍统于郡,递经修辑,相沿如故"。① 由此可知,第一部宣城县志是由清朝康熙丁卯年(康熙二十六年,1687年)县令袁朝选主持编修的,在此之前宣城县的有关情况皆载于郡志、府志中,而没有单独的宣城县志。

嘉庆《宁国府志》"杂志·旧志源流"对历代宁国府志编修情况进行了专门论述,现将有关情况摘录如下,以为说明。

(宋)《嘉定志》 或云吴潜著,《宋史》本传无明文,今据凌迪知《万姓统谱》载:李兼,号雪岩,著有诗文集及郡志。又《地舆纪胜》云:《宣城志》,李兼编,郡守赵希远序。希远于嘉定九年守郡,此志即兼所著无疑。

(明)《洪武志》 纂修姓氏莫考。《永乐大典》所藏旧志多采辑之。

(明)《成化癸巳志》 宁国府知府新郑刘槃著。

(明)《嘉靖癸巳志》十卷 宁国府同知李默修,知府黎晨刻,宣城贡安国、吴兔编。

(明)《万历癸酉志》十二卷 宁国府知府南海陈俊修,宣城云南参政梅守德、知东平州贡安国同纂,殿撰沈懋学、守德子诸生鼎祚参订。

(清)《顺治丙申志》十卷 监军兵备副使孙登第,宁国府知府秦宗尧,同知白宝珩、李士琪,通判侯维泰,推官杨光溥,宣城县知县王同春同纂。

(清)《康熙癸丑志》 宁国府知府奉天庄泰宏修,同知唐赓尧,通判常君恩,宣城县知县李文敏。

---

① 光绪《宣城县志》卷首《序》,《中国地方志集成》本,南京:江苏古籍出版社,1998年。

(清)《乾隆癸酉志》三十四卷　宁国府知府长洲宋敦修。①

根据上述文献记载，并依据宣城郡、宣城县、宁国府建置沿革的情况，修于明朝永乐六年(1408年)以前的宁国府志有两部，一部是宋朝李兼编修的《宣城志》，郡守赵希远为之作序；一部是明朝洪武年间编修的，纂修人姓氏无考。明朝洪武年间编修的这部宁国府志，光绪《重修安徽通志》称其为"洪武《宣城志》"②，可见这部志书是以"宣城"为名的宁国府志。

另外，《吴中水利全书》中也提到"李默辑《宣城志》"③。参考上述文献记载，李默所辑应为宁国府志，此志修于明朝嘉靖癸巳年(嘉靖十二年，1533年)。《文渊阁书目》载："《宣城志》，十二册"；"《宣城志》，四册。"④《文渊阁书目》于明正统六年(1441年)修成，著录的两部《宣城志》只知其修于明正统六年之前，但不知其编修的具体时间和编修者。严格说来，《文渊阁书目》是一部文渊阁藏书的登记簿，著录的信息非常简单，所以根据嘉庆《宁国府志》"杂志·旧志源流"，《文渊阁书目》提到的两个《宣城志》，可能是《嘉定志》和《洪武志》，也可能是其中的某一部。

第二节　大典本《宣城志》研究

根据宣城建置沿革，大典本《宣城志》佚文提供的时间线索及方志的编修源流，笔者认为《永乐大典》收录的《宣城志》应该是明朝洪武年间编修的《宣城志》，且在洪武十年(1377年)以后，很有可能就是修于洪武十年。

---

① 嘉庆《宁国府志》卷三六《杂志》，《中国地方志集成》本，南京：江苏古籍出版社，1998年。
② 光绪《重修安徽通志》卷四六、卷四七，清光绪四年(1878年)刻本。
③ (明)张国维：《吴中水利全书》卷三《水源》，清文渊阁四库全书本。
④ (明)杨士奇：《文渊阁书目》卷四，清文渊阁四库全书本。

一、关于大典本《宣城志》编修时间的探讨

从宁国府志、宣城县志编修源流看,大典本《宣城志》应该是一部府志,应该是如下两部志书中的一部:一部是宋朝嘉定年间编修的《宣城志》,李兼编、郡守赵希远序;另一部是明朝洪武年间编修的《宣城志》,虽然纂修者姓氏无法考证,但嘉庆《宁国府志》明确指出"《永乐大典》所藏旧志多采辑之",这说明洪武年间编修的这部志书曾被《永乐大典》所收录。根据以上分析,上述两部志书都有可能被《永乐大典》收录。那么,《永乐大典》究竟收录的是宋嘉定《宣城志》还是明洪武《宣城志》? 嘉庆《宁国府志》所言"《永乐大典》所藏旧志多采辑之"是否准确? 要回答这些问题还必须进一步考察大典本《宣城志》的佚文。

大典本《宣城志》佚文中两条关于元朝际留仓的资料有较为明显的时间线索,即"元际留仓,旧志在县治东,今察院基是也。国朝洪武十年,创于县治仪门外之西,元尉司旧址也"和"元际留仓,旧在三友坊,基存屋废。国朝洪武十年,建于弦歌坊之西"[①]。这两条资料均提及"元际留仓"和"国朝洪武十年"。从写作的习惯看,只有元朝以后的人才称"元际留仓",只有明朝所修之书才称明朝为"国朝",因此佚文中的"国朝"指的就是"明朝"。根据佚文提供的时间线索及《永乐大典》收书的时间限制,可以断定此志应修于明朝洪武十年(1377年)以后永乐六年(1408年)以前。

根据《永乐大典》收书的时间界限,参考方志的编修源流,并结合嘉庆《宁国府志》所言"《永乐大典》所藏旧志多采辑之"的提示,以及大典本《宣城志》佚文中的时间线索,可以肯定大典本《宣城志》就是明朝洪武年间编修的,具体说应该修于洪武年间且在洪武十年(1377年)以后。嘉庆《宁国府志》中"《永乐大典》所藏旧志多采辑之"一句所言极是。

张国淦先生曾从《永乐大典》中辑佚出一部《宣城志》,《中国古方志考》

---

① 马蓉等点校:《永乐大典方志辑佚》第二册,北京:中华书局,2004年。

中有如下记述:

> 宣城志　宋　佚　蒲圻张氏大典辑本
>
> 　　宋赵希远、李兼纂　赵希远,字安父,嘉定初守宣城郡。李兼,号雪岩。
>
> 《舆地纪胜》十九:宁国府,碑记,《宣城志》郡守赵希远序,李兼编。
>
> 《文渊阁书目》十九:旧志,《宣城志》十二册,又《宣城志》四册。
>
> 《舆地纪胜》十七:江南东路开元二十一年,十九:宁国府,府沿革,东汉顺帝立宣城郡,宣城为郡始此,至威帝时复废为丹阳郡,晋武平吴立宣城郡,诗翡翠列成千嶂碧,二十:徽州,州沿革隋土人汪华,二十四:广德军,景物上祠山,三十:江州,总江州诗浪生溢浦千层雪,引《宣城志》九条。
>
> 《大典辑本》据大典二千二百六十一:六模(青土湖),二千二百六十七:六模(龙湖),二千六百零三:七皆(仙人台),三千一百四十五:九真(陈辅),三千五百二十六:九真(水门),三千□□□一,九真(人物),三千五百二十七:九真(狮子门、铁牛门、狐相门),一万四千六百零九:六暮(县主簿),一万五千一百四十:八队(潜火队),一万九千七百八十一:一屋(撩造会子局),引《宣城志》十二条。①

由此可知,张先生认为《永乐大典》收录的《宣城志》是宋朝赵希远、李兼纂修的,且已亡佚;他从《永乐大典》中辑出了《宣城志》的 12 条资料。张先生虽然没有直接说明理由,但他应该是根据书目中的记载从书名和志书的编修及流传情况判断此志为宋朝赵希远、李兼所修。张先生所言"至威帝时复废为丹阳郡"有误,宣城郡改为丹阳郡是在桓帝时而不是威帝。

---

① 张国淦:《中国古方志考》,北京:中华书局,1962 年。

宫为之先生亦曾在《皖志史稿》一书中对《永乐大典》收录的《宣城志》作过如下论述:"《宣城志》,赵希远、李兼篹。希远,字安父,嘉定初守宣城郡,李兼号雪岩。《文渊阁书目》十九收录。《舆地纪胜》有征引,《大典》有所收录,蒲圻张氏又据《大典》有所辑采。"①看来他是同意张国淦先生的观点的。

张国淦先生的《蒲圻张氏大典辑本》虽未及刊刻,无法了解其所辑大典本《宣城志》佚文的具体内容,但杜春和整理、张国淦著的《永乐大典方志辑本》正式出版,由此可知其所辑大典本《宣城志》佚文的基本情况。其按语称:"《大典》引《宣城志》二十五条。据《舆地纪胜》十九:'宁国府,碑记,《宣城志》郡守赵希远(嘉定初守宣城)序,李兼编',又《文渊阁书目》十九《旧志》:'《宣城志》十二册,又《宣城志》四册',当即是志。"②此辑本仍然认为大典本《宣城志》为宋朝赵希远、李兼所修,《文渊阁书目》里提到的两部《宣城志》就是宋嘉定《宣城志》。

笔者将《永乐大典方志辑佚》和《永乐大典方志辑本》所辑之《宣城志》佚文进行比较,前者多辑出"千秋岭""青土湖""元际留仓"(两条)"旌德县平籴仓""铁牛门""瞿刑先生""祥异"8条,后者则多辑出"李孝先"1条。而正是其中的两条"元际留仓"资料提供的时间线索,导致了对两部书中辑出的大典本《宣城志》的编修时间看法不同。《永乐大典方志辑佚》一书辑出的《宣城志》佚文更加丰富,从这一点上考虑,以其辑出的佚文判断,即大典本《宣城志》修于明朝洪武年间且在洪武十年(1377年)以后应该更为准确。

但尚不能如此简单地定论,还有一些问题需要进一步考察和解决。笔者对《中国古方志考》和《永乐大典方志辑本》再次进行检索,发现了一些新问题。

除《宣城志》外,张国淦先生的《中国古方志考》还从《永乐大典》中辑出《宣州记》、《(宣城)旧志》和《(宣城)前志》3部志书。为了说明问题现将有关内容摘录如下。

---

① 宫为之:《皖志史稿》,合肥:安徽人民出版社,1997年。
② 杜春和整理、张国淦:《永乐大典方志辑本》,北京:北京燕山出版社,2009年。

第一章 宁国府方志研究

宣州记　唐　佚　蒲圻张氏大典辑本

唐范传正纂　范传正,字西老,邓州顺阳人,自比部员郎为歙州刺史,转苏湖二州,除宣歙观察使。

《大典辑本》据大典二千二百六十一:六模(青土湖),《宣城志》引范传正《宣州记》一条。

(宣城)旧志　佚　蒲圻张氏大典辑本

《大典辑本》据大典七千五百十六:十八阳(元际留仓),《宣城志》引《旧志》一条。此元际留仓引旧志,当是元以前志。

(宣城)前志　佚　蒲圻张氏大典辑本

《大典辑本》据大典三千五百二十七:九真(铁牛门),《宣城志》引《前志》一条。宋有赵希远《宣城志》,此引当是赵希远以前志。①

张先生《中国古方志考》辑出的《宣州记》《(宣城)旧志》和《(宣城)前志》3部志书皆是由大典本《宣城志》所转引,而张先生加以单独辑佚的,各辑出一条资料。

《永乐大典方志辑本》仍是将大典本《宣城志》所转引的其他文献的内容分别进行辑佚,从中辑出《宣州记》《(宣城)旧志》《(宣城)前志》《宣城志》②,并确定了这些志书的编修时间。其中《宣州记》修于后汉至隋唐间,辑出"青土湖"1条,其按语称:"《大典》青土湖条《宣城志》引范传正《宣州记》凡一条。"③《(宣城)旧经》修于宋代,辑出"青土湖"④"千秋岭"两条,按语称:"《大典》青土湖条《宣城志》引《旧经》凡一条,《舆地纪胜》十九:'宁国府亦引《旧经》'。"⑤《(宣城)前志》修于宋朝,辑出"铁牛门"1条,按语称:"《大典》'铁牛

---

① 张国淦:《中国古方志考》,北京:中华书局,1962年。
② 此书所辑志书名称与《蒲圻张氏大典辑本》有所不同。
③ 杜春和整理、张国淦:《永乐大典方志辑本》,北京:北京燕山出版社,2009年。
④ 《永乐大典方志辑本》中《宣州记》和《□□旧经》辑出的"青土湖"内容完全相同,实为一条。
⑤ 杜春和整理、张国淦:《永乐大典方志辑本》,北京:北京燕山出版社,2009年。

门'条《宣城志》引《前志》凡一条,宋有赵希远《宣城志》,此条所引当是赵希远志以前志。"①而《宣城志》则辑在两处,一处《宣城志》是宋朝赵希远序、李兼编的,辑出佚文"鸡子岭""唐舍岭""鹊岭""麈岭""石凫岭""大鳌岭""三门岭""棠梨岭""梨木岭""龙湖""北崎湖""杂陂名""水门""狮子门""狐相门""仙人台""撩造会子局""潜火队""常平仓""观政堂""县主簿""陈辅""人物""州主簿""五贤堂""祭文"26条②;另一处《宣城志》则是明朝所修,辑出佚文两条,即"际留仓""平籴仓",其按语称:"《大典》引《宣城志》凡二条。宋宁国府本宣州宣城郡,元宁国路,明宁国府。此际留仓修'国朝洪武十年'云云,知是洪武十年以后所修。《文渊阁书目·旧志》:'《宣城志》十二册,又四册',当有其一即是志。宋有赵希远《宣城志》,此《大典》引'国朝洪武十年',当系明初据宋《宣城志》增补,仍沿旧称曰'《宣城志》'。"③《永乐大典方志辑本》辑出的书名和对佚书编修时间的分析与《中国古方志考》已有所不同。笔者又将这些佚文与《永乐大典方志辑佚》辑出的佚文进行了比较,《永乐大典方志辑本》多出"县主簿"一条,《永乐大典方志辑佚》则多出"祥异"和"元际留仓"佚文。查阅现存《永乐大典》残卷,《永乐大典方志辑本》所辑"县主簿"一条,实为《秋浦新志》转引《宣城志》的内容。《永乐大典方志辑本》将其单独辑出,《永乐大典方志辑佚》则以《秋浦新志》辑出。④

《永乐大典方志辑佚》的编者在辑佚时遵循的原则是:"一志转引他志,他志不单独辑出列目"⑤,这样就没有把《宣城志》转引的其他志书单独辑出,即没有把《宣州记》《(宣城)旧志》和《(宣城)前志》三部志书单独进行辑佚。由于《永乐大典》收录的是《宣城志》这部志书,而《宣州记》《(宣城)旧志》和《(宣城)前志》三志皆是由《宣城志》所转引,不是《永乐大典》直接收录的对

---

① 杜春和整理、张国淦:《永乐大典方志辑本》,北京:北京燕山出版社,2009年。
② 杜春和整理、张国淦:《永乐大典方志辑本》,北京:北京燕山出版社,2009年,第107~113页。此书称辑出佚文25条。编者按语见上文。
③ 杜春和整理、张国淦:《永乐大典方志辑本》,北京:北京燕山出版社,2009年。
④ 马蓉等点校:《永乐大典方志辑佚》第二册,北京:中华书局,2004年。
⑤ 马蓉等点校:《永乐大典方志辑佚》第一册,北京:中华书局,2004年,前言。

象,因此,在对《永乐大典》收录的志书进行辑佚时只将《宣城志》作为辑佚对象是比较合理的。鉴于这种情况,理应将张先生辑出的《宣城志》《宣州记》《(宣城)旧志》《(宣城)前志》4部志书佚文合并在一起进行探讨,并将之与《永乐大典方志辑佚》辑出的《宣城志》佚文进行比较。四志佚文合并以后,《蒲圻张氏大典辑本》也辑出了一条"元际留仓"的资料①,将其出处与《永乐大典方志辑佚》辑出的"元际留仓"进行比较,两者相同,均出自于"卷七千五百十六"。因《永乐大典》仅存残卷一版,那么两书辑出的"元际留仓"的内容就应该完全相同,张先生辑出的《宣城志》也应该修于明朝洪武年间且在洪武十年(1377年)以后。

根据上述分析,如果把张先生辑出的《宣城志》《宣州记》《(宣城)旧志》《(宣城)前志》4部志书佚文合在一起进行探讨,就会得出《永乐大典》收录的《宣城志》修于明朝洪武年间且在洪武十年(1377年)以后的结论。本书是以《永乐大典方志辑佚》辑出的佚文为研究基础,因此,认为大典本《宣城志》修于明朝洪武年间且在洪武十年(1377年)以后,这一观点与嘉庆《宁国府志》"旧志源流"所言"《永乐大典》所藏旧志多采辑之"是一致的。当然,洪武《宣城志》肯定继承了宋嘉定《宣城志》的不少内容,所以按张先生的辑佚方法,则可以推出相应的结论。

本书在论述时将此志称为洪武《宣城志》,这一方面是根据它的编修时间来称呼,另一方面是因为在现存方志中多称此志为洪武《宣城志》,如嘉庆《宁国府志》、嘉庆《旌德县志》、民国《南陵县志》等皆称其为"洪武《宣城志》"。

根据宁国府建置沿革的有关情况,从宋朝乾道年间就开始用"宁国"二字,"宣城"作为郡名已不再使用,到明朝洪武年间已为宁国府。但为什么明朝洪武年间编修的这部府志仍以"宣城志"作为书名?或许是继承前代的习惯,沿用旧名的原因。

虽然文献记载中没有明确著录洪武《宣城志》的编修时间,不过明朝洪

---

① 《永乐大典方志辑本》漏辑此条。

武九年(1376年),朱元璋曾下令全国各府州县编修方志,宁国府不可能不修府志,而恰巧洪武《宣城志》佚文中的最后时间是洪武十年,笔者初步认为洪武《宣城志》很有可能就是修于洪武十年(1377年)。由于嘉庆《宁国府志》、嘉庆《旌德县志》、嘉庆《南陵县志》、道光《旌德县志》、光绪《宣城县志》等尚引洪武《宣城志》,或许洪武《宣城志》到清嘉庆、道光乃至光绪时尚未亡佚,亦或是这些志书只是承袭前志而转载了洪武《宣城志》的内容。关于洪武《宣城志》编修的具体时间、编修者、编修的基本情况以及此志亡佚的时间等问题尚需进一步探讨。

《永乐大典方志辑佚》是目前关于大典本《宣城志》佚文内容最丰富的辑本。

二、大典本洪武《宣城志》佚文的价值

宋明两朝曾多次编修宁国府志,但现存最早的一部宁国府志是明朝嘉靖年间编修的。明朝洪武年间编修的这部宁国府志为《永乐大典》所收录,虽然《永乐大典》现仅存八百余残卷,却保存了这部志书的部分内容,可以借此了解原书的一些情况。根据现存宁国府志的情况及残志佚文情况,洪武《宣城志》佚文有上承宋代下启明代之功。

洪武《宣城志》佚文保存的内容较为丰富,现存3570多字,其内容涉及宁国府及所辖泾县、旌德、宁国、宣城、南陵五县,主要分为地理、社会、经济、水利、人物、文化几大类,包括【山川】【官署】【仓廪】【陂塘】【宫室】【古迹】【人物】【诗文】【遗事】【祥异】等10个类目,共35条资料,为了解唐、五代、宋、元及明初宁国府地区社会历史发展的基本情况提供了一些线索。大典本洪武《宣城志》佚文是《永乐大典方志辑佚》辑出的内容最多的一部安徽方志。洪武《宣城志》早于现存宁国府志,且其佚文与其他大典本宁国府志不同,因此它保存的资料应该是现存宁国府志中最早的记载,可以为考证现存其他记载提供参考。洪武《宣城志》佚文保存的资料十分丰富,涉及面也很广,为研究明朝初年以前宁国府地区历史发展过程中各个方面的情况提供了资料基

础,具有重要的史料价值。

(一)地理类资料的价值

洪武《宣城志》佚文共收录了19条地理方面的资料,可分为自然地理和人文地理两个方面。自然地理主要是山川方面的资料,人文地理则主要包括宫室和古迹。地理类资料提供了唐、五代、宋等时期的资料,为了解不同时期宁国府历史发展过程中多方面的问题提供了参考。

关于山川的资料共13条,其中山岭资料10条,湖泊资料3条,主要记载了这些山岭和湖泊的自然地理位置、交通、特征、名称的来历、有关的传说及诗文等方面的情况。

1.鸡子岭,在泾县北二十五里。当南陵官道,南去五里有村墟曰麻源市。[册一百二二卷一一九八〇页三]①

这条资料介绍了"鸡子岭"的地理位置和往来交通的情况,也说明了在南陵官道附近设有一个名为"麻源市"的村墟,可知此处为商业活动较为集中的地区。现存方志中也有相关记载。嘉庆《宁国府志》在介绍泾县山川时也称:"鸡子岭,在县北二十五里。下南陵官道,由此南五里有村墟曰麻园市。"②并注明此条资料引自《泾川志》。将两则记载互相比较,知内容基本相同,仅个别字词有异,如洪武《宣城志》称"当南陵官道",嘉庆《宁国府志》称"下南陵官道";洪武《宣城志》称"麻源市",嘉庆《宁国府志》则称"麻园市"。

2.唐舍岭,在泾县东南一百五里。高三百余丈,阔八十里,邻狮子岩,山之东即安吉县界。吴让皇顺义二年,遣将唐斌驻兵于此,故名。[册一百二二卷一一九八〇页三]③

这条资料介绍了"唐舍岭"的地理位置、高度、广度、邻界的情况以及山名的由来,并且也反映了十国时期吴睿帝曾遣将唐斌于此驻兵的事。这条

---

① 马蓉等点校:《永乐大典方志辑佚》第二册,北京:中华书局,2004年。
② 嘉庆《宁国府志》卷一〇《舆地志》,《中国地方志集成》本,南京:江苏古籍出版社,1998年。
③ 马蓉等点校:《永乐大典方志辑佚》第二册,北京:中华书局,2004年。

资料在现存宁国府方志中很难见到,对现存文献记载起到了补阙资料的作用,为了解宁国府地区山川的有关情况及相关的历史事实提供了新的资料。

3. 鹊岭,在旌德县西七十里通贵乡。岭西接太平县界。[册一百二二卷一一九八〇页四]①

这条资料主要记载了"鹊岭"的地理位置和邻界的情况。现存文献也多有记载。《舆地纪胜》载:"鹊岭,在旌德县西七十里。"②这条记载仅介绍了"鹊岭"的地理位置,比较简略,但所言位置与洪武《宣城志》佚文同。嘉庆《宁国府志》介绍旌德县山川时有载:"鹊岭,在县西南七十里,与箬岭接,黄山天都、狮子三峰罗列在目。岭西太平县界。"③并注明《方舆纪要》和《乾隆府志》略同。嘉庆《旌德县志》载:"鹊岭,在县西南七十里,黄山天都、莲花、狮子三峰罗列在目。登斯山者缥缈云际矣。岭西太平县界。"④这两则记载介绍的"鹊岭"的地理位置和邻界情况与洪武《宣城志》佚文内容略同,根据方志编修的继承性,这二志的记载应该是以前志为参考的。此二志的记载与洪武《宣城志》佚文也有个别字词的差异。此二志作"岭西太平县界",而洪武《宣城志》佚文则作"岭西接太平县界",多一"接"字,从文意上看,当以洪武《宣城志》佚文为长。洪武《宣城志》佚文具有校勘其他记载的作用。

4. 麈岭,去宁国县西七十里。道通新安,岭险峻。按《越国汪公行实》云,兵至麈岭,时大暑,士马皆渴,公以戈鐏石得泉。后人因加浚凿,石上有马足迹。又有藏马洞在岭之右。岭多麈鹿,故名。[册一百二二卷一一九八〇页四]⑤

---

① 马蓉等点校:《永乐大典方志辑佚》第二册,北京:中华书局,2004年。
② (宋)王象之:《舆地纪胜》卷一九《江南东路》,《中国古代地理总志丛刊》,北京:中华书局,2003年。
③ 嘉庆《宁国府志》卷一〇《舆地志》,《中国地方志集成》本,南京:江苏古籍出版社,1998年。
④ 嘉庆《旌德县志》卷一《疆域》,《中国地方志集成》本,南京:江苏古籍出版社,1998年。
⑤ 马蓉等点校:《永乐大典方志辑佚》第二册,北京:中华书局,2004年。

这条资料介绍了"麈岭"的地理位置、往来交通的情况、山名的由来,并转引了《越国汪公行实》中的有关内容,说明隋末汪华曾领兵至此,因大暑便以戈镈石得泉,从而解决了士兵和马匹干渴的问题。现存方志中也多有关于"麈岭"的记载。万历《宁国府志》介绍宁国县山川时有载:"麈岭,险陗大概同笼丛,在县治西南八十里。旧云:'汪华兵至此,患渴以戈戳石得泉。'又有藏马洞。"①嘉靖《宁国府志》亦有如下记载:宁国县西北"麈岭,山崎险,寡泉。旧云:'汪华兵至此患渴,以戈镈卓石得泉。'又匿马洞中,人呼为藏马洞。"②《大明一统名胜志》载:"麈岭,在文脊西南,山道险崎。旧云:'隋时汪华过此,患渴以戈卓石得泉。'又尝歇马洞中,人呼为藏马洞。"③这三条资料所载汪华领军驻扎此岭、以戈镈石得泉以及藏马洞的情况与洪武《宣城志》佚文内容基本相同。不过洪武《宣城志》佚文还多出了一些其他内容,可以对上述三条资料进行补充。嘉庆《宁国府志》载:"麈岭,在(宁国)县西八十里,高一百六十丈,阔五十里。道通新安,山势险峻。按《越国汪公行实》云:'兵至麈岭时大暑,士马皆渴,公以戈镈石得泉。'后人因加浚凿。石上有马足印。又有藏马洞在岭之右。岭多麈鹿,故名。"④此条记载比洪武《宣城志》佚文多出山的高度和广度方面的内容,可互为参证。根据上文分析,洪武《宣城志》佚文所载内容与现存方志记载有异有同,可以互为补充。

5.千秋岭,一名宣千秋,在宁国县东南一百五里。高三百丈,周回一百余里。旧经⑤云:山谷幽深,映蔽白日,虽夏如秋,因以为名。然千秋之名其来已久,罗隐《送梅处士归宁国》诗云:"想望千秋岭上云"。山巅有仙人围棋

---

① 万历《宁国府志》卷六《方舆志》,《稀见中国地方志汇刊》本,北京:中国书店,1992年。

② 嘉靖《宁国府志》卷四《次舍纪》,《天一阁藏明代方志选刊》本,上海:上海古籍书店影印,1964年。

③ (明)曹学佺:《大明一统名胜志》卷四,《四库全书存目丛书》本,济南:齐鲁书社,1996年。

④ 嘉庆《宁国府志》卷一〇《舆地志》,《中国地方志集成》本,南京:江苏古籍出版社,1998年。

⑤ "旧经"二字应加标点,即"《旧经》"。

石,土人以云气有无验晴雨。山麓之北有云梯村,宋隐士吴嚼腊居此。《五代史》:梁乾化三年,吴招讨季涛出千秋岭攻吴越,衣锦军钱镠以其子传瓘为北面应援使,岭道险狭,传瓘使人伐木以断其后,击吴,大败之。岭与临安府于潜县接境。[册一百二二卷一一九八○页四]①

这条资料转引了一部《旧经》中的一段资料。根据洪武《宣城志》编修的时间,它引用的这部《旧经》应该修于明朝以前,而宁国府早期的图经多已亡佚,所以洪武《宣城志》佚文就是辑佚这部《旧经》的资料来源,具有辑佚古书的价值。

这条资料保存的内容较为丰富,不仅介绍了"千秋岭"的别名、地理位置、高度、广度以及山名的由来,还收录了《旧经》、罗隐诗以及《五代史》中的一些内容,并介绍了山区的景胜和村庄的有关情况。根据文中《五代史》的记载,五代梁时季涛曾领兵在此山与吴越作战,大败之。洪武《宣城志》佚文有保存文献记载的作用。现存文献记载宁国县山川时多载有关于"千秋岭"的内容。《舆地纪胜》载:"千秋岭,在[宁]国县东南八里。罗隐诗:'相望——上云'。"②现存《舆地纪胜》记载有阙漏,此条记载即是明证,所载罗隐诗已不完整,而洪武《宣城志》佚文可以对此进行补充。万历《宁国府志》载:"千秋岭,在(宁国)县治东一百五十里。冈峦绵属,溪谷幽深,多通浙道。伪吴招讨使季涛攻吴越取道于此,宋人尝下此置关防戍,有孔夫关。"③嘉靖《宁国府志》载:"千秋岭,冈峦绵属,宋人尝于此列关防戍。伪吴招讨使季涛攻吴越,尝取道于此。宋南渡后始置千秋关、孔夫关。"④光绪《重修安徽通志》载:"千秋岭,宁国县东百五十里。冈峦绵属,溪谷阴深。路通浙江于潜,吴

---

① 马蓉等点校:《永乐大典方志辑佚》第二册,北京:中华书局,2004年。
② (宋)王象之:《舆地纪胜》卷一九《江南东路》,《中国古代地理总志丛刊》,北京:中华书局,2003年。
③ 万历《宁国府志》卷六《方舆志》,《稀见中国地方志汇刊》本,北京:中国书店,1992年。
④ 嘉靖《宁国府志》卷四《次舍纪》,《天一阁藏明代方志选刊》本,上海:上海古籍书店影印,1964年。

招讨使季涛攻吴越取道于此。宋南渡后尝列关防戍。唐罗隐《送梅处士》有'回望千秋岭上云'之句。土人以云气占晴雨。"①《读史方舆纪要》②、乾隆《江南通志》③、嘉庆《宁国府志》④、嘉庆《大清一统志》⑤、民国《宁国县志》⑥、《肇域志》⑦亦有相关记载,主要内容与上述记载相同。

从罗隐诗和吴招讨使季涛攻吴越取兵于此看,上述文献所载之"千秋岭"应该和洪武《宣城志》佚文中的"千秋岭"是同一座山峰。但洪武《宣城志》佚文保存的内容与现存其他记载还有一些不同之处,相比而言,它不仅多出了有关山的高度、广度和山名由来方面的内容,还介绍了云梯村的有关情况,转载了《五代史》中的一段记载。这些内容为其他文献所未载,洪武《宣城志》佚文对现存文献记载有补充资料不足的作用,为全面了解"千秋岭"的情况提供了新的资料,而且因其转载其他文献记载,还具有考证其他记载、辑佚古书的价值。

关于"千秋岭"距县里数,现存文献有不同说法。《读史方舆纪要》、乾隆《江南通志》、万历《宁国府志》及《肇域志》作"县东一百五十里",嘉庆《宁国府志》作"县东一百里",嘉庆《大清一统志》作"县南一百二十里",《舆地纪胜》作"县东南八里",大典本洪武《宣城志》佚文作"县东南一百五里"。待考。

---

① 光绪《重修安徽通志》卷二六《舆地志》,清光绪四年(1878年)刻本。
② (清)顾祖禹:《读史方舆纪要》卷二八,《中国古代地理总志丛刊》本,北京:中华书局,2006年。
③ (清)赵弘恩等监修:《(乾隆)江南通志》卷一六,《四库全书》本,上海:上海古籍出版社,1987年。
④ 嘉庆《宁国府志》卷一〇《舆地志》,《中国地方志集成》本,南京:江苏古籍出版社,1998年。
⑤ (清)穆彰阿:《(嘉庆)大清一统志》卷一一五,四部丛刊续编景旧钞本。
⑥ 民国《宁国县志》卷一《舆地志上》,《中国地方志集成》本,南京:江苏古籍出版社,1998年。
⑦ (清)顾炎武:《肇域志》卷二,清钞本。

6.石凫岭,在宁国县①二十里,泾水出焉。山多碎石,高下起伏如凫雁。[册一百二二卷一一九八〇页四]②

这条资料介绍的是宁国县"石凫岭"的地理位置、外形如凫雁等方面的内容。现存文献中多载有"石凫岭"的资料,或称为"凫山",但这些文献所载之"石凫岭"或"凫山"均在旌德县或太平县,也有在泾县的,没有一条记载的是宁国县的"石凫岭"。嘉靖《宁国府志》载有两处,一处在旌德县,即"龙峰稍西曰凫山,上有巨人迹、石马蹄,下有龙潭,潭旁有石刻'白龙潭'三字";一处在泾县,即"县东五十里曰箬岭,稍西曰石凫山,山多碎石,若凫鹭然"③。嘉庆《宁国府志》也载有两处,一处在旌德县,"凫山,一名石凫山,在县东南二十里,有白龙潭、梅溪出焉。有巨人迹、马蹄石、捣药臼。俗传:'陵阳子明二女化青凫随父仙去,故名。'又云:'子明初炼丹于棲真山顶,后游凫山遇一隐者,相与为友,俱仙去。'今有显道祠,盖祠二人焉"。一处在太平县,"石凫岭,在县东二十里,泾水出焉。山多碎石,高下起伏如凫雁。"④万历《宁国府志》⑤亦有相似记载。

根据以上记载,凡有明确距县里数的,无论是旌德县的还是太平县的都称山在县东或东南二十里。太平县和旌德县两县紧邻,太平县在西,旌德县在东,根据两县的地理位置,上述文献记载的旌德县和太平县的"石凫山"应该不是同一座山岭,内容上也存在较大差异。因此,在旌德县和太平县以至泾县各有一座名为"石凫岭"的山岭存在。如果不考虑所属何县,在上述文

---

① "县"字之后在《永乐大典方志辑本》(北京:北京燕山出版社,2009年,第108页)中多一"□",表示此处缺一字。根据文意,此处确实应该是缺少一个表示方位的字,《永乐大典》此处有脱文。

② 马蓉等点校:《永乐大典方志辑佚》第二册,北京:中华书局,2004年。

③ 嘉靖《宁国府志》卷四《次舍纪》,《天一阁藏明代方志选刊》本,上海:上海古籍书店影印,1964年。

④ 嘉庆《宁国府志》卷一〇《舆地志》,《中国地方志集成》本,南京:江苏古籍出版社,1998年。

⑤ 万历《宁国府志》卷六《方舆志》,《稀见中国地方志汇刊》本,北京:中国书店,1992年。

献记载中,嘉靖《宁国府志》记载的泾县的石皂山内容与洪武《宣城志》有相似之处,而唯有嘉庆《宁国府志》记载太平县石皂岭的资料与洪武《宣城志》佚文完全相同。但考虑两县的位置关系,则这两座山岭却又不是同一座山岭。由于洪武《宣城志》佚文只载"石皂岭,在宁国县二十里",佚文有阙漏,未说明"石皂岭"在宁国县哪个方位,因此还不能确定这个"石皂岭"与旌德县的石皂岭是不是同一座山岭。

根据上述分析,由于洪武《宣城志》佚文记载的"石皂岭"内容与其他记载不同,因此,具有十分珍贵的价值,为了解宁国府地区自然地理状况提供了新的资料。

7. 大鳌岭,在宁国县西南三十里。泾水出焉,其源为穰溪。高十五里①,周回五十里,形若巨鳌负载,即今之穰岭也。[册一百二二卷一一九八〇页四]②

这条资料主要介绍了宁国县"大鳌岭"的地理位置、高度、广度、外形特征以及泾水由此发源的情况。现存文献也有不少记载"大鳌岭"的,但这些"大鳌岭"皆在旌德县或太平县,而没有属于宁国县的。《舆地纪胜》载:"大鳌山,在旌德县东十五里。山形员巘,有瀑布出焉,太平县亦有——。"③万历《宁国府志》载有两处,一处在旌德县,"大鳌山,在招贤乡,以形似鳌名。有瀑泉如练"。一处在太平县,"曰大鳌岭,县西南三十里,高十五里。形若巨鳌,泾水出焉,其源为瀼溪"。④ 光绪《重修安徽通志》⑤、嘉庆《大清一统

---

① "里"字在《永乐大典方志辑本》(北京:北京燕山出版社,2009年,第108页)中为"丈"字。
② 马蓉等点校:《永乐大典方志辑佚》第二册,北京:中华书局,2004年。
③ (宋)王象之:《舆地纪胜》卷一九《江南东路》,扬州:江苏广陵古籍刻印社,1991年。
④ 万历《宁国府志》卷六《方舆志》,《稀见中国地方志汇刊》本,北京:中国书店,1992年。
⑤ 光绪《重修安徽通志》卷二六《舆地志》,清光绪四年(1878年)刻本。

志》①、嘉庆《宁国府志》②皆载有太平县大鳌岭的资料,内容与上述文献记载基本相同。嘉庆《旌德县志》载:"大鳌山,在县东十五里。源自绩溪方山,山形若鳌土,有瀑泉喷流如练。"③

太平县和旌德县两县紧邻,太平县在西,旌德县在东,上述文献记载或称"大鳌山"在旌德县东,或称在太平县西南,从地理位置上看,两者应该不是同一座山岭。另外,旌德县"大鳌岭"和太平县"大鳌岭"在内容上也存在很大的差异,可以肯定两山不是一山,在旌德县和太平县各有一"大鳌山",两山同名而已。但在上述文献记载中还没有一条与洪武《宣城志》佚文基本一致的,只是太平县"大鳌山"亦在"县西南三十里",这一点与洪武《宣城志》佚文有相似之处,但从两县地理位置关系看,两县之"大鳌山"肯定不是同一座山。不过从地理位置看,旌德县的"大鳌岭"和宁国县的"大鳌岭"很可能是同一座山,"大鳌岭"位于两县交界处,故两县县志均作了记载。由于现存记载中很难见到与洪武《宣城志》佚文完全相同或同属一县的记载,因此,洪武《宣城志》佚文保存的这条资料便是十分少见的珍贵资料,为了解宁国府的地理情况特别是山川方面的情况提供了新的参考。

8.三门岭,在宁国县北二里,高十里。为县治来山。至岭巅路通三门村,至麻口。以其山周围三面险塞,止通一径,故名三门。[册一百二二卷一一九八〇页四]④

这条资料记载了"三门岭"的地理位置、高度、往来交通情况、山名的来历及山的地位。现存文献中也有关于"三门岭"的记载,但都不是宁国县的,而是太平县的。嘉庆《宁国府志》载:"三门岭,在(太平)县北十里,三方阻

---

① (清)穆彰阿:《(嘉庆)大清一统志》卷一一五,四部丛刊续编景旧钞本。
② 嘉庆《宁国府志》卷一〇《舆地志》,《中国地方志集成》本,南京:江苏古籍出版社,1998年。
③ 嘉庆《旌德县志》卷一《疆域》,《中国地方志集成》本,南京:江苏古籍出版社,1998年。
④ 马蓉等点校:《永乐大典方志辑佚》,第二册,北京:中华书局,2004年。

绝,一径中通,其阳为县治。"①《肇域志》②、乾隆《江南通志》③、嘉庆《大清一统志》④、光绪《重修安徽通志》⑤所载略同。这几则记载所载之"三门岭"皆在太平县,内容也基本相同,应该是同一座山岭。而洪武《宣城志》佚文所载之"三门岭"在宁国县,与上述三志相比,不仅所属之县不同,内容也完全不同,从太平县和宁国县地理位置看,这个"三门岭"与上述三则记载中的"三门岭"不是同一座山。由于现存文献中很难找到与洪武《宣城志》佚文基本一致的记载,也没有记载宁国县"三门岭"的资料,因此,此条记载为了解宁国府山川的情况提供了新的资料。

9. 棠梨岭,在宁国县西南八十里弦歌乡。东西三十余里。[册一百二二卷一一九八〇页五]⑥

虽然这条"棠梨岭"的资料内容较为简略,仅记载了它的地理位置和广度,但它是现存最早的一条记载。现存文献也载有关于宁国府"棠梨岭"的资料,但均不属宁国县,或在太平县,或在泾县。万历《宁国府志》记载太平县山川时称:"棠梨岭,县西南八十里弦歌乡。"⑦嘉庆《宁国府志》所载"棠梨岭"在太平县:"梨木岭,在县西南七十五里",而"棠木岭,在梨木岭西南五里。"⑧根据地理位置,这两则记载中的"棠梨岭"应该是同一座山岭。嘉靖

---

① 嘉庆《宁国府志》卷一〇《舆地志》,《中国地方志集成》本,南京:江苏古籍出版社,1998年。
② (清)顾炎武:《肇域志》卷一一,清钞本。
③ (清)赵弘恩等监修:《(乾隆)江南通志》卷一六,《四库全书》本,上海:上海古籍出版社,1987年。
④ (清)穆彰阿:《(嘉庆)大清一统志》卷一一五,四部丛刊续编景旧钞本。
⑤ 光绪《重修安徽通志》卷二六《舆地志》,清光绪四年(1878年)刻本。
⑥ 马蓉等点校:《永乐大典方志辑佚》第二册,北京:中华书局,2004年。
⑦ 万历《宁国府志》卷六《方舆志》,《稀见中国地方志汇刊》本,北京:中国书店,1992年。
⑧ 嘉庆《宁国府志》卷一〇《舆地志》,《中国地方志集成》本,南京:江苏古籍出版社,1998年。

《宁国府志》所载之"棠梨岭"则在泾县西南二十里,"棠梨岭、石樊岭,地通石埭"①。从地理位置看,上述各志所载太平县和泾县的"棠梨岭"与洪武《宣城志》佚文所载之"棠梨岭"不是同一座山。虽然不属同一个县,但万历《宁国府志》所载"县西南八十里弦歌乡"一句和洪武《宣城志》佚文完全相同,或许是因为两县皆有棠梨岭,皆有弦歌乡,而棠梨岭皆在弦歌乡西南八十里。由于现存文献多未记载宁国县棠梨岭的情况,因而洪武《宣城志》佚文所载资料可以补充现存文献记载的不足,为认识宁国府自然地理的有关情况提供了新的参考。

10. 梨木岭,在宁国县西南七十五里西乡。上下三十余里,接歙县界。[册一百二二卷一一九八〇页五]②

这条资料介绍了"梨木岭"的地理位置和高度方面的情况。现存文献中也有关于宁国府"梨木岭"的记载,但均不是宁国县的"梨木岭"。万历《宁国府志》载:"梨木岭,(太平)县西南七十五里,接歙县境。"③嘉庆《宁国府志》④所载略同。这两则记载所说之"梨木岭"均在太平县。如果不考虑所属之县,仅从内容上看,洪武《宣城志》佚文与这两则记载的内容基本相同。但如果考虑地理位置,太平县和宁国县两县西南七十五里处不是同一个地方,所以这两个县的梨木岭不可能是同一座山岭。洪武《宣城志》佚文称"梨木岭"在宁国县西南七十五里,由于梨木岭绵延三十余里,所以能与歙县接界。洪武《宣城志》佚文的这条资料与现存记载不同,为了解宁国府自然地理情况提供了新的资料。

11. 青土湖,在县北七十里。以湖土青色,故名。东西长一十里,南北袤

---

① 嘉靖《宁国府志》卷四《次舍纪》,《天一阁藏明代方志选刊》本,上海:上海古籍书店影印,1964年。
② 马蓉等点校:《永乐大典方志辑佚》第二册,北京:中华书局,2004年。
③ 万历《宁国府志》卷六《方舆志》,《稀见中国地方志汇刊》本,北京:中国书店,1992年。
④ 嘉庆《宁国府志》卷一〇《舆地志》,《中国地方志集成》本,南京:江苏古籍出版社,1998年。

八里,湖水而流九里与句溪合。旧经①引范传正《宣州记》云:宣州自为五湖,今芜湖、丹阳湖隶太平州,固城湖隶建康府,惟此湖与北埼湖②存焉。[册十八卷二二六一页十四]③

这条资料记载了"青土湖"的地理位置、湖名的由来、湖面的大小、湖水的流向等方面的情况,并且还转引了一部《旧经》和范传正《宣州记》中的有关资料。由于这部《旧经》和范传正《宣州记》早已亡佚,因而洪武《宣城志》佚文是辑佚《旧经》和范传正《宣州记》的重要资料来源,洪武《宣城志》佚文具有辑佚他书的价值。

关于"青土湖"的资料在现存文献中也有记载。万历《宁国府志》④和光绪《宣城县志》⑤皆载:"青草湖,《旧志》作'青土湖'",据此,"青土湖"即"青草湖"。明朝洪武年间称作"青土湖",至迟到明朝万历年间就已经称作"青草湖"了。嘉庆《宁国府志》亦载:"青草湖,一名青土湖,《旧经》引范传正《宣州记》云:宣州自为五湖,今芜湖、丹阳湖隶太平州,固城湖隶建康府,惟青土湖与北埼湖存焉。《嘉定宣城志》。青土湖,在城北七十里,以湖土青色,故名。东西长一十里,南北袤八里。湖水西流九里与句溪合。《嘉靖府志》"。⑥嘉庆《宁国府志》的这段记载实际上是转引了《嘉定宣城志》和嘉靖《宁国府志》这两部方志的内容,两部方志的内容合在一起与洪武《宣城志》佚文基本相同。就单条资料来说,洪武《宣城志》佚文保存的"青土湖"的资料是现存最丰富的一条。

---

① "旧经"二字应加标点,即《旧经》"。
② 《永乐大典方志辑本》(北京:北京燕山出版社,2009年)辑出的《宣州记》"青土湖"佚文为"北埼",缺一"湖"字(第26页);《□□旧经》"青土湖"佚文为"北埼湖"(第106页)。
③ 马蓉等点校:《永乐大典方志辑佚》第二册,北京:中华书局,2004年。
④ 万历《宁国府志》卷六《方舆志》,《稀见中国地方志汇刊》本,北京:中国书店,1992年。
⑤ 光绪《宣城县志》卷四《山川》,《中国地方志集成》本,南京:江苏古籍出版社,1998年。
⑥ 嘉庆《宁国府志》卷一一《舆地志》,《中国地方志集成》本,南京:江苏古籍出版社,1998年。

另外,嘉庆《宁国府志》亦转引了范传正的《宣州记》,可以将之与洪武《宣城志》佚文相比,从而证明后者内容的正确性。

根据嘉庆《宁国府志》的记载,洪武《宣城志》佚文中"湖水而流九里与句溪合"一句的"而"字有误,应为"西"字。

12. 北埼湖,在县北四十里。以湖岸绕山,逶迤不断,故名。言北者,以别有南埼湖故也。南埼,属建平县。湖岸有古楚城,旧斥堠驿亭遗址存焉。唐《李白集》有《游北湖》诗云:"朝游北湖亭,一望瓦屋山。"或云湖亭指此地也。天圣中,叶道卿《题北①埼湖》云:"泛舟南埼行,先从北湖去。水外净浮天,云中霭无树。青苍尊荇交,藻缛鸳凫聚。日暮采菱人,闻歌不相遇。"[册二十卷二二七〇页三十]②

这条资料的内容较为丰富,不仅记载了宣城县北埼湖的地理位置、名称的由来,还介绍了湖岸上古迹的有关情况,并收录了唐李白和北宋叶道卿的诗句。嘉庆《宁国府志》所载资料与洪武《宣城志》佚文基本相同,即"南湖南曰南埼,北曰北埼,唐《李白集》有《游北湖》诗云:'朝游北湖亭,一望瓦屋山。'天圣中,叶道卿题北埼湖云:'泛舟南埼行,先从北湖去。'《嘉定宣城志》。北埼湖在城北四十里,以湖岸绕山,迤逦不断,故名。言北者,以别有南埼湖故也。南埼界宣城、建平两县。《嘉靖府志》"。③ 可以证明洪武《宣城志》收录的诗文无误。洪武《宣城志》的内容比嘉庆《宁国府志》更为丰富,补充记载了"北埼湖"湖岸名胜古迹的有关内容。嘉庆《宁国府志》所收北宋叶道卿的《题北埼湖》一诗只有二句诗文,而洪武《宣城志》佚文则保留了八句诗文。洪武《宣城志》佚文内容丰富,可以之对其他记载进行考证。

---

① "北"字在《永乐大典》(北京:中华书局,1986年,第846页)中为"此"字。根据文意,"此"字误。

② 马蓉等点校:《永乐大典方志辑佚》第二册,北京:中华书局,2004年。

③ 嘉庆《宁国府志》卷一一《舆地志》,《中国地方志集成》本,南京:江苏古籍出版社,1998年。

13. 龙湖,在①县北二十里。极而大,上有灵湫龙王祠。[册二十卷二二六七页一]②

这条资料主要介绍了"龙湖"的地理位置、面积大小和湖区景胜。这条资料在现存方志中很难见到,是十分珍贵的资料,对现存文献具有补阙价值,为了解宁国府地区自然地理和人文地理状况提供了新的资料。

关于宫室和古迹方面的资料共 6 条,主要记载了这些宫室和古迹的地理位置、名称的由来及有关的历史事实。

1. 观政堂,淳祐辛丑,颜侯颐仲更造改露香阁为观政堂③,嘱南厅邹倅梦得为之记,具载本末。仍移"露香"额于虚舟荷之上。[册七一卷七二三九页七]④

这条资料反映了"观政堂"的有关历史变化情况。"观政堂"即原来的"露香阁",宋朝淳祐辛丑(淳祐元年,1241 年)颜颐仲对其进行改造,将露香阁改为观政堂,邹梦得为之作记,记载了有关此事的前后过程。虽然露香阁更名为观政堂,但仍用"露香"作为额扁的名字,保持露香阁的一些原状。这条资料在现存方志中很难见到,是十分珍贵的资料,对现存文献有补阙价值,为了解宁国府地区自然地理和人文地理状况提供了新的线索。

2. 水门,在城东南五十步玄妙观之东。俗传开此门不利,遂废,惟存斗门以泄水。[册四九卷三五二六页六]⑤

此条资料记载了"水门"的地理位置、废而不开的原因以及它的用途等方面的情况。现存文献亦有相关记载。嘉庆《宁国府志》载:"南水门,在城

---

① "在"字之后在《永乐大典》(北京:中华书局,1986 年,第 814 页)多一"山"字。根据文意,"山"字衍。
② 马蓉等点校:《永乐大典方志辑佚》第二册,北京:中华书局,2004 年。
③ "颜侯颐仲更造改露香阁为观政堂"一句应标以标点,即"颜侯颐仲更造,改露香阁为观政堂"。
④ 马蓉等点校:《永乐大典方志辑佚》第二册,北京:中华书局,2004 年。
⑤ 马蓉等点校:《永乐大典方志辑佚》第二册,北京:中华书局,2004 年。

东南五十步元妙观之东。俗传开此门不利,遂废,惟存斗门以泄水。"①嘉庆《宁国府志》保存的这条资料亦是转引洪武《宣城志》内容的。嘉庆《宁国府志》虽称为"南水门",但从内容上看,与大典本洪武《宣城志》佚文基本相同,仅"玄妙观"之"玄"为"元"字。"玄"为"元"者,清人避康熙帝讳也。故"玄妙观"和"元妙观"是同一物,乃是一处道观。从现存记载看,无论是《永乐大典》还是嘉庆《宁国府志》保存的"水门"的资料,均是转引洪武《宣城志》的。洪武《宣城志》佚文保存的这条资料具有十分珍贵的价值,为了解宁国府地区人文地理的情况提供了新的参考。

3.狮子门,在府治宣城东。当城门外有大石狮子二蹲踞,以对跨鳌桥②。世传寅山高耸,故以狮厌镇之。今犹存。[册四九卷三五二七页十二]③

这条资料介绍了"狮子门"的地理位置、外形特征、有关的传说和存废情况。嘉庆《宁国府志》亦载:"狮子门,在府治东当城门外,有大石狮子二蹲,踞以对跨鳌桥。世传寅山高耸,故以狮子压镇之。今犹存焉。"④这条资料亦是转引洪武《宣城志》的。既然两则记载同出于洪武《宣城志》,那么可以互相参证,为全面认识宁国府地区社会历史发展的情况提供了新资料。

参考嘉庆《宁国府志》转引的洪武《宣城志》的内容,佚文"故以狮厌镇之"一句有脱字,少一"子"字,当以"故以狮子厌镇之"为长。

4.铁牛门,在府治东北城内。前志双牛,冶铁为之。⑤俗传郡无丑山⑥,故象大武以为厌镇。谚云:"丑上无山置铁牛。"自五代林仁肇更筑罗城,旧门关皆改革,今惟一牛存。里人即其地为司土神庙,号铁牛坊云。[册四九

---

① 嘉庆《宁国府志》卷一二《舆地志》,《中国地方志集成》本,南京:江苏古籍出版社,1998年。
② 此句标点不妥,应为:"当城门外有大石狮子二蹲,踞以对跨鳌桥"。
③ 马蓉等点校:《永乐大典方志辑佚》第二册,北京:中华书局,2004年。
④ 嘉庆《宁国府志》卷一二《舆地志》,《中国地方志集成》本,南京:江苏古籍出版社,1998年。
⑤ 此句标点不妥,应为:《前志》:"双牛冶铁为之。"
⑥ "丑"字后在《永乐大典方志辑本》(北京:北京燕山出版社,2009年,第107页)中缺一"山"字。

卷三五二七页十二]①

这条资料介绍了"铁牛门"的地理位置、设置的原因、时间、地点和兴废的情况,说明了铁牛门历史变迁过程中的一些史实。嘉庆《宁国府志》②亦载有"铁牛门"的资料,也是转引洪武《宣城志》的,且内容与大典本洪武《宣城志》佚文完全相同,两者可以互为参证。现存其他文献也载有"铁牛门"的资料,但内容与洪武《宣城志》佚文不完全相同。如《舆地纪胜》载:"铁牛门,在宣城县东北百七十步。俗传双牛冶铁为之,以郡无丑山,故象大武以压胜之。谚云:'丑上无山置——'。"③现存《舆地纪胜》已不完整,这条记载所引之民谚有脱漏,可依洪武《宣城志》佚文进行补充。《大明一统名胜志》载:"铁牛门,在县东北百七十步。相传有双牛冶铁为之,以郡阙丑山,故象大武为压胜。谚云:'丑上无山置铁牛',即此。相传昔桓彝所筑子城至铁牛门而止,林仁肇更筑罗城,旧门开关皆改革,惟铁牛独存。"④嘉庆《宣城县志》载:"铁牛门,在府治东北,双牛铁铸。五代林仁肇更筑罗城旧门,移置铁牛,一于大东门内木禾神殿中,今称铁牛庙;一在小东门罗城内,今移济川桥跗上。"⑤光绪《宣城县志》⑥亦有相似记载。《明一统志》载:"铁牛门,在府治东北,双牛铁铸。五代林仁肇更筑罗城,旧门关皆改革,惟存铁牛。"⑦《南畿志》⑧也有"铁牛门"的记载。这几则记载均主要介绍"铁牛门"设置的具体情

---

① 马蓉等点校:《永乐大典方志辑佚》第二册,北京:中华书局,2004年。
② 嘉庆《宁国府志》卷一二《舆地志》,《中国地方志集成》本,南京:江苏古籍出版社,1998年。
③ (宋)王象之:《舆地纪胜》卷一九,《中国古代地理总志丛刊》,北京:中华书局,2003年。
④ (明)曹学佺:《大明一统名胜志》卷四,《四库全书存目丛书》本,济南:齐鲁书社,1996年。
⑤ 嘉庆《宣城县志》卷二九《古迹》,《稀见中国地方志汇刊》本,北京:中国书店,1992年。
⑥ 光绪《宣城县志》卷三七《古迹》,《中国地方志集成》本,南京:江苏古籍出版社,1998年。
⑦ (明)李贤等奉敕:《明一统志》卷一五,《四库全书》本,上海:上海古籍出版社,1987年。
⑧ (明)闻人诠、陈沂:《南畿志》卷四八,《四库全书存目丛书》本,济南:齐鲁书社,1996年。

况,与洪武《宣城志》佚文的记载角度不同。这些资料可以互相补充,为全面了解"铁牛门"的有关情况提供了更为丰富的资料。

大典本洪武《宣城志》佚文收录了一部《前志》的内容,根据《中国地方志联合目录》《中国地方志综录》的统计,这部《前志》应已亡佚。因此,大典本洪武《宣城志》具有辑佚古书的价值。

5. 南陵县东南,俗传唐令狐相之故居也。门侧有狐公塘、狐公庙,今废。或云旧湖湘门也,传者讹尔。①[册四九卷三五二七页十五]②

嘉庆《宁国府志》亦转引洪武《宣城志》的资料,即:"狐相门,在县东南。俗传唐令狐相公故居也。门侧有狐公塘、狐公庙,今废。或云旧湖湘门也,传者讹尔。"③民国《南陵县志》在记载"狐相门"时也转引了洪武《宣城志》中的记载:"狐相门,俗传为令狐相故居。按《府志》云:'洪武《宣城志》:狐相门在县东南,俗传唐令狐相公故居。门侧有狐公塘、狐公庙,今废。或云旧湖湘门,传者讹耳。'"④两段记载皆出于洪武年间编修的《宣城志》。另外,《舆地纪胜》载:"狐相门,在南陵县东南。俗传令狐相之故居也,门侧有狐公庙。"⑤嘉靖《宁国府志》载:南陵县"东南有狐相门,相传唐令相故,今并废。"⑥光绪《南陵小志》亦载:"狐相门,俗传为令狐相故居。"⑦这两条记载相对于洪武《宣城志》佚文的记载要简略得多。洪武《宣城志》佚文是目前保存下来的关于"狐相门"的最为丰富的记载,对现存其他记载有补阙资料的作用,为全

---

① 此条在《永乐大典》(北京:中华书局,1986年,第2039页)中辑在"狐相门"下。
② 马蓉等点校:《永乐大典方志辑佚》,第二册,北京:中华书局,2004年。
③ 嘉庆《宁国府志》卷一二《舆地志》,《中国地方志集成》本,南京:江苏古籍出版社,1998年。
④ 民国《南陵县志》卷七《舆地·古迹》,《中国地方志集成》本,南京:江苏古籍出版社,1998年。
⑤ (宋)王象之:《舆地纪胜》卷一九,《中国古代地理总志丛刊》,北京:中华书局,2003年。
⑥ 嘉靖《宁国府志》卷四《次舍纪》,《天一阁藏明代方志选刊》本,上海:上海古籍书店影印,1964年。
⑦ 光绪《南陵小志》卷一《舆地志·古迹》,光绪二十五年(1899年)活字本。

面了解宁国府地区人文地理方面的情况提供了新的资料。

据《旧唐书·令狐楚传》记载,穆宗初年,令狐楚出为宣歙观察使。文宗欲用令狐楚为补相,未行坐山陵事,贬为宣歙观察使,后再贬衡州刺史。① 嘉庆《宁国府志》记载唐代宣州节度使、宣歙观察使时亦言:"令狐楚,字縠士,穆宗即位,进门下侍郎,坐惠宗山陵事,出为宣歙观察使,再贬衡州刺史。"② 由此可知,洪武《宣城志》佚文所载之令狐相可能是令狐楚。

6. 在正山上有仙人台、仙人园,旧有石刻,漫不可辨。有龙祠,祷雨辄应。③[册三十卷二六〇三页十七]④

这条资料介绍了"正山"上的名胜古迹。现存方志亦载有相似资料。嘉庆《宁国府志》介绍旌德县山川时载:"正山,一名尖山,在县西二十里。唐时尝因压胜之说凿断山脉,今断垅存焉。南唐时,方道项、洪锐尝屯兵于此,以备吴越。山有仙人台、仙人园,旧有石刻浸不可辨。有龙祠,祷雨辄应。有隐士汪文谅家其下,义聚至千三百余口。《嘉定志》《方舆纪要》《嘉靖府志》《大清一统志》。"⑤ 由此条记载末尾所注资料出处可知,宋嘉定《宣城志》亦载有此条资料。洪武《宣城志》应该是对嘉定《宣城志》的继承。另外,《大明一统名胜志》亦载有相关资料,可以与上述记载互相参考,即旌德县"栖真山,西有正山,上有仙人台、仙人园,下有玉井、响石亭。东有郭公岩,岩傍刻'珍珠泉'三字。前有银屏石,多古题刻磨灭殆尽"。⑥ 洪武《宣城志》佚文可以与现存记载相互考证。

---

① 《旧唐书》卷一七二《列传一二二》,北京:中华书局,1975年。
② 嘉庆《宁国府志》卷二《职官表》,《中国地方志集成》本,南京:江苏古籍出版社,1998年。
③ 此条在《永乐大典》(北京:中华书局,1986年)中辑在"仙人台"条下。
④ 马蓉等点校:《永乐大典方志辑佚》第二册,北京:中华书局,2004年。
⑤ 嘉庆《宁国府志》卷一〇《舆地志》,《中国地方志集成》本,南京:江苏古籍出版社,1998年。
⑥ (明)曹学佺:《大明一统名胜志》卷四,《四库全书存目丛书》本,济南:齐鲁书社,1996年。

(二)经济类资料的价值

经济类资料共有 8 条,涉及官署、仓廪、水利、斛斗、米粮解纳等方面内容。

> 撩造会子局,以城北澄江亭废址及辟民居为之。先是朝廷以西蜀扰攘,阙少会子纸料,亦既即都城置局撩造,数目不敷。嘉熙三年,省札下岩、衢、抚、吉、徽、建昌六郡分造。已而又增本府,日造三万片。郡侯杜范、倅尹焕以本府素非产楮去处,申乞寝免,毋虑数十疏,至谓朝廷若以方命为罪,即择有干力者来任此责。阅明年,颜侯颐仲继之,复申前请,不许,只抽回专官,令本府自造,乃减作二万片,通岁计之,用楮二十八万八千片。州家不得已,以十一月开局,极其材力,不能如数。再乞免其半,又不许,仅更日减三千片而已。异时蜀道底平,责输如故,江南诸郡庶几免夫。[册一百七八卷一九七八一页九]①

这条资料反映的是宋朝"会子"制造方面的一些情况。"会子"是南宋时期发行的一种纸币。《宋史》有如下记载:绍兴"三十年,户部侍郎钱端礼被旨造会子,储见钱,于城内外流转,其合发官钱,并许兑会子输左藏库。明年,诏会子务隶都茶场。三十二年,定伪造会子法,犯人处斩,赏钱千贯,不愿受者补进义校尉。若徒中及庇匿者能告首,免罪受赏,愿补官者听。当时会纸取于徽、池,续造于成都,又造于临安。会子初行,止于两浙,后通行于淮、浙、湖北、京西。"②由于商业流通和铜钱缺乏的矛盾,绍兴二十九年(1159年)杭州的富商就联合发行一种"便钱会子",代替铜钱在市场上流通。绍兴三十年(1160年),南宋政府权户部侍郎钱端礼兼权临安知府,将"会子"转由官办。临安府印造纸币"会子",允许会子在城内外流通,与铜钱并行。绍兴

---

① 马蓉等点校:《永乐大典方志辑佚》第二册,北京:中华书局,2004 年。
② 《宋史》卷一八一《志一三四》,北京:中华书局,1977 年。

三十一年（1161年），正式设立"行在会子务"，这是政府设置的纸币发行机构，目的在于把发行"会子"的利权收归官府。"会子纸"是以楮树皮为原料制造的，称为"楮纸"，会子因而也称为"楮币""楮券"或单称"楮"。最初会子纸取自于徽、池，后续造于成都，继而又造于临安。会子发行后，最初只通行于两浙地区，后来由于商业流通的需要开始通行于淮、浙、湖北和京西等地。为了保证政府因制造会子而取得的利益，绍兴三十二年（1162年）还制定了伪造会子法，对于私造会子者处斩，对于查获私造会子之事者或赏钱或加官。

洪武《宣城志》佚文收录的"撩造会子局"的资料即是关于宋朝宁国府会子纸制造情况的。"撩造会子局"是宋朝宁国府负责制造会子纸料的机构，这条资料介绍了制造会子纸料的原因、机构的设置、原料的来源、生产数量的变化、上贡数额等方面的情况。宁国府"撩造会子局"是在西蜀扰攘、都城造会子纸料不敷朝廷之需的情况下设置的，它主要负责制造会子纸料。"撩造会子局"初建于都城，后因所造数量有限，不敷使用，所以在宋朝嘉熙三年（1239年）又下令岩、衢、抚、吉、徽、建昌六郡分造。后又在宣城县设新局，规定每日须造会子纸料三万片。由于宣城本地不产楮树，制造会子纸料的原料十分缺少，无法保证每日三万片的制造任务。杜范、尹焕、颜颐仲等地方官先后上书朝廷，反复重申宣城制造会子纸料的困难，希望朝廷能取消在宣城制造会子纸料的规定。但朝廷没有批准，只是对每日应造之数稍作减少，初减作每日二万片，后又规定更日减三千片，宣城仍无法完成任务。还是到了"蜀道底平"之后，朝廷才最终下令宣城停止造会子纸料。从这段资料可以知道会子纸制造地的增设废止及会子纸产量等方面的情况。《宋史》等文献保存的"会子"方面的资料多是属于全国性的资料，而洪武《宣城志》佚文保存的资料记载的是宁国府"撩造会子局"的情况，这是一条地方性资料，是《宋史》这样的文献所没有记载的。因此，洪武《宣城志》佚文收录的地方性资料与《宋史》收录的全国性资料可以互为补充，为了解宋朝"会子"的情况提供了更为全面的资料。另外，洪武《宣城志》佚文保存的这条资料是十分重要的赋役方面的资料,对现存文献记载起到了补阙资料的作用,为了解宁国府地区社会历史发展过程中的经济问题提供了新的参考。

仓廪方面的资料共有 4 条,主要记载了常平仓、际留仓、平籴仓等仓廪的地理位置、设置、变化、功用等方面的情况。

1.常平仓,在东仓门。景德三年,臣僚请于京陕河南北江淮两浙各置常平仓①,缘边州不置。每岁夏秋加钱收籴,贵则减价出粜。康定元年,诏复义仓。熙宁四年,河北提刑王广廉乞将天下广惠仓并入常平,诏从之。绍兴二年,有司请复常平法,德音宣谕:常平之法,岁久多弊,令复置官,可明谕天下。[册七九卷七五〇七页十九]②

洪武《宣城志》佚文保存的这条资料虽然是介绍宁国府常平仓的,但除说明其地理位置外,其余内容则是有关宋朝常平仓、义仓、广惠仓的。根据洪武《宣城志》佚文,宋朝景德三年(1006年)曾在京陕、河南北、江淮、两浙设置常平仓,而缘边之州不置。每岁夏秋两季购入粮食充实常平仓,而于粮价上涨之时粜米减价,以平抑粮价。由于义仓此前已经废止,因而于康定元年(1040年)复置义仓。到熙宁四年(1071年),又采纳河北提刑王广廉之议,将广惠仓并入常平仓。绍兴二年(1132年),再复常平之法。

关于上述问题在《宋史·食货志》有相关记载。宋乾德初年曾诏诸州于各县置义仓,后废。明道二年(1033年),诏议复义仓,不果。庆历初,仁宗命天下立义仓,诏上三等户输粟,已而复罢。宋景德三年(1006年),在京东西、河北、河东、陕西、江南、淮南、两浙设立常平仓,但"沿边州郡不置"常平仓。天禧四年(1020年),在荆湖、川峡、广南增置常平仓。嘉祐二年(1057年),诏天下置广惠仓。熙宁年间,将常平仓与广惠仓合并。③ 考《宋史》可知洪武《宣城志》佚文的记载是符合历史事实的。

这条资料十分珍贵,可与正史的记载互相参证,为了解宁国府地区仓廪

---

① 此句应加标点,即:"臣僚请于京陕、河南北、江淮、两浙各置常平仓"。
② 马蓉等点校:《永乐大典方志辑佚》第二册,北京:中华书局,2004年。
③ 《宋史》卷一七六《志一二九》,北京:中华书局,1977年。

建设和发展的情况提供了新的资料,具有重要的史料价值。

2.旌德县平籴仓,在县之西。时知县方俌,撙节县用,以其钱于冬月谷贱之时,照时价收籴,春夏谷贵之时,从元价出粜,置籍守掌如常平法,循环不已。期以平在市之米价,济小民之艰食,命曰平籴。元初,兵毁不存。国朝际留粮米,收贮于县厅东。[册八一卷七五一四页十一]①

这条资料主要介绍旌德县平籴仓设置和运作情况,涉及明朝的资料,是由洪武《宣城志》首载入志的,具有首创性价值。这条资料介绍了宋、元、明初旌德县"平籴仓"的位置和设置的情况、粜籴谷粮的方法、存废情况,以及平籴仓的功用等方面的内容。平籴仓由知县方俌设立,用县财政经费在冬季谷贱之时买粮入仓,而到春夏谷贵之时则以原价出售,以平抑粮价,减轻百姓的负担。平籴仓在元初由于兵事而毁,明朝则将际留粮米改贮于县厅东。这条资料提到了知县方俌的情况。关于"方俌"的情况,嘉庆《旌德县志》有载:"方俌,字士民,历阳人。嘉定十五年,以朝散郎知县事,修学校,没入灵源浮屠田三百余亩,以廪诸生。建预备仓,立平籴法,赈民饥,葺淳源桥,建社坛。又于县庚立月椿,以足祠祀之需。"②由此可知,方俌是在宋嘉定十五年(1222年)到旌德县做知县的,并在此期间建立预备仓,实行平籴法。洪武《宣城志》佚文保存的这条资料在现存宁国府方志中很难见到,为了解宁国府地区仓廪建设的情况提供了新的参考,有补阙文献记载不足的作用,具有重要的史料价值。

3.元际留仓,旧志在县治东,③今察院基是也。国朝洪武十年,创于县治仪门外之西,元尉司旧址也。[册八一卷七五一六页十]④

4.元际留仓,旧在三友坊,基存屋废。国朝洪武十年,建于弦歌坊之西。[册八一卷七五一六页十]⑤

---

① 马蓉等点校:《永乐大典方志辑佚》第二册,北京:中华书局,2004年。
② 嘉庆《旌德县志》卷六《职官》,《中国地方志集成》本,南京:江苏古籍出版社,1998年。
③ 此句应加标点,即:《旧志》:"在县治东。"
④ 马蓉等点校:《永乐大典方志辑佚》第二册,北京:中华书局,2004年。
⑤ 马蓉等点校:《永乐大典方志辑佚》第二册,北京:中华书局,2004年。

洪武《宣城志》佚文中保存的这两条元朝"际留仓"方面的资料,记载了两处际留仓,一在县治东,一在三友坊,皆为明朝洪武十年(1377年)设置。这两条资料还说明了两处际留仓存废的情况。由于这两条资料反映的是明朝宁国府仓廪的有关情况的,因而洪武《宣城志》就是第一个将这些资料载入宁国府志的,具有始创性价值。关于"际留仓"的资料在现存宁国地区方志中也有记载,但十分少见,嘉靖《宁国府志》载有一条旌德县际留仓的资料,即:"际留仓,在县治内幕厅东,廒三。"[①]这个"际留仓"与洪武《宣城志》佚文所载内容完全不同。这些资料互相补充,可以说明明朝宣城、旌德等地都曾设置过际留仓。洪武《宣城志》佚文保存的资料为进一步认识宁国府地区际留仓的有关情况提供了新的资料。

陂塘方面的资料主要记述了明朝初年宣城县陂塘建设方面的情况,由此可以了解到宣城县水利建设由衰落而逐步恢复和发展的情况。

总一邑陂塘,几八百所,姑叙其凡者,今亦因其旧焉。清流乡,二百七十有九。射亭乡,一十有九。嘉禾乡,一十有六。四望乡,一十有九。留爱乡,二十有一。上昭亭乡,有七。下昭亭乡,三十有一。长安乡,四十有六。凤林乡,一百四十有三。昆明乡,二十有四。兴贤乡,二十有七。千秋乡,七十有八。仁义乡,一百五十有六。宣义乡,二十有四。国朝丙午岁大旱,知县王文贞访求陂堰遗迹,因其废塞者,兴筑而疏导之,皆西汇官河之水,而入于陂,东流至于东南诸山,循折山抵麻姑,北至白羊,西北至双桥,凡陂有坝、有坪、有广狭,分水以达诸乡之沟浍,灌溉几五十里,其为利博矣!陂之大者七:曰笪岳、曰长安、曰峄阳、曰大布、曰富立、曰新稔、曰大有。陂之小者一十有四:曰高、曰蔡、曰丁、曰郝渐、曰胡村、曰花蒲、曰新、曰庙潮、曰殿前、曰新田、曰枯缺、曰泉水、曰充

[①] 嘉靖《宁国府志》卷四《次舍纪》,《天一阁藏明代方志选刊》本,上海:上海古籍书店影印,1964年。

干。陂凡二十有一焉。笪岳陂,坝五,堰一,坪三十有九,沟塘三十有二。长安陂,坝一,坪一,沟塘一十有八。峄阳坡,则跨历四都水,行二十里,其南为大布,东为富立。若新稔陂,则坝二,坪二十,湖塘四十有五。大有陂,坝四,坪十,沟塘一十有五。诸小陂,沟塘则一十有二焉。[册三四卷二七五四页三]①

这段资料主要记载的是陂塘方面的情况,介绍了陂塘的总数、各乡陂塘名称和数量,还记载了明朝知县王文贞疏导废塞陂塘、使之重新发挥作用的事情。这次兴筑的陂塘大者共7所,小者共14所,灌溉农田面积将近50里。另外,这段资料还将7所大陂塘所建之坝、堰、坪、沟塘等方面的情况也作了简单介绍。

由这段佚文可知,知县王文贞在疏导废塞陂塘、兴修水利方面有着重要的功绩,因此他的事迹被收录在地方志中。笔者查阅相关方志,光绪《宣城县志》中有关于"王文质"的记载:"王文质,字有章,号龙里,六安州人。绩学待时,明初用陶安荐知宣城县事。时兵革初定,井里萧条,文质抚绥招徕,教士劝农,具有方略,民始安集。乃建县治,徙县学于太和门内,创建水阳巡检司署,设各乡讲约所,时巡训饬谕,修新稔水坝等水利。以忧勤卒于官,士民德之,葬宣之西郭外,祀名宦祠。子孙家焉。"②这段资料中提到的王文质是在明朝初年到宣城县做知县的,在位期间勤于政事,也曾督饬所辖地区兴修水利。这一情况与洪武《宣城志》佚文中"王文贞"的情况基本一致,而且两人名字只有一字之差,且"质"和"贞"字形非常相近。这两人究竟是什么关系?根据笔者的分析,洪武《宣城志》应编修于明朝洪武年间、且在洪武十年(1377年)以后,此段资料中的"国朝"即指明朝,"国朝丙午"当指的吴三年,即元至正二十六年(1366年),朱元璋在元至正二十四年(1364年)称吴王,

---

① 马蓉等点校:《永乐大典方志辑佚》第二册,北京:中华书局,2004年。
② 光绪《宣城县志》卷一《名宦》,《中国地方志集成》本,南京:江苏古籍出版社,1998年。

建立了吴政权,于元至正二十八年(1368年)正式定国号为大明,自此明朝正式建立。因此,从明朝的角度来说,它是将朱元璋称吴王的时间即元至正二十四年(1364年)也称为"国朝"的。那么按明朝纪年,元至正二十六年(丙午年,1366年)就是明朝的"国朝丙午"年。光绪《宣城县志》中的另一则记载为解决上述问题提供了线索,即:"县治在西门大街,元万户府旧址。初在城东,南宋建炎庚申毁于兵。绍兴初,知县任某迁城南,邑人周紫芝记。乾道辛卯,知县庐杰修,修撰徐琼记。明洪武己酉,知县王文质迁建今所。案洪武《宣城志》:任县尹名几先,文质系文贞,详后续增。"①这则资料说明,洪武《宣城志》曾明确指出"王文质"就是"王文贞"。光绪《宣城县志》收录的另一条洪武《宣城志》佚文亦称"王文贞",即:"县治缘起补证。案洪武《宣城志》:'宋县治在罗城内府衙南一百四十步。初县治在青弋之北,隋改为附邑,唐因隋制,县治在城外东街。'《旧经》云:'宋尉司旧县治也,建炎中毁于盗兵。绍兴初,县令任几先营是治,创屋数十楹,门楼、狱牢、廊庑、架阁与令所居室皆粗备。'元县治自制锦坊徙置于城内鼓角楼之西北城隍庙后,元末倾圮,仅存正厅两庑,未几尽毁于乙未之兵。国朝初,以元之杂造局为治,新岁丁未徙元之缘事司。洪武二年,知县王文贞又徙治于元之万户府,在城市西北街,继遵颁降新制,创知县廨,在县治后。"②看来,洪武《宣城志》中的"王文贞"即是后世方志中的"王文质"。

根据以上分析,洪武《宣城志》佚文保存的这条资料就是记载元末明初宣城县的有关历史事实的,这条资料是首次载入宁国府志的,具有开创性的意义,能够为后世方志编修提供资料来源。通过这条资料,可以对元末明初宣城县陂塘建设、修复、利用等方面的情况有一个总体性的认识,也可以了解到当时的知县王文贞(亦称王文质)任职期间的一些政绩。现存方志对于

---

① 光绪《宣城县志》卷九《公署》,《中国地方志集成》本,南京:江苏古籍出版社,1998年。
② 光绪《宣城县志》卷九《公署》,《中国地方志集成》本,南京:江苏古籍出版社,1998年。

这些内容记载较少,洪武《宣城志》佚文可以补阙现存方志记载的不足,可以为了解元末明初宣城县水利建设事业的发展和宣城县历史人物提供新的参考资料,是研究元末明初宣城县历史发展特别是经济发展相关问题的重要参考,具有非常重要的价值。

(三)社会类资料的价值

洪武《宣城志》佚文保存的社会类资料不多,仅有一条,即"潜火队",主要介绍了宋朝潜火队的性质、任务、人员设置、装备配置等方面的情况,可以了解到当时宁国府地区社会防灾救灾方面的一些情况。

> 潜火队,在府衙南。绍兴二十一年,王侯晌置,为土瓦屋三间,收贮梯桶、钩搭、绳索、锯斧之属,以备不虞。兵百人,每旬各执其物以陈。例差提督指使一员。[册一百六三卷一五一四〇页九]①

关于"潜火队"的资料在现存宁国府方志中鲜有记载,洪武《宣城志》佚文保存的资料就显得十分珍贵,对现存文献记载有补阙资料的作用。根据洪武《宣城志》佚文的记载,潜火队实际上就是救火队,相当于后世消防队,是宋朝绍兴二十一年(1151年)王晌在宣城县设置的救火队,地址在宁国府府衙的南面。潜火队共有房屋三间,主要用来存储救火用的器具,如梯桶、钩搭、绳索、锯斧等物。潜火队队员由士兵承担,常设人数一百人,并由一名提督专门管理。通过这条佚文,可以了解到宋朝宁国府社会防灾救灾方面的措施和管理体系,为了解宁国府地区社会发展的情况提供了新的参考,有利于进一步探讨宁国府历史发展过程中社会救助方面的情况。

(四)人物类资料的价值

人物类资料主要收录了魏晋南北朝时期4个人物的资料,共4条,虽然内容并不是十分丰富,但也为了解这一时期宁国府地区历史人物的有关情况提供了线索。特别是有些人物资料在现存方志中很难见到,更具有非常

---

① 马蓉等点校:《永乐大典方志辑佚》第二册,北京:中华书局,2004年。

重要的价值。

1.张种,字士苗。少恬静,居处雅正,时人语曰:"宋称敷、演,梁则卷、充。清虚学尚,种有其风。"仕梁为中军宣城王主簿。时年四十余,家贫,求为始丰令。陈朝为中书令。①[册一百五四卷一四六〇八页三十一]②

这条资料介绍了"张种"这个人物的基本情况,包括他的字、性格特点、任官情况、家庭情况以及世人对他的评价等方面的内容。现存宁国府方志中很少记载这个人物的生平事迹,作为一方之志,洪武《宣城志》佚文保存的资料就显得十分珍贵,对现存方志记载有补阙史料的作用,为认识和了解宁国府地区人物的有关情况提供了新的资料。关于张种这个人物的资料,在宁国府方志以外的其他文献中有记载。《陈书》有其传:"张种,字士苗,吴郡人也。祖辩,宋司空右长史、广州刺史。父略,梁太子中庶子、临海太守。种,少恬静,居处雅正,不妄交游,傍无造请。时人为之语曰:'宋称敷、演,梁则卷、充。清虚学尚,种有其风。'仕梁王府法曹,迁外兵参军,以父忧去职。服阕,为中军宣城王府主薄。种时年四十余,家贫,求为始丰令。入除中卫西昌侯府西曹掾。时武陵王为益州刺史,重选府僚,以种为征西东曹掾。种辞以母老,抗表陈请,为有司所奏,坐黜免。侯景之乱,种奉其母东奔,久之,得达乡里。俄而母卒,种时年五十,而毁瘠过甚。又迫以凶荒,未获时葬,服制虽毕,而居处饮食恒若在丧。及景平,司徒王僧辩以状奏闻,起为贞威将军、治中从事史,并为具葬礼。葬讫,种方即吉,僧辩又以种年老,傍无胤嗣,赐之以妾,及居处之具。贞阳侯僭位,除廷尉卿、太子中庶子。敬帝即位,为散骑常侍,迁御史中丞,领前军将军。高祖受禅,为太府卿。天嘉元年,除左民尚书。二年,权监吴郡,寻征复本职,迁侍中,领步兵校尉。以公事免,白衣兼太常卿,俄而即真。废帝即位,加领右军将军。未拜,改领弘善宫卫尉,又领扬、东扬二州大中正。高宗即位,重为都官尚书,领左骁骑将军,迁中书

---

① 此条在《永乐大典》(北京:中华书局,1986年,第6499~6500页)中收录于"州主簿"条下。

② 马蓉等点校:《永乐大典方志辑佚》第二册,北京:中华书局,2004年。

令,骁骑、中正并如故。以疾授金紫光禄大夫。种沉深虚静,而识量宏博,时人皆以为宰相之器。仆射徐陵尝抗表让位于种,曰:'臣种器怀沈密,文史优裕,东南贵秀,朝庭亲贤,克壮其猷,宜居左执。'其为时所推重如此。太建五年,卒,时年七十。赠特进,谥曰元子。种仁恕寡欲,虽历居显位,而家产屡空,终日晏然,不以为病。太建初,女为始兴王妃,以居处僻陋,特赐宅一区,又累赐无锡、嘉兴县侯秩。尝于无锡见有重囚在狱,天寒,呼出曝日,遂失之。世祖大笑,而不深责。有集十四卷。"①《太平御览》载:"《陈书》:张种少恬静居处,雅正不妄,交游傍无造请。时人为之语曰:'宋称敷、演,梁则卷、充。清虚学尚,种有其风。'"②考之文献记载,可知因张种曾"为中军宣城王府主薄",故得以入宁国府方志。洪武《宣城志》应该是择其精要及与宁国府有关的资料来记载张种的,不如《陈书》中的记载详细。不管洪武《宣城志》记载"张种"的资料是否直接摘取《陈书》,《陈书》当为有关"张种"资料的最早史源。

2. 胡诚,字求信。好学有文,尤悉晋代故事,时自折衷《晋书》。位中军宣城王记室。③[册一百五四卷一四六〇八页三十一]④

这条资料记载的是"胡诚"的字、学术特点等方面的情况。

3. 陆令公,梁中军宣城王记室参军。生琰,通直散骑常侍。⑤[册一百五四卷一四六〇八页三十一]⑥

这条资料记载的是南朝梁、陈时"陆令公"及其子琰的官职情况。《陈书》有"陆琰传",载:"陆琰,字温玉,吏部尚书琼之从父弟也。父令公,梁中军宣城王记室参军。琰,幼孤,好学,有志操",曾"兼通直散骑常侍。"⑦可知

① 《陈书》卷二一《列传一五》,北京:中华书局,1972年。
② (宋)李昉等:《太平御览》卷四九五,北京:中华书局,1960年。
③ 此条在《永乐大典》(北京:中华书局,1986年,第6500页)中收录于"州主簿"条下。
④ 马蓉等点校:《永乐大典方志辑佚》第二册,北京:中华书局,2004年。
⑤ 此条在《永乐大典》(北京:中华书局,1986年,第6500页)中收录于"州主簿"条下。
⑥ 马蓉等点校:《永乐大典方志辑佚》第二册,北京:中华书局,2004年。
⑦ 《陈书》卷三四《列传二八》,北京:中华书局,1972年。

洪武《宣城志》佚文所载陆令公及其子陆琰的资料是可靠的,《陈书》当为其最早史源。

这两个人物方面的资料在现存宁国府方志中很难见到,因此洪武《宣城志》佚文保存的这两条资料为认识宁国府历史人物的有关情况提供了新的依据。

4. 瞿硎先生逸名氏,晋太和末尝隐于宣城之文脊山,山有瞿硎,因以为号。桓温闻其贤,尝往造焉。见先生披鹿裘坐石室,神色无忤,温及僚佐数十人皆莫能测,乃命伏滔为之铭赞。竟卒于山中。后人为庙,凡有水旱祷求,辄应焉。[卷八五七〇页十三][1]

这条资料记载了瞿硎隐居于宣城文脊山、桓温前去造访的有关情况,这是目前宁国府方志中保存下来的最早的记载。关于"瞿硎"的资料在现存文献中多有记载。《册府元龟》载:"瞿硎先生者不得姓名,亦不知何许人也。海西公太和末常居宣城郡界文脊山中,有瞿硎,因以为名焉。大司马桓温尝往造之。既至见先生被鹿裘坐于石室,神无忤色。温及僚佐数十人皆莫测之,乃命伏滔为之铭赞。竟卒于山中。"[2]嘉靖《宁国府志》载:"宁国瞿硎先生不知其何许人,亦不详其姓字。相传魏之故将,晋太和间隐居宁国之文脊山,山有瞿硎石,先生所常坐,人因以为号。桓温闻而造之,见先生披鹿裘坐石室,神色不挠,异之,乃命伏滔为之铭赞而还。"[3]《明一统志》载:"瞿硎先生逸姓氏,晋太和末居宣城文脊山,山中有瞿硎,因以为号。桓温尝造之,见先生披鹿裘,坐石室,神色无忤。温及僚佐十数人莫测,乃命伏滔为之铭赞。

---

[1] 马蓉等点校:《永乐大典方志辑佚》第二册,北京:中华书局,2004年。
[2] (宋)王钦若:《册府元龟》卷八〇九《总录部》,清文渊阁四库全书本。
[3] 嘉靖《宁国府志》卷八《人文纪中》,《天一阁藏明代方志选刊》本,上海:上海古籍书店影印,1964年。

终隐于山中。"①《宋本太平寰宇记》②《太平御览》③《舆地纪胜》④、万历《宁国府志》⑤《大明一统名胜志》⑥《南畿志》⑦、乾隆《江南通志》⑧、嘉庆《宁国府志》⑨《嘉庆重修一统志》⑩、光绪《宣城县志》⑪、光绪《重修安徽通志》⑫等皆有记载,其内容与洪武《宣城志》佚文大体相同,可以互为参证。

(五)文化类资料的价值

文化类资料包括遗事、祥异、诗文三方面的内容,共有5条资料。

遗事方面的资料主要收录了陈辅之这个历史人物的有关诗文,而且此条资料是转引自曾公衮的《南游记旧》,又具有保存文献的价值。当然由于此条资料主要收录的是诗文方面的内容,可以归为诗文类资料。

南徐陈辅之,少能诗,豪迈不群。王荆公、苏东坡雅知之。送予赴宣幕诗云:"当年积棘蕴飞凰,遗爱犹存蔽芾棠。秋水红蕖新

---

① (明)李贤等奉敕:《明一统志》卷一五,《四库全书》本,上海:上海古籍出版社,1987年。

② (宋)乐史:《宋平太平寰宇记》卷一〇三,北京:中华书局,2000年。

③ (宋)李昉等:《太平御览》卷五〇三,北京:中华书局,1960年。

④ (宋)王象之:《舆地纪胜》卷一九《江南东路》,扬州:江苏广陵古籍刻印社,1991年。

⑤ 万历《宁国府志》卷一八《逸民列传》,《稀见中国地方志汇刊》本,北京:中国书店,1992年。

⑥ (明)曹学佺:《大明一统名胜志》卷四,《四库全书存目丛书》本,济南:齐鲁社,1996年。

⑦ (明)闻人佺、陈沂:《南畿志》卷四九,《四库全书存目丛书》本,济南:齐鲁社,1996年。

⑧ (清)赵弘恩等监修:《(乾隆)江南通志》卷一六九,《四库全书》本,上海:上海古籍出版社,1987年。

⑨ 嘉庆《宁国府志》卷一三《舆地志》;卷三一《人物志》,《中国地方志集成》本,南京:江苏古籍出版社,1998年。

⑩ 《嘉庆重修一统志》卷一五《山川》;卷一六《流寓》,《中国古代地理总志丛刊》本,北京:中华书局,1986年。

⑪ 光绪《宣城县志》卷一九《隐逸》,《中国地方志集成》本,南京:江苏古籍出版社,1998年。

⑫ 光绪《重修安徽通志》卷二六《舆地志》;卷四六《舆地志》,清光绪四年(1878年)刻本。

幕府,春风绿草旧池塘。芝生瑶圃三重秀,玉出蓝田一尺长。去去宣城勿留滞,谢家勋业待诸郎。"诚佳句也。鲁公为宣城掾,又摄幕府与宣城宰逾年,故云耳。曾公衮《南游记旧》。①[册四六卷三一四五页十五]②

这条是洪武《宣城志》佚文保存的"遗事"类资料,实际上是转载了曾公衮《南游记旧》中的一些内容。现存宁国府方志中很难见到这条资料,因此洪武《宣城志》佚文是对现存记载不足的补充,为了解宁国府地区社会发展过程中的有关情况提供了新的参考。《文献通考》载:"《南游记旧》一卷。陈氏曰:曾纡公衮撰。"③由于洪武《宣城志》佚文转引了曾公衮《南游记旧》这部作品的有关内容,因此具有保存文献的价值,为了解这部文献的有关情况提供了线索。

祥异方面的资料只有一条,主要介绍了元朝至元年间旌德县出现瑞麦并为之撰写记文的事情。

至元丙戌,旌德县民以瑞麦来献,其茎有五,其穗三十有二。时云中高可庸为宁国路总管,教授昌士气为文以记之。④[册一百八八卷二二一八一页十三]⑤

这条资料记载了元朝至元年间旌德县出现瑞麦的有关情况。从这条资料提供的线索看,教授昌士气曾为此次瑞麦现象撰写过记文,可以将此记载与大典本《旌德志》佚文中保存的昌士气撰写的《瑞麦记》结合在一起来进行考证。应该说,洪武《宣城志》佚文是一个概括性的说明书,而大典本《旌德志》佚文则是完整地保存了昌士气撰写的《瑞麦记》全文。洪武《宣城志》佚

---

① 此条在《永乐大典》(北京:中华书局,1986年,第1879页)中辑在"陈辅"条下。
② 马蓉等点校:《永乐大典方志辑佚》第二册,北京:中华书局,2004年。
③ (宋)马端临:《文献通考》卷二一七《经籍考四四》,北京:中华书局,2003年。
④ 此条在《永乐大典》(北京:中华书局,1986年,第7860页)中收录于"瑞麦"条下。
⑤ 马蓉等点校:《永乐大典方志辑佚》第二册,北京:中华书局,2004年。

文的这条资料在现存宁国府方志中很难见到,具有补阙史料的价值。

诗文类资料共有 3 条,即《曾子宣集》、宋王遂《五贤堂记》、王侍郎《祭师学老文》3 篇文章,通过这 3 条资料可以了解到宋朝宁国府历史人物的有关情况,是研究这个时期历史人物的重要参考资料。

1.《曾子宣集》:嘉祐三年戊戌二月,赴宣州司户,其后久权宣城县事,故有《宣城县宇假山》诗。是时孙锡学士为郡守巨源随侍,李公择、钱纯老居幕府,孙莘老为太平令,李资深为泾县令,林子中、梁况之为宣城南陵簿,李献甫为纠①,王平甫为客,时人以谓钱思公在洛,人物之盛,无以过也。②［册四十卷三〇〇一页三］③

曾布,字子宣,北宋建昌军南丰(今属江西)人,嘉祐进士。"调宣州司户参军、怀仁令。熙宁二年,徙开封"④。他"久权宣城事",熙宁二年(1069 年)才离开宣州。《曾子宣集》即其文集。曾布在宣州为官时,孙锡、李公择、钱纯老、孙莘老、李资深、林子中、梁况之、李献甫、王平甫诸名人学士皆在宣州或其属县为官,故诸人皆得以入《宣城志》。根据这条短文可以了解到北宋嘉祐年间宁国府职官及人物的有关情况。

2.宋王遂《五贤堂记》:二仙堂者,祠齐尚书郎谢公朓、唐供奉翰林李公白也。五贤堂者,增唐宣州观察使颜公真卿、太子宾客白公居易、吏部侍郎韩公愈也。祠事二仙,而增三贤为五者,所以追仰高风,景行先哲,非徒设也。由吴、晋以至于齐,东南人物,何止一谢公哉!自梁、隋至于唐,亦非独四贤也。谢公住青山而守宣城,观其"天际识归舟"之句,非食烟火者所能及;而李公乘舟采石,读"惟有敬亭山"之诗,亦非谪仙人不能道。陈公卓诵其诗,名之二仙,而吴公潜刻碑以记其事。夫仙,非人力所能至也。耿介绝俗之标,潇洒出尘之姿,有非言语之所能形容,而文以贯道,夫岂偓、佺、乔、

---

① "纠"字在《永乐大典》(北京:中华书局,1986 年,第 1675 页)中为"斜"字。
② 此条在《永乐大典》(北京:中华书局,1986 年,第 1675 页)收录于"人物"条下。
③ 马蓉等点校:《永乐大典方志辑佚》第二册,北京:中华书局,2004 年。
④ 《宋史》卷四七一《列传二三〇》,北京:中华书局,1977 年。

松所能尽。谢公仕非其时,卒死非辜。李公不及陪开元之盛,避地姑孰,非贪生者。然唐自平隋,罢去升州,置浙西观察使于宛陵,而颜公以刚直之节往莅之,忠烈名存,百世不泯。白公由宣州奉诏擢第,清名直节,见于讽谏,遭时贤相,不及附录会昌之盛,独有高文大册,流落外夷。惟大历、贞元之间,乾清坤夷①,号为中兴,韩公振起八代,实就食于江水,孔孟之后,一人而已。然则五贤之祀,不于其行事而于其文,不于其仙而于其贤。外设三楹,内取一室,青山流水,四面环绕,珠河横流,浮图对峙,信矣神明之所凭借!亭旧有二仙像,乃求白公于平江、韩公于郡学,而颜公之像未之得。刘汝进来自金坛,因使求焉。道过牛耳山,瞿然若有惊者,问之,则颜氏祠堂也。入室谒焉,得其像归,与梦若合,容讵知祠像之不当合一耶!因记②其事,使后来者有考云。③〔册六九卷七二三六页二十八〕④

这条资料全文转载了北宋王遂撰写的《五贤堂记》的内容,知五贤堂是为纪念南齐谢朓及唐李白、颜真卿、白居易、韩愈五位曾先后仕宦或游历过宣城的著名文学家而建的。《五贤堂记》记载了他们歌咏宣州的名句佳言。

关于王遂这个人物的资料在嘉靖《宁国府志》⑤、万历《宁国府志》⑥、嘉庆

---

① "夷"字在《永乐大典方志辑本》(北京:北京燕山出版社,2009年,第112页)中为"表"字。"表"字误。
② "记"字在《永乐大典方志辑本》(北京:北京燕山出版社,2009年,第113页)中为"纪"字。
③ 此条在《永乐大典》(北京:中华书局,1986年,第2945~2946页)收录于"四贤堂"条下。
④ 马蓉等点校:《永乐大典方志辑佚》第二册,北京:中华书局,2004年。
⑤ 嘉靖《宁国府志》卷八《人文纪上》,《天一阁藏明代方志选刊》本,上海:上海古籍书店影印,1964年。
⑥ 万历《宁国府志》卷一四《良吏列传》,《稀见中国地方志汇刊》本,北京:中国书店,1992年。

《宁国府志》①、《嘉庆重修一统志》②、光绪《重修安徽通志》③中皆有记载。王遂,字去非,一字颖权,鄞阳人。其先德安人,徙金坛。乃枢密副使韶之元孙。"淳祐元年,以显谟阁待制知宁国府,首革宿弊,定斗斛,置义役,奏罢芜,废逃亡田税,亲诣学宫,训厉多士,载酒出郊劳农。士民交颂之,曰:'作民父母,后王前杜'。累官工部侍郎,谥正肃,祠祀"④。可见王遂在宁国府任职期间政绩卓著,为士民所称赞。关于王遂《五贤堂记》的内容在嘉庆《宁国府志》中有收录,内容基本相同,唯"入室谒焉,得其像归,与梦若合,容讵知祠像之不当合一耶"与嘉庆《宁国府志》所载"入室瞻谒,得其像归,庸讵知非祠庙之当合一耶"⑤有差异。洪武《宣城志》佚文保存的王遂《五贤堂记》非常重要,为考证现存记载提供了参考。

3. 王侍郎《祭师学老文》:呜呼,在昔伏生,九十其余,头童齿豁,口诵故书。后有尚平,仅足衣食,酒间抚弦,醉后卧帻。秽彼有宣,郎公最贤,不予其位,而优其年。襞积故实,如探怀袖,李书篆修,已缩蟥蟮。必扑二山,必祈斗斛,必复果州之遗。复死者天下,不死者我,公笑不言,其亦曰可。⑥[册一百四七卷一四〇五四页十三]⑦⑧

这条资料收录了王侍郎《祭师学老文》,为了解有关情况提供了参考。现存宁国府方志中很难见到这篇文章,洪武《宣城志》佚文保存的这条资料

---

① 嘉庆《宁国府志》卷五《职官表》,《中国地方志集成》本,南京:江苏古籍出版社,1998年。

② 《嘉庆重修一统志》卷一六《宁国府》,《中国古代地理总志丛刊》本,北京:中华书局,1986年。

③ 光绪《重修安徽通志》卷一四三《职官志》,清光绪四年(1878年)刻本。

④ 嘉庆《宁国府志》卷五《职官表》,《中国地方志集成》本,南京:江苏古籍出版社,1998年。

⑤ 嘉庆《宁国府志》卷二一《艺文志》,《中国地方志集成》本,南京:江苏古籍出版社,1998年。

⑥ 此条在《永乐大典》(北京:中华书局,1986年,第1675页)中收录于"祭"字条下。

⑦ 此条在《永乐大典方志辑本》(北京:北京燕山出版社,2009年,第113页)中注明出自于"卷一万零五十四",核之《永乐大典》,误,应为"卷一四〇五四"。

⑧ 马蓉等点校:《永乐大典方志辑佚》第二册,北京:中华书局,2004年。

补充了现有文献记载的不足,为了解宁国府历史文化方面的情况提供了新的线索,具有重要的史料价值。

三、洪武《宣城志》佚文辑补

嘉庆《宁国府志》也转引了洪武《宣城志》的部分内容,将其与大典本洪武《宣城志》佚文相比,去其重复,共50条,近4000字,其中49条为地理方面的资料,1条为经济类资料。笔者将《永乐大典》未收录的佚文列举如下,作为对洪武《宣城志》佚文的辑补,从而丰富洪武《宣城志》佚文内容。

（一）地理类资料

地理方面的资料共有49条,包括城池、楼台、亭阁、塘堰、泉井、书堂等。

1.（周）（宣城县）楚王城,周回四里,高二丈五尺,厚一丈。城之东北古驿路也,斥堠存焉。地接当涂、溧水。《旧经》云:昔吴、楚相距创此,或云晋司马休之尝于此筑垒,或云伍子胥鞭平王尸处。考之传志俱不合。昔秦敏学尝著文以辩其非,以《左传》楚伐吴至衡山为证。衡山在今广德,距此相近,谓楚王为熊审是也。

2.（汉）（宣城县）严公台,下临响潭,渊深数十丈,世传严子陵垂钓处也。台西旧有揽翠亭,中有碑,宋初桑补阙埙,以碑石推沉潭中,莫能解其旨。

3.（晋）（宣城县）逸道城,周回二百八十步,高十丈,厚六尺。城之西有古驿趾,号常山驿,后为酒垆。溪流以西曰牛头弯,东出南湖,水源至此而浊。其东、西二港以清水、浊水名岸,以东则通半山路也。①

4.（晋）（宣城县）谢公亭,亭之西有修竹茂林,昔人卜筑其中,扁曰"企贤",兵火后废。

5.（隋）三天洞,在（宣城县）稽亭山。洞有名禽,隋扶风禅师安禅之地。流泉涓涓,溉山下田千余亩。又有风穴,深不可测。《旧经》云:"穴水直通禹穴及湘潭。"

---

① 嘉庆《宁国府志》卷一二《舆地志·古迹》,《中国地方志集成》本,南京:江苏古籍出版社,1998年。

6.(唐)张路斯田,在(宣城县)城东北五里。俗传其田不利耕者,岁多潦水。张路斯者非人,盖龙神也。

7.(唐)(宣城县)沃洲亭,胡文恭公宿留题二诗。按:沃洲本在越之新昌,白乐天撰山院记以为东南山水之胜,此殆名之偶同。或以李白诗在宣州作,故因取之云尔。

8.(唐)黄蘗泉,在(宣城县)城北一十五里之明寂寺,俗谓之书堂。泉绕一浤,不见其发源处,冬夏不竭。世传唐黄蘗禅师卓锡于石上而泉出。寺有大士殿,殿前有沼。宋嘉祐四年,僧余交以寺去泉远,掘沼深五丈不及泉。跌坐其中,三昼夜泉即涌出,号"观音灵沼",祷雨辄应。

9.(唐)薛公堰,在(宣城县)城北一百一十里。唐建中初,宣歙观察使薛邑所筑。

10.(唐)(宣城县)裴公井,《旧经》云:斐①相井在石盎院。宋梅圣俞有《古石盎山》诗。寺基迁徙,莫知古石盎山,然旧址尚存。山中有井相去可一二里,岂《图经》所传斐②公井耶?今近城石盆寺亦有井,恐非是。盖一在城北万寿禅院南麓,即《旧经》所载者;一在敬亭山南万松亭侧,则梅公所谓古石盎之旧基也。

11.(宋)曲肱亭,在(宣城县)城西桃花源。宋张贵监簿植亭于此,黄太史留题。今遗址漫灭,不可知矣。

12.(宋)(宣城县)石头浦附在峡。按旧本作"陕",今据诸志改正,石山。

13.(唐)孔子书堂,按《旧志》皆作孔子书院,今从洪武《宣城志》改正。在(南陵)县南六十里。《旧经》引孔子为言,盖侧近有孔荷村,意者乃孔姓人居此,后人好事,因借吾夫子以为重耳。

14.(宋)敕书楼,在(南陵)县治前。

15.(宋)宣诏亭,在(南陵)县左。

16.(宋)敬临堂,(南陵)县治西,知县郭峣建,谏议大夫谢谔记。

---

① 根据前后文意,"斐"字误,应为"裴"字。
② 根据前后文意,"斐"字误,应为"裴"字。

17.（汉）真君炼丹井,在（泾）县南承流山。昔许、窦二真君在上炼丹。今有丹灶犹存。

18.（晋）（泾县）桓公城,苏峻寇江东,桓简公尝筑城于此以拒之,故名桓公城。其地最高而平,四围皆水如濠堑,然水外皆山,实形胜之地也。

19.（晋）（泾县）桓公磴,在刘遗民钓台之侧。桓公拜宣城内史,尝憩于此石。

20.（晋）落马潭,在（泾）县南四十里吴村。桓简公征战回,有一马堕潭中,因名。

21.（晋）仙人台,在（泾县）涌溪绝顶上,有石台。父老相传云:昔葛仙翁炼丹于此。

22.（晋）葛仙翁炼丹井,在（泾县）宝胜寺南,井泉清冽。仙翁即晋之葛洪稚川也,弃官炼丹此地,后入罗浮山,不知所终。

23.（晋）（泾县）落星石,晋时陈霸兄弟二人在船上捕鱼,梦见一星落于潭中,因此号为落星潭。

24.（晋）刘遗民钓台,在（泾县）赏溪西岸白云潭之上。遗民盖晋隐君子,即与陶渊明、慧远、宗雷、陆修静辈十八人庐山结白莲社者,尝为柴桑令,其后弃官,渔钓于此。

25.（隋）白龟城,按《洪武志》"城"作"穴"。在（泾）县东北三十里柏山之侧,昔有白龟履雪而东,因名之。

26.（唐）桃花潭,在（泾县）西南。物象幽奇,花卉芬馥,好奇之士多游其间。唐李白放逸江湖,爱玩此地,邑人汪伦遇之其厚。

27.（唐）磨崖碑,在（泾）县西七十八里,石铋洪头山上有碑石立如墙堵,乃山之活石也。岁月深远,石长字泯,铭记不可全考。

28.（唐）东峰亭,在（泾县）白云寺,自昔相传相国淳于芬,按:原书作"髡",误,今改正。送客之所也。唐永泰元年二月,江西帅御史中丞李广琛尝至泾水,于旧址创亭。明年秋,中丞袁修招讨江淮回军屯泾,命宾僚宴亭上,赋时纪事。今石刻存焉。后人更名李公亭,古今名贤诗文颇多,录于别卷。亭久废。

29.（唐）伏虎神师石，在（泾县）白云寺后。昔师开栎山时，所往来虎迹石也。

30.（唐）血岭，在（泾县）西北七十里。昔黄巢作乱，有保聚于山者曰章公寨与贼争战，血流山谷，因以为名。

31.（唐）裴相公岩，在（泾）县南七十里。父老相传乃裴休隐居之所也。

32.（唐）罗家宅，在（泾县）小溪上。罗隐尝居于此，有罗隐祠堂，居民呼为罗家庙。惜其无碑记可考，又不知罗因何卜居于此也。

33.（南唐）洪尚书故宅，在（泾县）举山下。有荒基遗迹。

34.（宋）和尚井，去（泾）县七十五里，在小坑山之下。昔有一僧卓锡于此，而泉涌出，以故得名。国朝己亥年间，琴溪山麓为水荡裂，出一碑石，上镌云："水从白额山前过，白屋儿郎尽挂绯。"姑录于此，尚俟来者考焉。

35.（宋）石井，在（泾）县南六十里。方村之腰有一井，若窍于石，如霆尊，然其泉清激甘冷。昔有神人过饮此泉，今石上马迹存焉。

36.（明）放杖岭，在（泾）县南五十里凤村。父老相传旧有一老人如仙，放杖少憩，因以为名。

37.（泾县）冯唐宅，乡老相传云：汉冯唐宅尝鸣鼓以集宾客，故名石鼓山。焦坑有冯唐庙，即石鼓山之左。

38.甄塘，在（泾）县治之南，广袤五十余亩，塘皆芙蕖。世传三国魏文帝皇后甄氏出于此，考之史传，后乃中山人。但小说谓甄塘有宣阳观道士，晨出见婴儿卧于莲叶上，怜而取育于邻，既长有颜色，归袁氏，后魏文平邺纳之为后。①

39.（周）孔子堂，又名过堂，过堂在（宁国）县西五里。世传孔子曾过此，因名。然无考据，不足信。

40.（唐）望霞台，在（宁国）县西五里，高十三丈，周回二十八步。唐贞观

---

① 以上38条出自：嘉庆《宁国府志》卷一二《舆地志》(《中国地方志集成》本，南京：江苏古籍出版社，1998年)。

中,县令荥阳郑氏所立。今废。

41.(唐)乌石城,按《洪武志》作"乌石",旧县、旧府志作"旧城"。(宁国)县南九十里,地名"乌石",城基并城隍庙址犹存。世传南唐于此立县,今不可考。

42.(晋)桓公城,在(旌德)县北五十里,地名兰石。《九域志》云:"桓公,晋左司马也。"按《晋书·桓彝传》:彝为宣城内史,当苏峻之乱进屯泾县,遣将军俞纵守兰石,峻使其将韩晃攻之,纵败。左右劝纵麾军退保,纵曰:"吾受桓侯厚恩,誓以死报,吾之不负桓侯,犹桓侯之不负国也。"遂力战而死。今兰石有俞将军墓,石人、石马犹有存者。桓公后又为泾之土神,宋敕封英烈王,纵封灵惠侯。

42.(萧梁)歃血坛,在(旌德)县西六十里石柱山侧。世传梁武帝时,新安程灵洗将兵趋姑孰,道过其下,率众登山,筑坛歃血誓平侯景。

43.(南唐)(旌德县)郭仙岩,在太平乡新建之东山。相传昔郭仙翁隐居之地,后乘白鹤仙去,至今石坛、捣药臼犹存。傍刻"真珠泉"三字,周令道卿立。

44.(宋)仙姑坛,在(旌德)县西南五十里上泾乡栅山傍。昔有吕氏女结庵学道于其上,后仙去。

45.(汉)(太平县)窦真君马迹石,得白鱼剖其腹,得丹篆灵符,因此得道。石高一丈余,马迹入石深数寸。当潢潦涨溢,此石不没,若浮于水面,亦异也。

46.(汉)(太平县)白鹤池,在长寿乡水北仙坛侧。有炼丹泉,皆存,乃窦真君子明遗迹。子明与弟子安游本县,至地名各道别去。宋中书舍人王镃作仙坛记。仙坛属石埭县界,其丹台、丹泉亦惟鹤池,接县界。

47.(宋)(太平县)白龙潭,在黄山芙蓉峰下,去县四十五里,即黄帝炼丹之处。宋末里人有张松谷者,世业儒,幼聪敏博学。元至元辛巳,游池阳馆于大通镇,许氏忽悟养真之术,遂归弃家隐于是。辟谷修炼,不数年而道成。凡人有病告之,即掇为药而授之,无不愈。天时亢旱,官民致恳,松谷默祷,潭上风雨即至,其后道益显积,五十有六年。一日,命侍者具纸笔书偈云:"只有人难做,容人尽得麽,这汉实风流,世人识不破,咦铁牛鞭向,四禅天金身,已寄千花座。"俄顷坐逝。居民即其地造石浮屠于其中,所谓松谷庵是也。自今水旱疾疫,有祷必应。

48.(明)(太平县)龙镇石,在长寿乡禳溪之东北。有龙光塔,下临深潭谷,夏澄澈,号龙光潭,一号麒麟潭,其石高二丈余。世传有龙镇之,溪水莹白,最宜造纸。

49.仙坛,伯游者浮邱伯旧游。又尝养凤皇于此,故名。①

(二)经济类资料

经济类资料只有一条,是关于土贡方面的。

(宋)岁贡白苎布、黄连笔、木瓜乾、木瓜、狢皮、玉面狸、松鼠皮、鹿脚梢。太平兴国改元,诏罢乾蜂子。景德四年,罢望青茶、细笔、竹簟。治平四年,罢花木瓜。绍兴三十二年,宣州贡黄牛皮一百八十张,羊麂皮三百六十张,筋二百三十六斤四两,角三百六十只,箭竿一万四千九十七枝,翎毛四万二千八百五十二茎,条铁六百四十二斤一十二两,甲叶一万三千七百一十斤,鞍材一百二十副,弓材四百副。②

明朝洪武年间且在洪武十年(1377年)以后编修了一部《宣城志》,这是一部宁国府志。此志原书早已亡佚,因其他文献转引而保存了部分内容。《永乐大典方志辑佚》从《永乐大典》共辑出洪武《宣城志》佚文35条,共3570多字。这些佚文内容十分丰富,涉及宁国府下辖六县,包括地理、经济、人物、文化等方面的内容,为了解宋、元、明初宁国府社会历史发展的情况提供

---

① 以上11条出自:嘉庆《宁国府志》卷一三《舆地志》,《中国地方志集成》本,南京:江苏古籍出版社,1998年。

② 嘉庆《宁国府志》卷一六《食货志》,《中国地方志集成》本,南京:江苏古籍出版社,1998年。

了丰富的资料。其中有 20 条是现存文献所鲜载的,特别是"潜火队""撩造会子局""张种""胡诚""陆令公""王侍郎《祭师学老文》""陈辅之""《曾子宣集》",这些资料具有非常重要的史料价值,为研究宁国府历史发展提供了经济、社会、人物、文化等方面的新资料。洪武《宣城志》佚文还保存了一些元末明初的资料,如"平籴仓""元际留仓""陂塘",这些资料都是第一次载入宁国府志的,为后世方志编修提供了资料来源。另外,洪武《宣城志》佚文还收录了《旧经》《(宣城)前志》、范传正《宣州志》等几部佚书的内容,具有辑佚古书的价值。洪武《宣城志》佚文也具有校勘其他文献记载的价值。笔者从嘉庆《宁国府志》中辑出 50 条佚文,近 3700 字,与大典本洪武《宣城志》佚文不同,更全面地反映了洪武《宣城志》的原始面貌。洪武《宣城志》佚文内容较为丰富,应该充分发掘佚文价值并加以利用。

第三节　大典本《续宣城志》研究

根据建置沿革、方志编修源流、佚文提供的时间线索,笔者认为大典本《续宣城志》是修于宋淳祐二年(1242 年)至明永乐六年(1408 年)间的一部宁国府志。

一、关于大典本《续宣城志》编修时间的探讨

宣城县志编修始于清朝康熙丁卯年(康熙二十六年,1687 年)编修的《宣城志》,在此之前宣城县的有关情况皆载于郡志中。因此,大典本《续宣城志》亦是一部府志。根据《永乐大典》成书的时间,大典本《续宣城志》应修于明朝永乐六年(1408 年)以前。

在嘉庆《宁国府志》"杂志·旧志源流"叙述的宣城志、宁国府志编修情况中,只有宋朝嘉定年间和明朝洪武年间编修的两部志书符合《永乐大典》收书的条件。因此,还要进一步考察大典本《续宣城志》佚文以确定其修纂时间。

大典本《续宣城志》佚文中多处提到时间,即"端平元年""淳祐二年八月"等。佚文中提到的最迟的时间是"淳祐二年八月",这部志书肯定不是宋朝嘉定年间编修的那部《宣城志》,而应该是另一部志书。从嘉庆《宁国府志》著录的宁国府志编修源流看,从宋朝嘉定年间(1208~1224年)到明朝洪武年间(1368~1398年)一百多年的时间里只编修了两部志书,这是不符合实际情况的,因此大典本《续宣城志》应该是修于宋淳祐二年(1242年)以后明永乐六年(1408年)以前的另一部宁国府志。大典本《续宣城志》的存在为进一步全面了解历代宁国府志编修源流提供了新的线索,具有重要价值。因缺乏充足的线索,大典本《续宣城志》是不是明朝洪武年间编修的《宣城志》还无法断定。

宋朝乾道年间"宣城"作为郡名已不再使用,已经开始用"宁国"二字,到明朝洪武年间已更名为宁国府。大典本《续宣城志》仍以"宣城"为名,应该是沿用旧名。

《永乐大典方志辑本》未辑出《续宣城志》,《永乐大典方志辑佚》是目前关于大典本《续宣城志》佚文内容最丰富的辑本。

二、大典本《续宣城志》佚文的价值

大典本《续宣城志》佚文只有两条,都是关于宋朝斛斗、米粮解纳的。

斛斗方面的资料介绍了文思斛斗颁行的原因、规制、使用要求、作用和意义等方面的情况,借此可以了解到宋朝度量衡制度方面存在的一些问题和为解决这些问题而采取的措施,以及措施颁行后的效果和影响,是研究宋朝宁国府地区经济发展的重要资料。米粮解纳是封建社会的一项非常重要的措施,它关系政府的供给、封建统治的维系以及社会的稳定。佚文中保存的这条资料主要记载了宋朝宁国府地区米粮解纳过程中存在的问题和弊病,以及对百姓和社会所造成的不利影响,并说明了宁国府地方政府采取的解决措施。这是研究宋朝宁国府地区赋税制度的重要参考资料。

1.斛内刊记:"嘉定九年三月,宁国府造①文思院降下铜式新置造斛,铁锢加漆,今后受纳非此斛不得行用。江东提举权府事李押"。斛一边写。斛系众手杂造,外高则围径短,外低则围径长,审较之时,又加裁剗,故斛微有不同。今措置每斛各以尺为准,斛外自口至暗墙底高一尺二寸七分,斛内自口至底面深一尺二寸八分。"嘉定九年三月,宁国府造文思院斗,用此受纳。提举兼权府事李押"。斗外自口至墙底三寸九分,斗内自口至底面深三寸三分,明里口方九寸,明里底面方五寸六分。嘉定九年,权府李提举道传以郡仓取民无艺,斛斗增多近二石六斗,于是造斛,每石除一省石起发纲解外,转运司耗米贰升②,本府得用米六斗三升,应郡官不许搔扰。其榜曰:照对近据宁国府宣城县民户王悫等状,诉本府每岁受纳民户苗米,妄收加耗等米及将义仓裹同正苗收耗,又用大斛大斗交量等事,行司送金厅审问,并唤上本府都吏并各案承行人及专攒斗级等人,齐抱文案簿历千照,据各人供具逐项事由,具呈奉提举权府大著郎中。台判:文思院斛斗天下所同,朝廷颁降铜式,付之提举司,正欲责之以同量之事,而宁国府循习旧例,受纳人户苗米,不用文思斛斗。当今同轨同文之世,岂宜有此! 当职久闻此弊,今来兼权府事,遂因民词,穷究弊端。押上都吏本案专攒斗级等人齐累年案牍,并见用斛斗,同下状人王悫等赴本司金厅点算较量,具得其实。又再送本府金厅子细契勘,皆无异同。据下状人供,以为两石六斗之米,方可输纳苗米一石,初怪其说,以为不应至此。既而取斛斗较之,则本府见用受纳之斛,比之文思斛加一斗四升八合。本府见用受纳之斗,比之文思斗加八升。本府自来受纳苗米正耗一石上,加府耗又暗点押字扫卓等非法无名之耗共五斗四升,通计一石五斗四升,而皆以大斛大斗量之,积累其数,盖已过倍。而执概之人,高下其手者,又不与焉,则民之受困盖可知矣! 以斛斗考之,其害于民者如此;

---

① "造"字在《永乐大典》(北京:中华书局,1986年,第3408页)中为"照"字。根据文意,"造"字误。

② "升"字在《永乐大典》(北京:中华书局,1986年,第3408页)中为"胜"字。根据文意,"胜"字误。

而以案牍考之，则多取数盖不尽归于官，特为胥吏、皂隶肥家之资。昨来转运提举司常以此事行下，而本府以谓府中自来支遣军粮斛与文思斛不同①，若文思斛受纳，则支遣军粮未免有贴陪之数。照得本府军粮斛比文思斛每石系加一斗二升，以苗米额理正耗二十六万三百余石有奇，而支遣军粮每月三千二百石有奇，成年计三万八千四百余石。安得以三万八千四百余石支遣，每石加一斗二升，而使二十六万三百余石受纳皆用加一斗四升八合之斛与夫加八升之斗乎！何况军粮支遣不须贴陪，自有可以那融之策。今考究近来三年苗米收支数，且以嘉定六年中熟年分计之，据都吏等人供当年除检放三万二千一百余石，又除零欠二万八千五百余石，又除芜湖寄纳仓对拨起解并诸县科拨官兵粮俸并折纳造酒糯米并本府理折苗钱之外，其本府城下并水阳仓、南陵县、常丰仓三处，共实纳到十一万八千九百余石。据都吏等人供正②耗府耗等共收十八万六千四百余石，系受纳斛纽当文思斛共二十万九千余石。本府当年起纲军粮，但干支遣共合支二十四万石，除上项实有二十万九千余石外，少米三万余石，系将措置职田米对拨芜湖县寄纳起过，常平圩租对还省仓米，凑足支遣，尚少六千余石，则每月回籴军粮食不尽米以足之。据此所供，则当年苗米所收，止是通计，正耗府耗等二十万九千余石，此外别无收支，而逐人却用大斛大斗量民户之米，盖正耗以石计者，则用加一斗四升八合之大斛量之外，余府耗及暗点押字扫卓等米五斗四升，既无斛可量，则以加八之大斗量之，计此大斛大斗所收到二十万九千余石上，多取近四万石，不知此米何在？况受纳之际，弊病百端，皆出逐人之手，而受纳官临时加点，又有出于前来细数之外者，不知此米又归何处？上不在官，下不在民，专为胥吏、皂隶肥家之资者，其数盖不胜计。向来本府曾不之察而贴陪军粮为疑者，其亦缪矣！论至此使人扼腕，但以积久之事，不欲穷治，且自

---

① "同"字在《永乐大典》（北京：中华书局，1986年，第3408页）中为"用"字。根据文意，"用"字误。

② "正"字在《永乐大典》（北京：中华书局，1986年，第3408页）中为"无"字。根据文意，"无"字误。

今日与之更新。今来准朝廷铜式新造文思斛、斗、升以供本府并诸县诸仓受纳。每苗米正耗壹石上，所有府耗及加点押字暗耗扫卓等，旧来系取五斗四升加八之斗，今来斟酌从中取六斗五升文思斗，除外更无升合之取，庶几在官在民，两无所伤。若以嘉定六年实理十一万八千九百石苗数言之，可得正耗十九万六千余石，又加以职田、圩租、回籴米万余石，则当年二十四万石支遣，止少一万余石，不过更理数千石正苗，然后理折苗钱，而折苗余数尚足供用。然此止以嘉定六年中熟年分言之，若遇大稔，所入又不止此。设或岁歉，所收须减，而纲运亦随之而减。如此则依法用文思斛斗，止是革去吏胥专斗蚕食之弊，有便于民，何损于官！其合行事，并判于后。

一、本府旧来受纳斛斗，既非合法，不当存留。今委权录参施承奉就本府设厅前尽数毁擗，内留斛、斗各一只，大字书刻"此系宁国府旧来违法不可行用斛斗"，解赴提举司为照。其外县外仓，旧斛旧斗，亦尽数索上，准前毁擗。如有敢私自藏者，许人户告首，送狱根勘，定行决配。

一、宁国胡主簿新造文思斛、斗、升各五十只，充府县诸仓受纳使用。其斛、斗、升并立千字文号，大字书写"嘉定九年三月置造，铁锢加漆，今后受纳非此斛斗不得行用"。并更依造斛、斗、升各三只，付给民间照用，令寄居士人民收藏。其斛、斗、升亦一体排立字号，其斛、斗、升字号并于版榜该载。今来斛斗既定，每遇受纳，令民户自行概斛，所有斗许用斗子公平交量，不得颗粒装带，如违，仰人户经监司陈理。其外县外仓准此。

一、义仓在法不应收耗，兼寻常所申提举司帐籍，即无义仓颗粒之耗。照得义仓随苗带纳，本为不欲分钞令受重为烦扰。今来本府却以衮同正苗受纳之故，将义仓米一例收耗，又有不即分隶之弊，实非法意。今既民词乞行分收，合从其便。自今义仓米，别就常平仓受纳，不得颗粒收耗。如有违法收耗者，许人户经监司陈诉，不以多少，一行合干人并行决配。其外县所受准此。仍许人户合零就整,斗钞交纳。

一、本府军粮斛斗各留三只,委胡主簿于上大字刻"此系军粮斛斗,不得他用"。

一、受纳多取之弊,正缘蚕食者众,今来合行拣汰,内存留专知一名、攒司一名、家人并叫钞家人共六名、斗级一名、斗子五名、贴量四名、送匙匣并充场子共一名、门子一名。今本府仝厅点名选留内有柯仔一名,押赴使厅,别厅指挥。其外县外仓亦取会人数,以凭拣汰。所存留人,并写姓名于版榜上。非榜上人,不得入仓。如辄入仓,许人经监司本府陈告,定行决配。其榜上人,或有事故,本仓申本府差填,仍别置榜书写姓名。

一、仓中弊幸,既已革去,则官吏搔扰本仓之弊,亦当痛革。诸录参司户法并受纳官,不许于仓中科雇人从及差夫。先帖诸厅,将仓中见雇当直人日下并行放散,如本厅有缺,使令具状申府,于厢军内差拨。其诸厅到罢迎送,自来本府差人并借请,不得令仓中出备。诸监官受纳等官,不得科仓中修造筵会、市买杂物之属。诸两通判职曹官以下,不得于仓中借人夫应副过往官员士人等。诸受纳官入仓,于仓门下轿,许将带厅子、节级、交椅共叁名入仓,除外不得入。诸雕造团印本府仝厅官日下监遣下县并下仓不得令案吏循习故态,迟留乞取。

一、民间所纳多是好米,惟揽户未免湿恶之弊。今斛斗既定,所宜各自循理,庶可长久。自今以往,官司不得换斗斛以罔民,民户不得纳湿恶米以欺官。如有违者,各有常宪。

一、委宁国胡主簿造板榜十面,榜上咏①载今来所行事节,于州县诸仓门钉挂。

右除已行下宁国府一体施行,并出榜府衙门等处晓示,及具申

---

① "咏"字在《永乐大典》(北京:中华书局,1986年,第3410页)中为"该"字。

朝省并关牒诸司照会及给板榜于本府县诸仓钉挂外，今再镂榜本府六县管下镇、市、乡、村贴挂，晓示民户通知。

　　米斛定数，李提举修斛斗时，每斛收耗米六斗五升，当时诸司已议其多。然丰熟之岁，起纲之外本府止得耗米了一岁支遣，而遇收纳籼米，每石添一斗，支亦如之。端平元年，王提举并依李提举取文思斛为定，每石取耗米六斗五升，其本府申朝廷帐，自以为遵用李提举斛斗，及申总领所，亦称依李提举旧数，今就委受纳官书记赵崇誺依李提举申朝省，置造斛斗各十只，较制并同，不许借用。五县依样别给一只，如遇解总领所纲米，别给两只，借用归还。除军人支遣，元系一石一斗一升二合，系李提举未立斛斗斛，不欲改造，其受纳苗米，并用新斛支量，亦①具申省部。有敢更造者，以违制论。收苗额共收米二十六万三百余石，正米十九万六千三百余石，耗米除寄纳仓外计八万二百六十余石，五万石寄纳仓交收，系转运司收隶淮西总领所，内四万三千五百石理充圩租米，余六千五百石拨充常平，圩租米却于常平仓拘还本府，每石正耗斛面并隶转运司。一十一万六千三百余石城下、水阳仓交收，每石除二升转运司耗米外，本府实收耗米六斗三升，计七万三千二百六十余石。三万石常丰仓交收，每石除二升转运司外，本府实收耗米五斗，计一万五千石。两项共收正米十四万六千三百余石，两项共收耗米，除转运司每石贰升外，计八万八千二百六十余石。六万四千石、一万九千余石，系府县糯米及诸县官兵支遣，不在前项所收米内。四万五千余石，系每年诸县拖欠，推称残零，珊江逃阁正数。每石耗米六斗五升，除转运司二升外，有六斗三升。百五十余石。支米二十五万八千二百九十石。起发米共一十九万八千二百九十石。正起米一十八万七千石。成年起解。行在淮东丰年之数。旱涝则除。

---

① "亦"字在《永乐大典》(北京：中华书局，1986年，第3410页)中为"已"字。

行在正米九万七千石,淮东正米九万石,贴支船户耗米一万一千二百九十石。行在米六千七百九十石,淮东米四千五百石。支遣官兵米,成年共六万石,每月支五千石,计上件。①〔册八十卷七五一二页十五〕②

这条资料篇幅较大,内容十分丰富,在大典本《续宣城志》佚文中份量很重,介绍了宋朝嘉定年间统一诸仓斛斗的相关情况,记载了制造文思斛的原因、文思斛的形制规格,以及为解决受纳粮米过程中存在的问题而制定的有关规定等内容。这条资料是一条十分珍贵的经济资料,是研究南宋宁国府地区乃至当时全国经济问题特别是赋税问题的珍贵资料。这条记载提供了以下诸多方面的信息。

文思院是宋朝官府手工艺工场之一,隶属少府监。南宋时为了规范赋税和各类仓储米谷征收,由文思院制造标准量器文思斛下发各府,各府再仿制下发至地方使用。这条资料反映了南宋嘉定时期宁国府有关文思斛斗制造、使用等方面的情况。

制造统一的文思斛斗的原因。由于原来的斛斗经众人之手制造,而且"审较之时,又加裁剗",所以制造出来的斛斗规格极不相同,有大有小,但总的说来都要比政府规定的受纳粮米的斛斗大,这就使百姓要多交纳一些粮食,增加了百姓纳米的负担,于是出现了百姓以次米充好米、不愿交纳米粮或者拖欠不交的情况,受纳米粮的活动也越来越不顺畅。一方面是百姓不愿上交粮食,一方面是政府催交,两者之间矛盾越来越深,因此出现了各种各样的社会问题。为统一规制,稳定秩序,保证粮食交纳工作的顺利开展,由文思院制造标准的铜式斛斗,铁锢加漆,并规定以后官府受纳百姓米粮只许用此种斛斗,不许再用其他斛斗,否则将予以治罪。这一规定和做法既能

---

① 此条在《永乐大典》(北京:中华书局,1986年,第3408~3410)中收录在"诸州仓"条下。

② 马蓉等点校:《永乐大典方志辑佚》第二册,北京:中华书局,2004年。

保证政府如数收到粮食,也可以减轻百姓的负担,有利于社会稳定。

文思斛斗的形制和规格。文思斛斗是用铜制造的,上下各用铁锢予以加固,斛斗外涂以黑漆,斛斗外表写着:"通用黑漆,内外上下铁锢"。明确规定了文思斛斗的规格,对于斛斗的内部和外部两方面的大小尺寸都作了具体规定:"斗外自口至墙底三寸九分,斗内自口至底面深三寸三分,明里口方九寸,明里底面方五寸六分。"规定官府每次收纳粮米皆以此斛斗为准,不许有丝毫改变。

关于时弊的分析。虽然嘉定九年(1216年)制定了严格的斛斗制度,但实际上收纳粮米时还是存在着许多问题。其一,受纳粮米时皆收取一定数量的耗米,除政府额定的耗米外,受纳官吏还私自增加耗米数量。其二,按照规定,义仓之米不收耗米,而官吏受纳时则混同正苗一起收纳耗米。其三,虽然文思斛斗已经颁行,但各级官员在收纳粮米时皆不以此为准,而是用大斛大斗交量。实际"受纳之斛,比之文思斛加一斗四升八合",实际"受纳之斗,比之文思斗加八升"。再加上"执概之人,高下其手",以致造成"两石六斗之米,方可输纳苗米一石"的现象。百姓不堪其苦。其四,受纳官吏借受纳之机将多收的粮食中饱私囊。以嘉定六年(1213年)为例,官府通过收纳规定的正米和耗米、私自增加耗米、收取义仓米谷耗米、用大斛大斗收纳等方式,实际收纳粮米二十万九千余石,比实际应收粮米多了近四万石,但此米"上不在官,下不在民",而是"专为胥吏、皂隶肥家之资"。百姓受牵累,政府受蒙蔽,唯有专门负责受纳粮米的官员从中得到实惠。

解决时弊的措施。鉴于受纳粮米中诸多问题的存在,宁国府颁布条文以除弊端。下令"准朝廷铜式新造文思斛、斗、升以供本府并诸县诸仓受纳",并针对具体问题作出了更为细致的规定。其一,废除旧有斛斗。仅留斛、斗各一只,上书大字"此系宁国府旧来违法不可行用斛斗",以为对照。其余斛斗皆尽毁坏。如有私藏,予以治罪。其二,由宁国府胡主簿新造文思斛、斗、升各五十只,上书"嘉定九年三月置造,铁锢加漆,今后受纳非此斛斗不得行用",颁行各地使用。另造斛、斗、升各三只,交给民间照用。严格规定,粮米受纳时,无论是官府还是百姓皆以文思斛斗为准,不许有丝毫改变,否则治罪。其三,针对义仓米收取耗米的现象,严格规定义仓米"不得颗粒收耗"。其四,军粮斛斗和文思斛斗规格不同,不能混用。其五,精简受纳官员人数,以防受纳多取之弊。规定只留"专知一名、攒司一名、家人并叫钞家人共六名、斗级一名、斗子五名、贴量四名、送匙匣并充场子共一名、门子一名"。并将所留之人姓名写于版榜上,"非榜上人,不得入仓"。其六,不允许当地诸录参司将仓中雇用人员当作差夫使用,如果本厅有缺,可以向上级申请,酌情予以补充。其七,明确斛斗制度以后,对民间纳米的质量也作了进一步要求。规定民间所纳之米应是好米,而不能将湿恶之米交纳。违者"各有常宪"。其八,由宁国胡主簿造版榜十面,将上述各项规定写于版榜之上,并"于州县诸仓门钉挂",以为受纳官员准制。另将上述规定"再镂榜本府六县管下镇、市、乡、村贴挂,晓示民户通知"。其九,针对官员收纳粮米时多收耗米之事,规定了具体的耗米数量,即以文思斛为准,"每石取耗米六斗五升"。以防止收纳官员从中舞弊。

根据上文分析可以了解到宋朝宁国府围绕统一斛斗、严格收纳粮米制度等方面的问题所作的改革及相关的规定。宋朝嘉定、端平年间,宁国府针对所属县、镇、市、乡粮米收纳时多收耗米、义仓收耗、用大斛大斗收取等现象,严加整治,规定以文思斛斗为收纳粮米的标准,并具体规定了收纳粮米的耗米数量,确定了义仓收纳不取耗米的规定。另外,为了防止收纳官员营私舞弊,还确定了收纳人员的数量、职责等方面的问题。同时,也规定百姓纳米应以好米充纳,而不能以湿坏之米交官。这些规定,不仅减轻了百姓的负担,也保证了官府收纳粮米的顺利进行。应该说,这是一场既方便于民而又无损于官的改革。

2.今月初九日准八月四日报得旨,今年苗米并仰州军严切约束,当职官吏不许过数增收多量。如违,许人越诉,并行下逐路运司,更切觉察,将违戾去处,按劾施行。仍多出榜,晓喻所合遵依者。

一、本仓今年受纳苗米,并用李提举每石加耗六斗五升,立下斛样,造到斛十只及造六斗五升斛六只,并量加耗米,并有本府官押为照。除外如遇受纳籼米,加收一斗,并许斗量零斗计算,不许以斛面为名,多有乞取。

一、本府起发纲运,并照前项斛斗支装。其军兵支遣,并照旧来大斛体例,更不换易。其每年贴过米,约用三千六百石,不应令受纳仓多收斛面,妄作支破,今来并于新收到斛面米内分明支破。

一、民户躬亲到仓送纳米斛,并仰听从民户用官斛量纳,仍先与交受,然后方许揽户用官斛交量。其在正月以后者,除官斛交量外,其斛面米斛并许仓斗交量。

一、米色并要干圆,不得容令夹带湿恶,妄乱交纳。其揽户并各结甲,每遇十日一次押簿,如揽米在前,如未纳者,许展十日,十日之外断罪。其不在甲内者,即为私揽,并依众人执赴官司,定当重有行遣。

一、钞书专委陈监酒印给,当日给付民户为照。其有义仓米斛,或同日送纳者,当日委知录司法印给。或未送纳,听于三日内送纳,不得以此为名,并正钞不给,至揽户兜纳,有妨稽考。

一、仓斗甲头敖脚等人①,仰本仓开具姓名供申,切待于逐人名下各造红布背心。

一、领书填姓名官押,如无背心者,即系私名,定当断治。

一、糯米场、水阳仓、常丰仓并仰准此施行。

右出榜市曹及仓门晓示,各仰通知。淳祐二年八月日,照得本府昨已行下约束本仓事务,今续条具到下项:

一、本仓甲头斗子并仰开具姓名,切待给红背心,用官印押为照。无红背心者,即是私名,合逐出仓。

一、揽户合结甲置簿抄转,每十日一次赴府佥押,不入甲者亦

---

① 此句应有标点,即"仓斗、甲头、敖脚等人"。

系私揽,并当逐出。

一、提刑司行下义仓米斛不许与本府苗米混同,仰当仓官径自交收,自出由子,委主管常平仓官通判专一点检,不得夹带作弊。

一、糯米场合纳糯米,仰开具每斗多取斛面数供申,切待斟酌斛面交量。

一、仓每日合随直入仓之人立定名数印押牌号,方许入仓,即不许自擅出入,如违断治。

一、纳苗人户并仰请陈监酒当日印给钞书,不许移换次日。

一、量米使用并仰具呈,切待立定钱数。其新洁好米,方许收受,不许夹带旧年收低下之米及湿恶糠粃。请监官逐一点检,如有违者,并行断治。

右仰仓官遵守施行。淳祐二年八月日。[册八十卷七五一二页十五]①

这条资料的内容也十分丰富,较为完整地保存了政府的有关规定和政策,介绍了宋朝淳祐年间进一步严格斛斗管理制度的情况,反映的是宋朝淳祐二年(1242年)宁国府针对粮米收纳的有关问题所作的规定。为了严格有关粮米收纳方面的规定,宁国府于淳祐二年(1242年)再次重申嘉定九年(1219年)的规定,并进一步严格了有关事项,以保证粮米收纳的正常进行,反映了宁国府对收纳粮米之事的重视。

宋朝淳祐二年(1242年),宁国府整顿粮米收纳活动主要涉及以下几方面内容。其一,根据嘉定年间确定的苗米每石加耗六斗五升的规定,制造收纳正米用的文思斛斗和收纳耗米用的六斗五升之斛,发放各地参照使用,不得有丝毫变动。其二,确定军粮收纳仍据以前所立之斛斗,不能私自更改。其三,规定了交纳粮米的时间,不许随意拖欠。其四,规定了粮米的质量,即"米色并要干圆,不得容令夹带湿恶",绝不允许以次米充好米。其五,粮米

---

① 马蓉等点校:《永乐大典方志辑佚》第二册,北京:中华书局,2004年。

交纳完毕,官吏即得于当日给付民户印照,不得拖延。其六,根据收纳人员的数量制造红布背心,以为标志。凡无红背心者,即为私名,定当断治。其七,糯米场、水阳仓和常丰仓一并依据上述各款内容执行。其八,为了严格上述各项管理制度,使得人人皆知,人人遵守,将以上各项规定出榜于市曹及仓门晓示,以为准制,遵行。

为了进一步完善有关规定,严格制度,在上述规定张榜公示后的次日再次重申并进一步细化有关规定。其一,为了严格管理仓储官员,规定有红背心之人,须用官印押为照。无红背心之人,即是私名,将之逐出。其二,为了保证收纳之米能如实上缴官府,规定收纳粮米之人每十日须将纳米情况上报知府。其三,为了禁止私收义米之耗,再次强调义仓之米不许与苗米混同,不许收取耗米。其四,为了防止他人混入粮仓,每日入仓之人须立定名数并印押牌号。其五,为了保障民户的利益,规定民户交纳粮米的当日,即应给予印照,以为证明。其六,收纳粮米只收好米,不许夹带差米,以保证所收粮米的质量,不使官府受损。这些补充规定仍严格要求仓官遵行。

上述两段资料反映的是宋朝嘉定和淳祐年间宁国府统一斛斗、整顿粮米交纳等方面的改革和规定情况,以保证政府收入、减轻百姓负担、稳定社会秩序。这两段资料实际上是宁国府地方政府为执行南宋朝廷以文思斛斗收纳粮米而颁布的两份政令,在现存宁国府方志中很难见到,这些资料补充了正史和现存宁国府方志记载的不足,为了解宋朝宁国府社会经济发展特别是赋税问题提供了新的资料,具有重要的史料价值,应充分加以发掘和利用。

大典本《续宣城志》是修于宋淳祐二年(1242年)到明永乐六年(1408年)间的一部宁国府志,保存的两条佚文皆是关于宋朝斛斗改革方面的内容,这些资料是现存文献没有收录的,为了解宋朝宁国府地区赋役制度的规定和变化提供了新资料。

第四节　大典本《泾川志》研究

根据佚文提供的时间线索、有关文献的记载以及方志编修源流,笔者认为《永乐大典》收录的《泾川志》是宋朝嘉定年间王栐编修的13卷本《泾川志》。

一、关于大典本《泾川志》编修时间的探讨

大典本《泾川志》佚文保存的资料,如清心堂、仙人台、法相寺、宣阳观等都是有关泾县的,因此可以初步断定《泾川志》应该是一部泾县志。

大典本《泾川志》佚文中"《宣阳观三清圣像记》"一条多处提到时间,如"隆兴中""淳熙四年""淳熙十年六月",提到的最晚的时间是"淳熙十年六月",这说明大典本《泾川志》应修于南宋淳熙十六年(1189年)以后。根据《永乐大典》成书的时间,大典本《泾川志》应修于南宋淳熙十六年(1189年)以后明朝永乐六年(1408年)以前。

再从泾县县志的编修源流来考察其具体的纂修时间。关于泾县县志编修的源流情况在嘉庆《泾县志》中有较为详细的记载,该志专设"旧志源流"一门"以著泾志之所自焉"[①]。为了进一步说明问题,现将相关内容抄录如下。

《唐图牒》
见唐韦焕《湖山神庙记》。
《宋图经》
宋志泾之图经,野史独言李杜为水西之游,而琴溪磨崖碑刻,邢巨、武平一二公,名字略不少见。自蒋之奇寻石间之遗迹,而二公之诗遂显。又考蒋之奇幕山诗有"难当遗事在图经"之句。

---

① 嘉庆《泾县志》,《凡例》,《中国地方志集成》本,南京:江苏古籍出版社,1998年。

《嘉定志》十三卷

嘉定庚午,泾县知县濡须王栐编辑,承议郎权发遣无为军赵汝谈序。

宋陈振孙《书录解题》有王栐《泾县志》十三卷,马端临《文献通考》载陈氏之言曰:知泾县濡须王栐叔永撰,嘉定癸酉赵南塘序之。初县岁有水患,庚午冬叔永改卜于旧治之东二里曰留村。

明《宣德志》八卷

宣德改元,东安训导县人左顺修。

《成化增志》十卷

成化丙申,泾庠训导临海曹迁增集,山东布政县人赵昌校正。

《嘉靖志》十一卷

嘉靖壬子,九江知府前户部郎中、行人司司正县人王廷幹编纂。

《续志》一卷

嘉靖辛酉,庠生赵恩、张问政、沈麟、郑文瑞同辑。

《补志》一卷

万历乙亥,庠生左润、赵仲评、郑岱、王文炯、赵士瞻同辑。

《补志》一卷

万历乙酉,雩都知县县人沈容贤辑。

国朝《泾川志概》四卷

县文学左士望辑。《志概》见《顺治志·艺文考》,编纂年月未详。

《顺治志》十二卷

顺治丙申,兵宪孙登第奉操抚部院,李日芃聘举人王云龙、赵时可,庠生左士望、赵行可、赵霖文、启元、赵瑞开、马三锡同纂。《顺治志》分门十二,曰建置,曰舆地,曰风俗,曰次舍,曰食货,曰秩统,曰历宦,曰选举,曰人物,曰礼祀,曰艺文,曰杂录。

《泾县志补遗》一卷

康熙间贡生吴永旭、举人王国彦辑。按:《补遗》不载编纂年月,考王国彦于康熙乙卯领乡荐,壬戌登进士,此云举人王国彦,当在乙卯以后壬戌以前数年之间也。

《泾县续志略》一卷

康熙肇庆推官县人赵善增辑。《续志略》亦不载编纂年月。

《乾隆郑志》四十五卷

乾隆壬申,南柱山人愿庭郑相如编次。《郑志》分门十六,曰沿革,曰山川,曰建置,曰赋役,曰学校,曰武备,曰禋祀,曰祥祲,曰名绩,曰氏族,曰艺文,曰列传,曰杂纪,而氏族志有录无书。

《乾隆钱志》十卷

乾隆癸酉,诰封中宪大夫、日讲官起居注、翰林院侍读学士武进钱人麟纂修。《钱志》分门为十,曰封域,曰营建,曰学校,曰禋祀,曰食货,曰官师,曰选举,曰人物,曰艺文,曰补遗。①

从"旧志源流"看,历史上曾多次编修泾县县志,而修于南宋淳熙十六年(1189年)以后明永乐六年(1408年)以前的泾县县志只有一部,即南宋嘉定庚午(嘉定三年,1210年)泾县知县濡须王柽编辑、嘉定癸酉(嘉定六年,1213年)承议郎权发遣无为军赵汝谈作序的13卷本泾县志。关于王柽修志的情况在其他文献中也可以找到佐证。《直斋书录解题》亦载:"《泾川志》十三卷。知泾县濡须王柽叔永撰,嘉定癸酉赵南塘序之。初县岁有水患,庚午冬叔永改卜于旧治之东二里曰留村。"②《文献通考·经籍考》引《直斋书录解题》同上。③ 嘉庆《无为州志》载:"《泾川志》十三卷,嘉定间赵南塘序之。《燕

---

① 嘉庆《泾县志》卷二九《旧志源流》,《中国地方志集成》本,南京:江苏古籍出版社,1998年。
② (宋)陈振孙:《直斋书录解题》卷八《地理类》,《四库全书》本,上海:上海古籍出版社,1987年。
③ (宋)马端临:《文献通考》卷二〇五《经籍考三二》,北京:中华书局,2003年。

翼诒谋录》,四卷,俱王栐叔永著。"①光绪《续修庐州府志》载:"《泾川志》十三卷,无为王栐著。"②光绪《重修安徽通志》载:"《泾川志》十三卷,濡须王栐著。"③据此可知,南宋嘉定庚午(嘉定三年,1210年)王栐修过一部泾县志,名《泾川志》,共13卷,嘉定癸酉年(嘉定六年,1213年)赵南塘为之作序。这样一来,王栐所修之《泾川志》在时间上和书名上皆符合《永乐大典》收录的《泾川志》的条件。因此,笔者认为《永乐大典》收录的《泾川志》应该就是南宋嘉定庚午(1210年)王栐编修的13卷本《泾川志》,也就是嘉庆《泾县志》"旧志源流"中所说的"宋嘉定志"。

张国淦先生曾从《永乐大典》中辑佚出一部《泾川志》,《中国古方志考》对这一情况作了如下记述:

  泾川志十三卷 宋 佚 蒲圻张氏大典辑本
  宋王栐纂 王栐,字叔永,濡须人,嘉定三年以宣教郎知泾县。
  《直斋书录解题》八:《泾川志》十三卷。知泾县濡须王栐叔永撰,嘉定癸酉赵南塘序之。
  《文献通考经籍考》三十二
  《文渊阁书目》十九:旧志;《泾川志》五册。
  嘉庆《泾县志》二十九:旧志源流,《嘉定志》十三卷,嘉定庚午泾县知县濡须王栐编辑,权发遣无为军赵汝谈序。
  《大典辑本》据大典二千六百零三:七皆(仙人台),二千七百五十四:八灰(杂陂名),二千八百零八:八灰(古梅),一万四千三百八十:四霁,寄(诗十三),一万八千二百二十四:十八漾(三清像),引《泾川志》五条。

---

① 嘉庆《无为州志》卷二六《艺文志》,《中国地方志集成》本,南京:江苏古籍出版社,1998年。
② 光绪《续修庐州府志》卷九一《艺文略》,《中国地方志集成》本,南京:江苏古籍出版社,1998年。
③ 光绪《重修安徽通志》卷三三九《艺文志》,清光绪四年(1878年)刻本。

案：是志见嘉靖《泾县志》萧濂序，又嘉庆《泾县志》洪亮吉序，泾县在宋嘉定中，有本县令濡须王栐所撰志十三卷，今虽不传，而明宣德、成化、嘉靖三志间引之，亦尚十得二三，其条理之详，搜采之允，迥非后来者所能及。

又案：泾县南有泾水，故名泾川。①

从上文"又案：泾县南有泾水，故名泾川"一句看，张先生认为《永乐大典》收录的《泾川志》是一部泾县志。他应该是利用有关书目记载推论此志是宋朝嘉定年间王栐纂修的 13 卷本的《泾川志》，且已亡佚。共辑出 5 条佚文。

宫为之先生在《皖志史稿》中对《永乐大典》收录的《泾川志》也有过论述，即："《泾川志》十三卷，王栐纂。栐，字叔永，濡须人，嘉定三年（1210）以宣教郎知泾县。《直斋书录解题》八、《文献通考·经籍考》三十二、《文渊阁书目》十九、清嘉庆《泾县志·旧志源流》均收录。另，明嘉靖《泾县志·萧濂序》、清嘉庆《泾县志·洪亮吉序》均提及王栐在宋嘉定中撰有十三册志。无为军赵汝谈（或字或号南塘）序之。《大典》有所收录，《蒲圻张氏大典辑本》亦有辑录。是志虽佚不传，而明宣德、成化、嘉靖三志均引之，亦尚有十之二三，'其条理之详，搜采之允，迥非后来者所能及。'泾县宋时亦宣州属县。泾县南有泾水，故名泾川。"②宫先生亦认为《永乐大典》收录的《泾川志》就是宋朝嘉定年间王栐编修的 13 卷本《泾川志》。

杜春和整理、张国淦先生的《永乐大典方志辑本》亦辑出《泾川志》，按语称："《大典》引《泾川志》凡七条。《直斋书录解题》八：'《泾川志》十三卷，知泾县濡须王栐（叔永）撰，嘉定癸酉赵南塘序之'云云，当即是志。"③

由此可见，《永乐大典》收录的《泾川志》确实是南宋嘉定庚午（嘉定三

---

① 张国淦：《中国古方志考》，北京：中华书局，1962 年。
② 宫为之：《皖志史稿》，合肥：安徽人民出版社，1997 年。
③ 杜春和整理、张国淦：《永乐大典方志辑本》，北京：北京燕山出版社，2009 年。

年,1210年)王栐编修的13卷本《泾川志》,嘉定癸酉(嘉定六年,1213年)承议郎权发遣无为军赵汝谈为之作序。

根据上述文献记载,王栐的13卷本《泾川志》成于南宋嘉定庚午,即嘉定三年(1210年)。而此志于何时散佚,尚无确切的结论。不过嘉庆《泾县志》"洪序"称:"泾县在宋嘉定中有本县令濡须王栐所撰志十三卷,今虽不传,而明宣德、成化、嘉靖之志间引之,亦尚十得二三,其条理之详,搜采之充,迥非后来者所能及,是以悉录入焉。"①"旧志源流"则称:"泾虽汉县,然唐宋图经、图牒等均已不存,惟宋嘉定中濡须王栐宰此县撰县志十三卷,最有条理,见于陈振孙《书录解题》、马贵与《文献通考》,惜亦不传。"②根据这些记载,在明朝宣德、成化、嘉靖年间修志时还以王栐《泾川志》为参考,当时此志并未亡佚,而到嘉庆十一年(1806年)编修《泾县志》时就已经看不到王栐的《泾川志》了。因此,至迟到嘉庆十一年(1806年)前,王栐的《泾川志》就已经亡佚了。

关于《泾川志》的编修者王栐的情况在地方志中有些记载。嘉庆《泾县志》载:"王栐,字叔永,濡须人。嘉定三年,以宣教郎知泾县。初,县治有水患,栐迁建于赏溪东之留村,民奠厥居,修废举坠,良吏称最。"③嘉庆《无为州志》载:"王栐,字叔永,杜之兄弟。嘉定间,知泾县事,岁有水患,栐于庚午冬改卜其治于旧治之东二里曰留村,邑人永享其利,至今尸祝之。"④光绪《续修庐州府志》⑤、光绪《重修安徽通志》⑥所载略同。嘉庆《泾县志》称王栐是"濡

---

① 嘉庆《泾县志》卷首《洪序》,《中国地方志集成》本,南京:江苏古籍出版社,1998年。
② 嘉庆《泾县志》卷二九《旧志源流》,《中国地方志集成》本,南京:江苏古籍出版社,1998年。
③ 嘉庆《泾县志》卷一六《名宦》,《中国地方志集成》本,南京:江苏古籍出版社,1998年。
④ 嘉庆《无为州志》卷一八《人物志》,《中国地方志集成》本,南京:江苏古籍出版社,1998年。
⑤ 光绪《续修庐州府志》卷三三《宦绩传》,《中国地方志集成》本,南京:江苏古籍出版社,1998年。
⑥ 光绪《重修安徽通志》卷一九四《人物志》,清光绪四年(1878年)刻本。

须人",而光绪《续修庐州府志》、光绪《重修安徽通志》则称其为"无为州人",这并不矛盾。无为东汉至晋称为濡须,宋称无为军,元至元十四年(1277年)改为无为路,至元二十八年(1291年)则改称无为州,此后相沿不改。① 濡须和无为州实际上是同一个地方,是同一个地区不同时期的称呼。从地方志的记载看,王栐从嘉定三年(1210年)开始曾以宣教郎的身份做过泾县知县,为政期间确实做了一些有利于民的事,应该算得上是一位受民尊敬、称职的好地方官。另外,他还著有一部《燕翼贻谋》,也有称《燕翼贻谋录》的②,共5卷,主要记载宋朝的典章制度,内容翔实。

从《燕翼贻谋》及其他一些文献的记载,还可以了解到王栐其他方面的一些情况。《燕翼贻谋录》"自序"称:"宝庆丁亥孟冬既望,求志老叟晋阳王栐叔永,书于山阴寓居求志堂中。"③由此可见,王栐自号"求志老叟",并称自己是晋阳人,曾在山阴寓居,《燕翼贻谋》著于宝庆丁亥年(宝庆三年,1227年)。据书中"公使库不得私用"条:"先世所历州郡,得邻郡酒皆归之公帑。"④王栐应当出身于官宦世家。"罢张灯条"又说:"余曩仕山阳。"⑤可见他还曾在淮安做过官,但做的什么官,没有说清。"武举更革"条曾提及"仲父轩山公"⑥,而《宋诗纪事》载:"轩山居士王蔺,其著作有《轩山集》。"⑦王栐应当是王蔺的侄子。正德《安庆府志》⑧、康熙《庐江县志》⑨、嘉庆《庐州府

---

① 嘉庆《无为州志》卷一《舆地》,《中国地方志集成》本,南京:江苏古籍出版社,1998年。
② (清)永瑢等:《四库全书总目》卷五一《史部七》,北京:中华书局,2008年。
③ (宋)王栐:《燕翼贻谋录》,自序,《四库全书》本,上海:上海古籍出版社,1987年。
④ (宋)王栐:《燕翼贻谋录》卷三,《四库全书》本,上海:上海古籍出版社,1987年。
⑤ (宋)王栐:《燕翼贻谋录》卷三,《四库全书》本,上海:上海古籍出版社,1987年。
⑥ (宋)王栐:《燕翼贻谋录》卷五,《四库全书》本,上海:上海古籍出版社,1987年。
⑦ (清)万鹗《宋诗纪事》卷五三,清文渊阁四库全书本。
⑧ 正德《安庆府志》,《宦籍传》,《四库全书存目丛书》本,济南:齐鲁书社,1996年。
⑨ 康熙《庐江县志》卷一二《人物》,《稀见中国地方志汇刊》本,北京:中国书店,1992年。

志》①、光绪《续修庐州府志》②、光绪《重修安徽通志》③皆称王蔺为庐江人。宋庐江县属无为军,与上文所称的"濡须""无为州"并不矛盾。关于王栐自称晋阳人,《燕翼贻谋录》"点校说明"则说:"王栐在序中自称晋阳人。按:汉时的晋阳县在山西太原境,宋时已废;南朝梁时曾侨置太原郡,其属县有晋阳,隋朝县废,其地在安徽东流县东北,宋属无为军。王栐既是安徽庐江人,则他自称的晋阳,当然是指后者。"④

《四库全书总目提要》对王栐及其《燕翼贻谋录》作了如下评价:《燕翼贻谋录》五卷,"宋王栐撰。栐,字叔永,自署称晋阳人。寓居山阴,号求志老叟。其名氏不概见于他书。今考书中有纪绍兴庚戌仲父轩山公以知枢密院兼参知政一条。庚戌为绍兴元年,核之《宋史》是年正月甲午,王蔺知枢密院。是栐当为蔺之犹子。蔺,《宋史》无传,据徐自明宰辅编年录载,蔺无为军人。是书第三卷中所述无为军建置特详,可以为证。其称晋阳者,盖举祖贯而言。书中又有'余曩仕山阳'语,知其尝官淮北。而所居何职,则已不可考矣。其书大旨,以宋至南渡以后典章放失,祖宗之良法美政俱废格不行,而变为一切苟且之治。故采成宪之可为世守者,上起建隆,下迄嘉祐,凡一百六十二条。并详及其兴革得失之由,以著为鉴戒。盖亦鱼藻之义。自序谓'悉考之国史、实录、宝训、圣政等书,凡稗官小说,悉弃不取'。今观其胪陈故实,如丝联绳贯,本末灿然,诚杂史中之最有典据者也。"⑤《四库全书总目提要》认为王栐应当是王蔺的侄子,而王栐自称晋阳人是按照祖籍而言的。《四库全书总目提要》对王栐《燕翼贻谋录》有着较高的评价。核查《宋

---

① 嘉庆《重修庐州府志》卷二六《名臣上》,《中国地方志集成》本,南京:江苏古籍出版社,1998年。
② 光绪《续修庐州府志》卷三三《宦迹传》,《中国地方志集成》本,南京:江苏古籍出版社,1998年。
③ 光绪《重修安徽通志》卷一九四《人物志》,清光绪四年(1878年)刻本。
④ 《燕翼贻谋录》"点校说明",《汉籍全文检索系统》,Tufo Digger 软件工作室,策划人:袁林,陕西师范大学。
⑤ (清)永瑢等:《四库全书总目》卷七七《史部三》,北京:中华书局,2008年。

史》，有"王蔺传"，称其为"庐江人"①，《四库全书总目提要》称《宋史》没有王蔺传是不正确的。

近人蒋元卿在《皖人书录》中对王栐及其著作的版本情况也作了介绍。"王栐[宋]，字叔永，号求志老叟，濡须（无为）人，寓居山阴，曾知泾县"。王栐著有《泾川志》十三卷和《燕翼诒谋录》五卷，前者在《安徽通志》"艺文考地理二上"有著录，后者在《四库全书总目》"杂史"中有著录。根据《皖人书录》所述，《燕翼诒谋录》现有百川学海本、历代小史本、广百川学海本、说郛本、唐宋丛书本、学津讨原本、丛书集成本。②

二、大典本王栐《泾川志》佚文的价值

关于王栐《泾川志》的质量和价值，后世方志中有一些评论。嘉庆《泾县志》就有这方面的记载，洪亮吉序称其："条理之详，搜采之充，迥非后来者所能及。"③其"凡例"也称："《钱志》④谓：泾县有志创于宋嘉定庚午知县王栐，然王栐志葺自南宋，至元塔出始为刊板，而王栐志之先已有图经、图牒等书，今特增'旧志源流'一门以著泾志之所自焉。"⑤而该志的"旧志源流"则称："泾虽汉县，然唐宋图经、图牒等均已不存，惟宋嘉定中濡须王栐宰此县撰县志十三卷，最有条理，见于陈振孙《书录解题》、马贵与《文献通考》，惜亦不传。"⑥由这些评论可知，王栐的《泾川志》修于宋朝而至元朝才得以刊刻，虽然此前已有唐宋图经和图牒，但均早已亡佚。而且王栐编修的《泾川志》是泾县历史上第一部成型的地方志，具有开创性的价值，收录的资料是第一次

---

① 《宋史》卷三六八《列传一四五》，北京：中华书局，1977年。
② 蒋元卿：《皖人书录》卷二，合肥：黄山书社，1989年。
③ 嘉庆《泾县志》卷首《洪序》，《中国地方志集成》本，南京：江苏古籍出版社，1998年。
④ 《钱志》就是乾隆癸酉（乾隆十八年，1753年），诰封中宪大夫、日讲官起居注、翰林院侍读学士武进钱人麟纂修的那部十卷本泾县县志。
⑤ 嘉庆《泾县志》，《凡例》，《中国地方志集成》本，南京：江苏古籍出版社，1998年。
⑥ 嘉庆《泾县志》卷二九《旧志源流》，《中国地方志集成》本，南京：江苏古籍出版社，1998年。

记载于方志中的,为后世方志的编修提供了资料来源。王桥《泾川志》条理清楚,搜集的资料丰富,其质量当属上乘,并为后世《宣德志》《成化志》《嘉靖志》所引用和借鉴,可惜的是至迟到嘉庆年间修《泾县志》时就已无法见到这部志书,只能够通过其他文献的转引了解其部分内容。

王桥《泾川志》佚文共7条资料,2500多字,主要涉及地理、经济、文化三大类,包括【陂塘】【宫室】【诗文】三方面的内容,主要收录了宋朝的历史资料,为了解宋朝泾县历史发展的情况提供了重要的参考。

(一)地理类资料的价值

地理类资料是两条关于宫室方面的资料。

1.清心堂,在旧县治之后,不知何人所建。知县林淳诗云:"有来即应我何惭,清畏人知已是贪。吏散庭空无个事,一轮明月印寒潭。"堂久废。[册七一卷七二四〇页十一]①

这条资料主要介绍了"清心堂"所在的位置、清心堂存废的情况,并摘录了前任知县林淳的一首诗文。林淳,字质甫,三山人,擅长写词作诗,有《定斋诗余》一卷。② 南宋乾道八年(1165年),林淳以嘉议郎为泾县令,这首诗是他在任时为咏泾县"清心堂"而作,反映了作者对当时社会现实的一种感慨。后世方志也有相关的记载。嘉靖《宁国府志》③和《南畿志》④皆载:"清心堂,在县治后",但只是介绍了清心堂的位置。《全宋诗》⑤和嘉庆《泾县志》⑥也收录了林淳的一首诗,名为"《清心堂》",其内容是:"好山佳水照晴檐,时

---

① 马蓉等点校:《永乐大典方志辑佚》第二册,北京:中华书局,2004年。
② (宋)陈振孙:《直斋书录解题》卷二一,《四库全书》本,上海:上海古籍出版社,1987年。
③ 嘉靖《宁国府志》卷四《次舍纪》,《天一阁藏明代方志选刊》本,上海古籍书店影印,1964年。
④ (明)闻人诠、陈沂:《南畿志》卷四八,《四库全书存目丛书》本,济南:齐鲁书社,1996年。
⑤ 傅璇琮等:《全宋诗》,北京:北京大学出版社,1998年,第46册。
⑥ 嘉庆《泾县志》卷三一《词赋》,《中国地方志集成》本,南京:江苏古籍出版社,1998年。

鼓瑶琴诵雅南。吏散庭空无个事,一轮明月印寒潭"。这首诗与王栐《泾川志》佚文中所录林淳的诗文前两句不同,而后两句完全相同。从上述两则记载的情况看,两首诗应该都是写"清心堂"的,但为什么前两句不同,而后两句相同呢?关于这一问题目前尚无法解释,有待进一步考证。

相比而言,王栐《泾川志》佚文保存的内容与现存宁国府方志不完全相同,对现存方志起到了补阙的作用,为认识泾县社会发展的历史情况提供了新的资料。

2.仙人台,在涌溪石纲坑。溪流环绕,有一孤峰特立,崖石崎峻,于绝顶上有石台。父老相传云:昔葛仙翁炼丹于此。然人之迹所不能及,故其遗迹莫详焉。[册三十卷二六〇三页十七]①②

这条资料介绍的是"仙人台"的地理位置和特点,以及有关的传说。嘉庆《宁国府志》转载的洪武《宣城志》也有一条记载泾县"仙人台"的资料,即:"仙人台,在涌溪,绝顶上有石台。父老相传云:昔葛仙翁炼丹于此。"③嘉庆《宁国府志》也转引了王栐《泾川志》收录的"仙人台"的资料,即仙人台"在涌溪石纲坑。溪流环绕中,一孤峰特立,崖石峻险,于绝顶山有石台。然人之迹所不能及,故其遗迹莫详焉"。④ 这两则转引与王栐《泾川志》佚文相比,互有异同,可以互为补充。

对两段《泾川志》佚文互相考证,可以发现嘉庆《宁国府志》收录的《泾川志》佚文中,"于绝顶山有石台"一句有误,"山"字当为"上"字之误。王栐《泾川志》佚文具有校勘后世文献记载的作用。

(二)经济类资料的价值

经济类资料主要是水利方面的,即关于陂塘的内容,仅有一条,列举了

---

① 《永乐大典方志辑本》(北京:北京燕山出版社,第117页)称此条出自于《永乐大典》"卷二千六百三十",误。

② 马蓉等点校:《永乐大典方志辑佚》第二册,北京:中华书局,2004年。

③ 嘉庆《宁国府志》卷一二《舆地志》,《中国地方志集成》本,南京:江苏古籍出版社,1998年。

④ 嘉庆《宁国府志》卷一二《舆地志》,《中国地方志集成》本,南京:江苏古籍出版社,1998年。

当时泾县地区陂塘的名称。

汪陂二。留情陂。潭陂二。石涧陂。铺口宋村陂。团陂。胡桃陂。先干陂。落狗陂。荀韩陂。宋范村陂。插陂二。荆六陂。胡海陂。魁山陂。黄公陂。冷水陂二。汪村陂。芦潭陂。宅下陂。宅前陂。黄泥潭陂。西南冲陂二。蒋仕陂。胡家陂。麻岭下陂。查溪陂。韩家坑陂。施二门前陂。水家陂。吕村陂。左村陂。吴二陂。江阳村陂。杨木坑陂。东于陂二。西子陂二。罗家陂。悯坑口陂。洪立陂。磨石众陂。杨木陂。标木陂。东村陂。双陂。横陂。潮干陂。张华村陂。章村上下陂。白麻陂。黄厂陂。鹅慢陂。石干陂。三溪口陂。招义莫桥陂。曹二陂。江村陂。浮桃陂。张八陂。施家碞陂。陈家山下陂二。刘巡陂。周陂。陈家中陂。冯陂。三杨村陂。尹陂。张陂。汪陂。潘陂。塘头陂。众家陂。下陈陂。众立陂十五处。胡村陂。双涧陂。郭陂。桐城陂。上箫陂。中箫陂。下箫陂。泉旺陂。勾干陂。王陂。白额陂。枫树贺陂。虾坑陂。中埠陂。刘村陂。检水陂。钱埠陂。冷水陂。汤陶村陂。池潭陂。赤艳陂。麻潭陂。侯家陂。杨木陂二。方村陂。范家陂。陈公陂。王霸陂。曹公陂。胡圩陂。范离陂。胡约陂。上杨陂。下杨陂。滑石陂。鲍陂。常泉陂。查陂。石霸陂。直路陂。姚家陂。赤石陂。范陂。招东陂。施村陂。官田陂。余家陂。章家陂。纪家陂。仁陂。林禽陂。汤允怀陂。戴家陂。杨五十陂。桥下陂。曹家陂。洪家陂。漳村陂。吕村陂。杨陂。叶子仙陂。赤江陂。枫林陂。黄坑大陂。洪干陂。垛头陂。成公陂。袁家陂。小陂。张家陂。西山下新陂。杜家陂。石板陂。王仁陂。蔡家陂。蒋家陂。油榨陂。板坑小口陂。洪江陂。石山小陂。石山大陂。黄家陂。东冲陂。程家陂。青山下陂。凌家陂。十八陂。大九百陂。王仁陂。平坑口陂。岭凤陂。胡村小陂。钟村陂。汪村陂。万公陂。上何陂。西坑大陂。何陂。江家陂。长潭陂。彭陂。西岭陂。泉水陂。将军陂。上马郭陂。刘陂。杨叶陂。阮家陂。严陂。铜陂。柯陂。湖山溪陂。汪陂。马陂。庙陂。罗塘陂。贺村陂。洪陂。古田陂。庙前陂。大溪陂。王贺村陂。下通陂。胡家陂。溪南陂。眉陂。冷水陂。涌溪陂。车载坑陂。榜山陂。郑渡陂。寒伏陂。马渡陂。后林陂。汪家陂。老坦钟陂。胡老坦陂。高六陂。汪六陂。詹村陂。丁家陂。施村陂。黄土沟陂。三郎陂。乌塘陂。柯公陂。墓陂。破溪陂。庙边陂。黄田厂陂。杜成徐家陂。水南陂。施利陂。马六陂。高六陂。石枧下陂。长沟陂。懒笼陂。三分陂。丁家陂。凤林陂。招干陂。埠头陂。大桥陂。舍子陂。度路陂。东山陂。查墓大干陂。万家楼陂。万家陂。大干陂。杨柳陂。大桥陂。中干陂。新干陂。丁陂。汪陂。石虎陂。众陂。五里陂。拦石陂。钟家陂。堂前陂。汪七陂。宋家陂。商家陂。大石陂。狗儿陂。栗陂。汪细六陂。王瑶陂。李六陂。陈刘陂。长山陂。中陂。周家陂。西坑头陂。石府陂。倪村陂。周凤村陂。荆林陂。雄陂。官塔陂。中祖旦陂。唐陂。下视陂。下本陂。葛家岸下陂。大坑陂。龙门岭陂。横陂。王山陂。殷家陂。胡家陂。淡石陂。板陂。曹村口陂。撞头陂。丫头陂。榔木陂。叶石高陂。上西陂。下陂。亘公城陂。上渡陂。俞村小陂。板下陂。攕口小陂。截水陂。第二陂。埋石口陂。塔子岭陂。俞城陂。曹冲山沟陂。高擎陂。石磴陂。叶四塞陂。黄沙陂。蒋坎陂。小坝陂。张塝陂。重坑口大陂。歌陂。象旦陂。穿山陂。郭陂。洛牛陂。鸣口陂。鲍家陂。茆田陂。舍黄陂。白石陂。子干陂。黄泥陂。中村陂。桥下陂。①［册三四卷二七五四页一］②

---

① 此条在《永乐大典》（北京：中华书局，1986年，第1394页）收录于"杂陂名"条下。
② 马蓉等点校：《永乐大典方志辑佚》第二册，北京：中华书局，2004年。

关于陂塘的内容是王栐《泾川志》佚文中篇幅最大的一则资料。从陂塘名看,佚文共收录了330多所陂塘,但实际上还有几所陂塘包括二所,如"汪陂二""潭陂二""插陂二""杨木陂二"等,有一所包括15处,即"众立陂十五处",因此,王栐《泾川志》佚文实际上收录了350多所陂塘。虽然王栐《泾川志》佚文仅收录了陂塘的名称,而未收录更为详细的内容,但这是第一次将陂塘的内容载入泾县县志,其首载之功不可忽视。从这条资料可以知道,宋嘉定以前泾县地区水利比较发达。

王栐《泾川志》佚文所列陂塘有几所是重名的,如汪陂、杨木陂等,这些陂塘在佚文中皆记有两所或两所以上。出现这种情况的原因可能有二:一,由于重复记载,以致于重名;二,从王栐《泾川志》佚文看,这部《泾川志》编修时没有按照乡或村为单位来记录陂塘,也没有按照东南西北的方位来记载,而是将泾县的陂塘总汇在一起,所以造成了不同乡村而名称相同的陂塘混杂在一起进行记录的结果,出现了重名。如此推测不误,则志文貌似重复,实则不误。

嘉庆《宁国府志》介绍泾县陂塘时称:"陂坝贰百陆拾捌所",并按照县东、县南、县西、县北四个区域分别记载泾县陂塘,如"县东有白石陂,阳冲陂,汪家凡陂,丰陂,管冲陂……";"县南有陈塘陂,山吉村陂,西塘陂,雷塘陂,石虎陂,烂石陂……";"县西有丁陂,西坑陂,石虎陂……";"县北有潘陂,上萧陂,胡村陂,枧塘陂,北山陂……。"①

而嘉靖《宁国府志》则按照河流的走向来介绍河流经过地区的陂塘的情况。如"……俱东北流会而入于麻川,其间有宅头陂,杨□陂,官陂,梅公陂,纱笼陂,章家陂,黄家陂,青苔陂,梅家陂,叶家陂,黄墩陂,官陂,五郎陂,水碓陂;又西南有后村陂,岩前陂,汤家陂,江埭陂,小花陂,杨湖陂,石陂,麻榨陂,庄陂,汪家陂,新陂,蒋家陂,陈家陂,奉田陂,板陂,大陂,上陂,中陂,兰

---

① 嘉庆《宁国府志》卷一七《食货志》,《中国地方志集成》本,南京:江苏古籍出版社,1998年。

坞陂;又县西隅有项家陂,邵家陂,鹦鹉陂"。①

以上两则记载或根据地理方位或依河流走向来记载泾县陂塘,相比其他记载而言,这两则记载能够更清楚地说明泾县陂塘的分布和归属情况。从陂塘的数量上看,王桎《泾川志》佚文所载要远远多于嘉靖《宁国府志》和嘉庆《宁国府志》,这说明从宋到明清,泾县陂塘的设置是随着实际需要而不断变化的,有所增减。根据王桎《泾川志》佚文记录的陂塘,可以了解到南宋嘉定以前泾县水利建设的基本情况,这一内容是现存泾县方志及宁国府志极少记载的,因此有补充现存文献记载不足的价值,为了解泾县社会历史发展的情况提供了新的资料。

(三)文化类资料的价值

文化类的资料主要收录了两首诗文和两篇记文,共4条资料。这部分内容在王桎《泾川志》佚文中占有较大的份量。

1.陈天麟《与客饮乾明寺东古梅下》诗:寥寥者旧画,欣欣花木新。十梅亦老矣,手植知何人。不种官路傍,社栎同百春。想当太平时,来者纷蹄轮。我来几世后,寻芳披棘榛。众枝叠玉蕊,光风卷香尘。坐客稍稍醉,坠英欲成茵。老圃亦后来,始园从谁询。渊明饮松下,故事良可遵。饮散弃花去,明日迹已陈。②［册三五卷二八〇八页十四］③④

这首诗文叙述了作者与客人在乾明寺东古梅下畅饮的情景,描述了当时的环境,也抒发了作者的情怀和感慨。关于"陈天麟"这个历史人物的资料在文献中多有记载。万历《宁国府志》载:"陈天麟,字季陵,幼警悟,日诵数千言。年十八预乡荐。绍兴戊辰,擢进士第,调广德簿。岁饥,乞籴赈民,请代为郡将书诣部使者,得粟数千斛。召对称旨,除太平州教授。未几,以

---

① 嘉靖《宁国府志》卷四《次舍纪》,《天一阁藏明代方志选刊》本,上海:上海古籍书店影印,1964年。
② 此条在《永乐大典》(北京:中华书局,1986年,第1453页)收录于"古梅"条下。
③ 《永乐大典方志辑本》(北京:北京燕山出版社,第117页)称此条出自于《永乐大典》"卷二千八百八十",误。
④ 马蓉等点校:《永乐大典方志辑佚》第二册,北京:中华书局,2004年。

国子正召迁太学博士。历将作监丞,迁太府丞,累官集贤殿修撰。由饶州改知襄阳,修治楼堞,募忠义军,浚古督河,察城中奸细诛之。朝旨嘉奖,改知赣州。时茶商寇赣、吉间,乃预为守备,民恃以安。江西宪臣辛弃疾讨贼,天麟给饷补军,所俘获送赣狱者,余党并从末减。事平,弃疾奏今成功实天麟略也。治郡不用威刑,讼亦清简。未几,罢。复集英殿修撰,卒。天麟豪爽重义,尤厚乡曲,尺牍多亲,札词旨灿。然晚益苦学,著有《易三传》《西汉南北史》《左氏缀节》《梅许昌公年谱》,诗三千余篇,号《樱宁居士集》。子五人,木、禾、稿、格、植。"①嘉靖《宁国府志》②、乾隆《太平府志》③、嘉庆《宁国府志》④、嘉庆《宣城县志》⑤、《嘉庆重修一统志》⑥、光绪《宣城县志》⑦、光绪《广德县志》⑧、光绪《重修安徽通志》⑨等也载有陈天麟的资料。这些文献基本上都是介绍"陈天麟"的生平事迹的,也收录他的一些诗作,但均未收载这首诗作。王梣《泾川志》佚文保存的这条资料不仅是第一次收入泾县方志,而且因其在现存方志中很难见到,所以它是对现存方志记载的补充,具有重要的史料价值,为了解泾县历史人物的情况和文学成就提供了新的参考。《宋史·艺文志》虽载有陈天麟的著作,但《宋史》没有陈天麟的传记,因此王梣《泾

---

① 万历《宁国府志》卷一七《宦业列传》,《稀见中国地方志汇刊》本,北京:中国书店,1992年。

② 嘉靖《宁国府志》卷八《人文纪》,《天一阁藏明代方志选刊》本,上海:上海古籍书店影印,1964年。

③ 乾隆《太平府志》卷一五《职官志》,《中国地方志集成》本,江苏古籍出版社,1998年。

④ 嘉庆《宁国府志》卷二七《人物志》,《中国地方志集成》本,南京:江苏古籍出版社,1998年。

⑤ 嘉庆《宣城县志》卷一五《宦业》,《稀见中国地方志汇刊》本,北京:中国书店,1992年。

⑥ 《嘉庆重修一统志》卷一六《宁国府》,《中国古代地理总志丛刊》本,北京:中华书局,1986年。

⑦ 光绪《宣城县志》卷一五《宦业》,《中国地方志集成》本,南京:江苏古籍出版社,1998年。

⑧ 光绪《广德州志》卷三一《宦绩》,《中国地方志集成》本,南京:江苏古籍出版社,1998年。

⑨ 光绪《重修安徽通志》卷一八八《人物志》,清光绪四年(1878年)刻本。

川志》佚文保存的资料具有重要的史料价值。

2.许端友为僧肇知山作《法相澄心堂记》：禅林梵刹棋布天下，方袍之士持一缾一钵，放意于林泉之间，飘若白云，初无去住，虽曰达观，而未能澄心者也。肇公知山则异于是矣。当年幼落发，谨持戒行，爰住法相几三十年，一椽一桷，革故鼎新，护持教法，永不退转，盖有不可思议之功德。为佛弟子之志，固已坚矣！作大因缘之事，亦已成矣！形可佚而居也，足可收而跌也，中心之所存者，亦湛然常寂也。乃辟寝坐之堂，而名曰澄心，且以示其休止之意，不亦善乎！一日楮先生、管城公从事于堂上，楮先生曰："万虑扰扰，皆萌于心，六欲七情，未免牵制，如之何而心可澄哉？"管城公曰："噫！吾闻万法本空，一尘不染，心未尝不虚而清，净而明也。欲或汩之，情或迁之，则烦恼自生，忘想皆作，昔之澄者，今且浊矣！或澄或浊，在我而不在物，要在守其渊源，反归其本可也！肇公知山了悟此理，方且游于斯，息于斯，默坐焚香，反观内照，毗卢境界，举现目前。譬如一渊之水，风静波息，眉发可鉴，不浊不扰，而常自若也。澄心之意，岂不明甚。"楮先生曰："唯！请记其事。"予暇日亦登斯堂矣，瞻公面目，果如枯木人也。有诸中者必形诸外，揭名之义，殆不虚得。于是摭管城公之说，而为之记，以示观者。绍兴癸酉十月望日，无为许端友记。①［册七一卷七二四〇页十三］②

这篇许端友执笔的《法相澄心堂记》，主要是介绍僧人肇知山参禅修炼的情况，并记载了楮先生和管城公二人关于禅机的一段对话，内容是探讨禅理、解释禅机以及如何修行。关于"法相寺"的情况在现存方志中也有记载。嘉靖《宁国府志》载："法相寺，（泾）县南三十里。宋元嘉中建，旧有可赋亭。今废。"③嘉庆《宁国府志》载："法相寺，在（泾）县南三十里。南宋元嘉中建④，唐会昌中废，南唐保大中建，宋端拱二年赐额，靖康时又废，绍兴中建，秘书

---

① 此条在《永乐大典》（北京：中华书局，1986年，第2992页）收录于"澄心堂"条下。
② 马蓉等点校：《永乐大典方志辑佚》第二册，北京：中华书局，2004年。
③ 嘉靖《宁国府志》卷四《次舍纪》，《天一阁藏明代方志选刊》本，上海：上海古籍书店影印，1964年。
④ "元嘉"为南朝宋年号，不是南唐年号，此句有误，应为"南朝宋元嘉中建"。

少监曾几为记,明景泰中修,今佛殿毁。"①以上两则记载只是介绍了"法相寺"的地理位置、修建、重建以及存废的情况。关于许端友撰写的这篇《法相澄心堂记》在现存方志中很难见到,王枟《泾川志》佚文保存的这段资料不仅是现存最早的,也是极为少见的珍贵资料,对现存文献记载是一个补充,为了解宋朝佛教思想发展的情况提供了新的参考,具有重要的史料价值。《宋史》没有许端友的传记,王枟《泾川志》佚文保存的资料具有重要的史料价值。

3. 李宏《和吕居仁泾县旌德道中见寄》:笋舆破晓踏新霜,千里高安远办装。会约明年追胜集,茱萸细把记重阳。山环杰阁染深绿,石吐寒泉麋浪花。一夜秋霜不成寐,感时忧国思无涯。赏溪漱玉声湍激,石壁参天路阻长。准拟解鞍能过我,新泉活火茗瓯香。②〔册一百四九卷一四三八〇页七〕③

这段佚文保存的是李宏的诗作。关于"李宏"这个人物的资料在现存方志中多有记载。万历《宁国府志》载:"李宏,字彦恢,宣城人。宣和初,以左承郎署县事。时州郡多故,调发旁午,宏剸拨烦剧不遗余力。召集乡兵,署立部伍,训练有方,咸乐为用。建炎,盗张遇寇江上,进逼宣境,州守吕好问檄令防御,遇知有备不敢犯。好问荐其才可大用。绍兴初,李光复檄署县事凡四载,兴滞补弊,诛锄豪猾,营葺公宇,规制皆可为。则邑人恩之,后仕至

---

① 嘉庆《宁国府志》卷一四《营建志》,《中国地方志集成》本,南京:江苏古籍出版社,1998年。
② 此条在《永乐大典》(北京:中华书局,1986年,第 6255 页)收录于"寄"字条下。
③ 马蓉等点校:《永乐大典方志辑佚》第二册,北京:中华书局,2004年。

转运使。"①嘉靖《宁国府志》②、嘉庆《宁国府志》③、《嘉庆重修一统志》④、嘉庆《旌德县志》⑤、嘉庆《宣城县志》⑥、光绪《宣城县志》⑦、光绪《重修安徽通志》⑧等亦有相关记载。宣和初年,李宏署泾县事,在泾县为官20年左右,在训练乡兵、抵御盗寇、兴利除弊、诛锄豪强、营葺公宇等方面取得了很多成绩,为当地百姓所尊敬,也受到朝廷的重用。王栐《泾川志》佚文保存的这首诗应该是李宏在泾县做官时所作。上述文献记载了李宏的生平事迹,也收录了他的一些诗作,但均未收载这首诗文,因此,王栐《泾川志》佚文保存的这条资料可以补充现存文献记载的不足,为了解泾县历史文化发展的情况提供了新的资料,具有重要的史料价值。

4.《宣阳观三清圣像记》:泾邑宣阳观,隆兴中,道士徐致柔请旧额草创于南郭外。有石门乡罗溪胡宽,施钱四十万,造三清殿宇。淳熙四年,鸠工立柱架梁楹矣!一日,为大风所仆,众谓基址隘陋,不称建立。次年,知县杨公悰合众缘,迁于兹地,殿宇比旧益宏壮,而圣像未设。胡君以为无仰众人,吾能就此,且心固愿为之。越明年,以钱百缗成坛座,即命茅山守⑨柔庵周守静经立圣像。侍卫俱备,令三衢匠者列世明彰施金采为像饰,工力精致。合

---

① 万历《宁国府志》卷一四《良吏列传》,《稀见中国地方志汇刊》本,北京:中国书店,1992年。

② 嘉靖《宁国府志》卷八《人文纪》,《天一阁藏明代方志选刊》本,上海:上海古籍书店影印,1964年。

③ 嘉庆《宁国府志》卷五《职官表》;卷二九《人物志》,《中国地方志集成》本,南京:江苏古籍出版社,1998年。

④ 《嘉庆重修一统志》卷一六《宁国府》,《中国古代地理总志丛刊》本,北京:中华书局,1986年。

⑤ 嘉庆《旌德县志》卷六《职官·政绩》,《中国地方志集成》本,南京:江苏古籍出版社,1998年。

⑥ 嘉庆《宣城县志》卷一七《文苑》,《稀见中国地方志汇刊》本,北京:中国书店,1992年。

⑦ 光绪《宣城县志》卷一八《文苑》,《中国地方志集成》本,南京:江苏古籍出版社,1998年。

⑧ 光绪《重修安徽通志》卷二二六《人物志》,清光绪四年(1878年)刻本。

⑨ 《永乐大典方志辑本》(北京:北京燕山出版社,第118页)中缺"守"字。

度二费,为钱一百万。观门散募助费,十不及一。淳熙十年六月庆成,胡君与妻殷氏,孙男昇莘及孙妇,曾孙谊、咏、谏皆集,是尝蒇成兹事者。邑人创见惊异,自他方来观者咸称叹,以为名山福地所未有。胡君又欲重盖大殿,地加文甃,柱加丹漆,与像设称。先尝捐金六百千为三门,又舍田度道,其愿力洪大,轻财乐施,所以成立此观者不一端。天报公以寿考,子孙庆衍,福禄崇固。其始于今敢刻石以记造像功,其它俟观宇周备,求名士总其事而大书之。是年长至日,募缘开山知观道士王若水谨记。从政郎、新筠州州学教授汪熙书。① [册一百七一卷一八二二四页九]②

这段资料主要记载了南宋隆兴、淳熙年间"宣阳观"修建、扩建、重修等方面的情况。嘉庆《泾县志》中有关于"宣阳观"的记载:"宣阳观,魏时遗址,在甄塘。宋隆兴间,道士徐知柔移建于县东北隅。明为道会司,嘉靖丙戌毁于火。道会朱道玺、马德贤募建。国朝康熙丙子重修,雍正间大殿又毁于火。"③根据这段记载可以知道,"宣阳观"自宋朝隆兴年间修成后几经毁坏,又几经重修,最后于清朝雍正年间毁于大火而不复存在。那么,这篇《宣阳观三清圣像记》就显得十分珍贵了,它所记载的内容反映了宣阳观早期修建、重修等方面的情况。另外,这篇记文在现存方志中很难见到,王栐《泾川志》佚文保存的这条资料可以对现存文献记载进行补充,为研究泾县社会历史发展的情况提供了新的参考,具有重要的史料价值。

三、王栐《泾川志》佚文辑补

王栐《泾川志》原书早已亡佚,只是赖其他文献的转引而保存部分内容。笔者在阅读嘉庆《宁国府志》时查找到了一些王栐《泾川志》的内容,而这些内容是《永乐大典》残卷未收录的。笔者查找到的王栐《泾川志》佚文主要涉

---

① 此条在《永乐大典》(北京:中华书局,1986年,第7148页)收录于"三清像"条下。
② 马蓉等点校:《永乐大典方志辑佚》第二册,北京:中华书局,2004年。
③ 嘉庆《泾县志》卷二五《寺观》,《中国地方志集成》本,南京:江苏古籍出版社,1998年。

及地理方面的资料,6200多字,共85条,可分为自然地理和人文地理两个方面。现将这些内容摘录如下,以为辑补。

(一)自然地理类资料

自然地理类资料主要是山川方面的资料,共有70条。

1. 鼓楼山,在县东七里。形如覆钟,高十余丈,广数十亩。相传谓:前代军兴,曾置烽火鼓角楼于其上。

2. 黄幕山,在县东南十里,与今县治相对。旁有两山,左曰屏横山,又曰桂岭,形如楼台。右曰寨山,形如屏横,袤五里,高百余丈。此山之下分派冈阜,自县东南山引脉相贯,以至县基。

3. 根木山,在县东十三里,高二十余丈,广数百步。

4. 大堆山,在县东十八里,广数百步。形如堆钱,因名。

5. 橘林山,在县东二十里,高百余丈,广六七里,其下有西峰。

6. 巧坑山,在县东三十里,高百余丈,广二里。山势奇巧,多怪石,因名曰巧坑。

7. 黄岘山,在县东南六十里。自旌德县界椿岭至黄岘山止约三十余里,自下而上约十余里,广袤百余丈。山之绝顶如平地,故以黄岘名山。上有一小池,水深二尺许。

8. 举山,在县东六十里。地名竹木,陇坞甚多。高可二百余丈,围绕三十余里。

9. 方坑感庆山,一名抱弓山,在县东六十里。其山面西北,仰高崄绝,广袤数百丈。昔张琪扰攘之时,保甲作寨其上,与贼相持,民获保全,遂以感庆名之。

10. 笔尖山,在县东六十五里,有三峰连属并秀,高一百余丈。乡民种菽粟于上。山之背即旌德县界,周围四十五里。

11. 西坑山,在县东南二十里。

12. 九峰山,在县东南六十里。山起九峰,广袤数十丈,高十余丈,故以九峰名之。

13. 阳山,在县南五十里。阳山一峰危耸,高约一二里,周围十余里,其山有五垅围绕,遍于一村,如土城然。

14. 齐云山,一名石女山,在县南六十里,约高五十余丈,周围七八里。顶上有平地约十余亩,有庵曰齐云。其侧产茶,与白云茶味相类。

15. 小山,在县南七十里,周围十五里,顶上有平地约百余亩。黄巢叛逆,有乡民逃于顶上,率众立寨拒敌。

16. 浮龟山,一名浮盖山,在县南七十里,约高二百余丈,周围十五里。下有狮子石。昔人有诗云:"曝背元夫不暂移,山前人尽寿期颐。绿毛暗逐春风长,应笑灵鳌上钓丝。"

17. 魁山,在县南七十里,周围五六里。峰峦耸秀,草木畅茂。举目远视,圆如钟形。昔有谚云:"魁峰顶秀,石女峰高。入仕路者,紫绶金章。入法门者,紫衣释老。"今前广东吴运判时显居其下,宗族颇盛。

18. 连坑上保山,在县南八十里,约高百余丈,周围二十里。内有燕儿砦,冬暖夏凉。遇秋风飒飒,燕子多巢于内。

19. 铜山,在县南九十里。有一岭名曰麻岭,山势巍峨若登天,然通太平、旌德二县往来之冲。左有密岩山,一峰耸立,形如卓笔,其中产茶。

20. 五城山,在县西南七十三里。耸于郭山之旁、蓝山之中者,形势相衔,屈指有五落,落如城郭。然熙宁中,县尉刘谊精通地理,奉檄至是乡,尝下蓝舆凝眝,久之酷喜是山,因定名五城。

21. 湖山,在县西七里,即格山之派,高三百六十丈。其下灵惠庙在焉,上有龙池、古庙基,险峻,人迹罕至。后半山间有走马垅、居庵废基,井泉并存。

22. 桂山,在县西十里,亦格山之派坡陀东出,高十余丈。黄州太守方廷瑞揭名,兼有题咏,今其阁已废。然林木辉映,亦林壑之胜。

23. 枫坑山,在县西二十里,高二百丈。亦曰柏林山,与湖山接。

24. 盘坑山,在县西二十里。山产薪、炭、茶、竹,居人资之以为业。中有西峰大圣祠,虽路险难进,然祈祷极验。

25. 下麻岭,在县二十里。

26. 大小岭,在县西二十里。土产薪、茶、竹、木,居民樵贩以供县市。

27. 蒋山,一名云岭,在县西二十余里。下有小路入义上、义下两乡。云岭约高五里,周围二十余里。

28. 丹山,在县西北五十余里。

29. 南蓝山,一名鸿峨山,在县西七十里。卓如屏立,萦纡圆转,四时苍翠,故名之曰南蓝。

30. 寨山,在县西七十里,高百余丈,广十里。昔乡人遇盗剽掠,曾立寨其上,故曰寨山。

31. 殿子岭,在县七十里,高十余丈,广约五里。昔西峰大圣以道杖挂地,泉涌四时不竭,乡人遇旱祈祷,把其水以祀之,常获感应,故为之立殿而因以命名焉。

32. 郭山,在县西七十五里,约高数百丈。迢迢发骨,盖自池之九华下,距邻邑之南陵回旋曲折约三百里。是山之中奇异迭见,不时牡丹见焉,红紫遍色,在于俄顷。远而视之,向者如迎,背者如诀。近而执之,则花没根移,万状皆绝,此殆一时神花也。

33. 四角山,在县西七十五里,高数百丈,周围二十里。峰顶夷坦,可容千余人。昔黄巢乱,有寨于是山之上,一旦人马忽至,洋洋如神。在其上者云雾潚兴,贼倒戈而退,亦名四角寨云。

34. 一人泉山,在县西七十五里,高约三十丈,广三里余。中间石逬泉流,四时不息,号曰一人泉,因以名山。

35. 望江山,在县西八十里,巍然峙于郭山之背,高实倍之。如天朗气清,长江潇然在目,乌莵雄兔者皆往焉。

36. 乌龙山,在县西八十里,与丹山相接。高七十丈,广约五里余。遍地碎石,色黑如鳞甲,屈伸起伏,奔蹶盘旋,状若龙马。

37. 铜峰山,在县西八十里,高百余丈,广十余里,势似云屯。

38. 眠牛石山,一名黄蘗岭,在县西八十里,高百余丈,广五里。有大石耸出,状若牛眠。

39. 响山,在县西北十里,亦格山之派。石壁屹然,高五十六丈。前有白石,纹状如人立。下有石岩,广深各三四丈。其后有石穴,广深又倍之。石壁之上草木倒生,旁出葱倩可爱。前临官道一里许,每行人过此,呼啸其山,声輙相应,故名曰响山,俗亦曰白额山。

40. 孤坑山,在县西北二十五里。两山之间有两路出焉,故有上孤坑、下孤坑之名。下坑旧有官路,通南陵,今徙于李冲。上坑有路出双涧,通池州,坑有陶灶,出陶器以资乡邑之用。

41. 和尚山,在县西北八十里。绝顶有仙洞二所,洞口仅三尺余,磬折可入,阔六丈,长约七八里。石结其顶,旁有石阁,上垂石铤,状如鹅管。下有水池,泉甘于蜜,炼丹药灶在焉。药丸大小有三,见者随取随盈。自是怪毒,间见人莫敢前,独樵夫采斫不废。或闻敲金击玉,如奏乐者,推局布子如奕棋者,属耳听之,则寂然无声,至今传曰仙洞。

42. 桐山,山有三峰,连数百亩。

43. 磊坑山,一名石磊山,在县北五里。山皆陂阜,中多怪石磊块,如乱珠,因名曰磊坑。

44. 玉龙山,在县北十里,形如半月,高十余丈,广百余步,盖池州九华山之派。山尾实属青阳地,名曰格山。自此东出百余里,临赏溪,故山之首名曰格山。其下支分派别,冈峦万状。得其壮而据上游者,为湖山灵惠庙基。得其秀而中处者,为水西三寺。得其正而屹立乎后者,实为县治坐山云。

45. 孤山,在县北二十五里,高约二里。自县城北望实为水口。

46. 石龙山,在县北二十五里。下有水洞庵,有林壑泉石之胜。

47. 鸡子岭,在县北二十五里。下南陵官道由此,南五里有村墟曰麻园市。

48. 李冲分界山,在县北三十里,与南陵梅根乡抵界。

49. 西山,在县东十八里,高五十丈,广一里余,有三峰相连。在清潭官路之西,因名。

50. 余衡山,在县东二十里,高百余丈。中有银炉埠、取银坑。俗传唐时谚云:"两山相戴,两石相载。"下有宝贝,遂凿山置冶,旧迹犹存。

51. 榧林山,在县南七十里,约高百余丈,周围十五里。一峰挺立,形如卓笔。半山上有仙人洞,始因负薪者见而言之,其后游人欲观者燃烛而进。内有石佛像、石鼓、石马等物,每遇阴晦,闻有音乐鼓吹之声。

52. 双涧分界山,在县西北四十里,与南陵县澄清乡抵界。中有官路通孔镇,入池州驿道。

53. 贺堂山,在县北三十里。宋守昌森读书堂在焉。

54. 蛮唐山,在县西一百里,高数百丈,周回五十余里。中有大岩,上有石台,旧仙人曾奕棋于上。下有蛮王殿基及上马台石,存焉。

55. 长山,在白水山西北,县南十五里,长三十余里。

56. 龙珠山,一名文门墩,在县西七十里,高二十余丈,广约五里。状似圆珠,介于丹山、南蓝之间,二山奔趋而来,势若争吞其珠。旧有奇术,士号为二龙争珠形。

57. 金紫山,在县东五十里。其山面西,广袤数百余丈,高百余丈。巉岩峻险,有石如立者四,高二丈余,石之色如金紫,故名。

58. 栎山,在县西四十里,高数百丈,周回五十里。形势高耸,竹木森然。入山有松径数里,乃唐乾元大师卓锡之所塔迹,见存。[①]

59. 合溪乃二水合流之处,在县西七十里,深不过寻丈,广约半里。一水来自石柱,过乌城,沿山经石岭,历包村而至合溪。一水来自西大坑,经石陂,过冷水,与石柱水会流而入大溪。

60. 赏溪,一名泾溪,发源甚远,一源出石埭舒女泉,经震山桃花潭、冠盖落星潭至枫坑,一源出绩溪经旌德,三溪至岩潭合流东北而下。又东五十里入南陵界,由芜湖入大江。泾之溪涧实繁而赏溪为最著,自昔县治跨溪东西山川之秀萃焉,中间溪流东徙距古溪五里,而溪之广十倍昔时矣。

[①] 以上58条均见:嘉庆《宁国府志》卷一〇《舆地志》,《中国地方志集成》本,南京:江苏古籍出版社,1998年。

61. 新河,在今赏溪之西。熙宁中,县尉刘谊所辟,盖以溪流东徙欲移之西也,而水径不可回。淳熙中,知县杨㦡又于新河东南二里开河,役夫数万,河甚深广。又于上流筑坝捍水,使之西,坝成辄溃。今二河现存,水无涓滴,天数非人力也。

62. 幕溪出巧坑山,即考坑,山东西有泉,经佛子溪名清潭,经白水山、余冲山、根木山又四十余里至幕山下,与赏溪合流。

63. 新村涧,水源出盘坑至新村而南为响山桥,水与石山水会,自红子港入大溪。

64. 丁溪水始于宁国县界,发源向北,历下丁溪会举南水、茶坑水、石城水,皆出宁国,九里坑水、宋村水,溪涧四丈余,深二尺,入丹山琴溪。

65. 黄埭涧水源出孤山之阳,与新村涧水同至昌坝桥下。

66. 溪头水,始于溪头山,发源向北历感庆,会王村水、倪村水、黄沙水、张村水、了沓水、慈坑水。溪阔二丈余,深一尺,入由道乡丹山琴溪。

67. 方村溪,一名石井水,在县南六十里,阔约六七丈,深约五尺余。其源自石井出,至桂岭,抵丰乐界。有三百六十坑,各有名,流出冠盖乡经程曹村合流入安吴渡。

68. 琴溪,自宁国县界山泉发源,历石门至琴溪台,过岩垅寺与赏溪合流。其溪广一里余,遇梅潦则溢,雨晴则涸,水浅可涉。溪之名因琴高得之,而产琴鱼处则在台下小涧中,溪实无有。

69. 神湖,在县东北二十五里,广不盈亩,而泓深不可测。每岁五、六月天,久不雨或涸,或盈,盈则水涨,涸则彻底。凡涸一二日而复盈者,三日内必雨,遇期不盈则岁必旱。乡人祈雨多验,意必龙湫,乃作龙祠于上而祀之。①

以上69条皆直接注明出自于《泾川志》。而另有一条资料注明出自于《嘉定宣城志》,但亦注明《泾川志》与此略同,此条资料亦可反映《泾川志》的

---

① 以上11条皆见:嘉庆《宁国府志》卷一一《舆地志》,《中国地方志集成》本,南京:江苏古籍出版社,1998年。

情况，因此也将其辑佚出来，作为对王梣《泾川志》的辑补。

70.谢家岭，在县东五十里，广三十步，高十余丈，上有龙王祠。《嘉定宣城志》。《泾川志》略同。①

（二）人文地理类资料

人文地理类资料主要是古迹方面的内容，共15条。

1.琴高台，在泾县东北二十里。按《列仙传》云：琴高者，赵人也，以鼓琴为宋康王舍人。行涓彭之术，浮游冀州、涿郡间二百余年，后辞入涿水中，取龙子，与弟子期，至日皆洁斋候于水旁，设祠屋。果乘赤鲤来，出祠中，有万人观之。留一月余，后入水去，不知何为仙踪在此。或云琴高苏耽也，以其好弹琴高目之。其山有苏耽炼丹洞，山足有隐雨岩，悬崖峭壁，上薄云汉古木修篁掩映，其间流湍潨溪真仙隐之所也。蒋右丞之奇诗云："未至泾川十里余，崭然崖石翠凌虚。自惭不是神仙骨，空羡琴高控鲤鱼。"郡守光禄卿余良肱和云："山形江势其纡余，潦退秋潭澈底虚。控鲤仙人无复见，春来犹有药滓鱼。"元都官积和云："云敛尘霾春雨余，寒溪清浅水涵虚。真仙已上青霄云，空使时人羡鲤鱼。"

2.桓公城，在泾县东四十里乌溪岭。乡民就立湖山行祠奉祀②。

3.桓公磴，在刘遗民钓台之侧。后召还③宣城郡，时人因目为桓公磴。郡守叶内翰清臣诗云："名邦有良吏，流惠沾民襦。简牍罕牒讦，林泉驻旌旟。朝来曲肱饮，暮入专城居。于今人爱磴，还订甘棠庐。"

4.寨坛基，在县南七十里。其寨元置，立小山顶上。续因洪水推荡，山路险峻巉岩，祭祀者往来良难，遂烹鹅于山下祀之。其鹅死而复生，飞至南容李村田下坡。俗传乃郭璞所献地，里人即其处立坛祭祀，甚有灵感。里正晦朔日祭于坛，焚锸飞向东南去者，其月必吉，向西北去者，其月必凶。郭璞

---

① 嘉庆《宁国府志》卷一〇《舆地志》，《中国地方志集成》本，南京：江苏古籍出版社，1998年。
② 奉祀桓彝。
③ 桓公召还。

有诗曰:"南容一片地,拉搭似牛皮。若人得遇者,世代挂绯衣。"盖为此也。

5.葛仙翁炼丹井,井泉清冽,甘香可爱。昔翁仕晋为著作郎,后为勾漏令,著书百卷,弃官炼丹此地。旧寺僧尝为亭以覆之,设井斡辘轳以取汲。今芜废不复浚治,但古甃尚存。

6.落星石,石壁上有龟形。昔县尉刘公谊寓于此潭,见金龟在石,尝欲凿而取之,今有形迹犹存,在蓝山下。翰林李太白曾游咏诗曰:"蓝岑竦天壁,突兀如鲸额。奔蹙横澄潭,势吞落星石。"潭在大溪中,与溪流混而为一,但差深尔。翰林游而乐之,与何判官有结茅炼金液之约,然不能践也。

7.刘遗民钓台,台又名岿然,下临潭水,深不可测,清澈见底,鱼鲔所聚。古今名公多有题咏。每秋高春媚,烟朝月夕,则浮光耀金,静影澄壁。渔舟客艇往来其间,风物如画,实为胜概。郡守叶内翰清臣有诗云:"云岩俯穹石,下瞰清溪流。释缚州县职,寄情江汉游。宗雷结良社,严吕希前俦。秋风绿筱媚。鱼惊游避钩。"蒋右丞之奇诗云:"最爱先生卧白云,一竿来此钓江鳞。我今不学蟠溪叟,待作宗雷社里人。"郡守光禄卿余良肱和云:"先生高谊薄浮云,薄宦应同涸辙鳞。尽日持竿钓台上,此心宁是羡鱼人。"元都官积中和云:"石转矶头痴虎倨,风吹水面老龙鳞。古今不卜先生意,多少溪边掷钓人。"太史章诗云:"雨笠烟蓑细葛巾,持竿不识白莲人。当时若得文王猎,泾水还同渭水滨。"

8.白龟城。隋大业十年,盗贼群起,武德初置南徐州总管,后改为猷州总管,以龟止之所筑城而居之,以赵郡王孝恭为副元帅。十一年,贼平州废,后属宣郡,俗因谓之白龟城。

9.麻溪渡,去县百里,在县直南,山水之胜殆甲江左。自万家楼沂流而上三十里,方抵麻口,自太平、石埭沿流而下六十里,方至麻溪,山环水会自是一洞天。唐李白、杜荀鹤皆曾游此,杜诗云:"两岸山相向,三春鸟乱啼。"李诗云:"舟人与渔人,撑折万张篙。"建炎初,天宁寺主僧慧日同圆通寺主僧清止避地结茅兹山二十余年,日有诗曰:"溪绕茅堂山绕溪,溪山深处是真栖。山人若问西来意,云自高飞鸟自啼。"止亦有诗云:"江南江北正干戈,茅屋深迁入薜萝。梦幻利名知险恶,虚舟身世若风波。石路险交游少,竹坞云深笋蕨多。闲里打闲谁似我,千岩春色一声歌。"又有汪寺丞留诗曰:"麻溪渡口古滩头,万垒青山绕四周。地僻鼎分三县界,渊澄辐辏两川流。客槎时下佗山木,渔桨偏归暮雨舟。寂寞一年曾再到,可怜异代谪仙游。"

10. 伏虎神师石,寺盖其开山也。昔师尝同时开栎山道场,即今大宁寺,两地相去几三千里。师尝乘虎往来,晨食白云寺,午食大宁寺,盖其道行灵异云。今虎迹石及隐塔见在寺后。又湖岭山有狮往来栎山,中途憩息之所在焉。

11. 裴相公岩,昔尝有人于其所得断残戟,至今天色阴晦有音乐鼓吹声。

12. 罗家宅,在地名小溪,溪行两山间,居民皆依山而种植。父老相传云:昔罗隐尝居于此。今遗址及井见存。地虽深僻,然山川环绕,亦幽居之胜。

13. 洪尚书故宅,其遗址甚广袤。父老相传无所依据,廉访得其诰敕于煨烬之余,其可见者云"银青光禄大夫兼兵部尚书兼上柱国、赐紫金鱼袋洪允章敕,久列偏禅备彰忠",自此以后皆阙。惜乎,无岁月可考,时代疑是五代之际,雄霸此地,朝廷亦资其捍御,故有是命。且云国朝混一江南,亦尝宣召而辞疾不起。

14. 和尚井,其穴深不过咫尺,阔弗弗愈跬步。水虽不溢,旋取旋涌。千众是给,间或暂涸,群儿以石片只扣口衬作铍声者,未几泉出如初,因以和尚名之。

15. 冯唐宅。或云陈后主尝击此鼓,号令师徒。①

王枃《泾川志》佚文2500多字,内容涉及地理、经济、文化等方面,包括【陂塘】、【宫室】、【诗文】三方面,主要收录了宋朝的历史资料,为了解宋朝泾县历史发展的情况提供了重要的参考。其中"清心堂""陂塘""陈天麟《与客饮乾明寺东古梅下》""许端友《法相澄心堂记》""李宏《和吕居仁泾县旌德道

---

① 以上15条皆见:嘉庆《宁国府志》卷一二《舆地志》,《中国地方志集成》本,南京:江苏古籍出版社,1998年。

中见寄》""《宣阳观三清圣像记》"这几条资料在现存宁国府方志中很难见到,具有补充现存记载的价值,为了解宁国府地区社会历史发展提供了新资料。根据《永乐大典方志辑佚》和笔者的辑佚,对王栐《泾川志》目前已经辑佚出 92 条佚文,8700 多字,涉及地理、经济、文化等方面的内容,借此可以了解王栐《泾川志》的部分内容和宋朝嘉定以前泾县历史发展的一些情况。

第五节 大典本《泾城志》研究

根据大典本《泾城志》佚文提供的时间线索和方志编修源流,本节对大典本《泾城志》的编修时间进行分析和说明,并对佚文价值进行总结。

一、关于大典本《泾城志》编修时间的探讨

大典本《泾城志》佚文保存下来的都是山川方面的资料,这些山川资料都是泾县的,可以初步确定《泾城志》是一部泾县志。根据《永乐大典》的成书时间,《泾城志》应修于明朝永乐六年(1408 年)以前。

还可以从泾县县志的编修源流来考察大典本《泾城志》的编修时间。关于泾县县志编修的源流情况在嘉庆《泾县志》"旧志源流"[①]中有较为详细的记载,修于明朝永乐六年(1408 年)以前的泾县县志只有一部,即南宋嘉定三年(1210 年)王栐编修的 13 卷本《泾川志》,这也是泾县第一部定型的方志。如果嘉庆《泾县志》所载泾县县志编修情况没有疏漏的话,那么,大典本《泾城志》应该就是王栐编修的《泾川志》,它与大典本《泾川志》应该是同一部志书。但是这两部书书名不同,从这一点看,大典本《泾城志》似乎又不应该是王栐编修的《泾川志》。

从嘉庆《泾县志》记载的情况看,宋、元包括明朝宣德以前 400 多年的时间里,宋朝编修了一部图经和一部方志,而自南宋嘉定三年(1210 年)至明朝

---

① 嘉庆《泾县志》卷二九《旧志源流》,《中国地方志集成》本,南京:江苏古籍出版社,1998 年。

永乐六年(1408年)近200年的时间里竟没有编修过一部泾县县志,这不太符合方志编修的实际情况。因为从历史文献的记载和事实来看,宋、元及明初都是十分重视志书编修的,如元朝曾下令编修一统志,并且还颁布了相应的"凡例",对编修志书的有关问题作了统一的要求。在编修一统志之前,一般来说是由各地先编写当地的县志、府志、州志,然后依次上报到中央,最后编修一统志。既然事实如此,那么,从南宋嘉定三年(1210年)到明朝永乐六年(1408年)近200年的时间里不太可能连一部泾县县志也没有编修过,应该是曾经编修过泾县县志,但早已亡佚,而嘉庆《泾县志》的编修者对此也无从考证,或者没有考证,所以没有将其纳入"旧志源流"中。

虽然大典本《泾城志》佚文保存的资料都是山川资料,但仍提供了一些时间线索,为分析志书的编修时间提供了参考。"九里岭,在泾县东五十里。自西而上达九里,自岭而下远九里,故以九里名山。县尉杨寅因谒丁令威庙,经从此山,留题云:'上下各九里,东西只数家。田横梯齿密,松列雁行斜'"。① 此条佚文收录了县尉杨寅的一首诗。嘉庆《泾县志》记载宋朝职官时曾载:"宋又有无年可考者","尉三十五人",其中就有"杨寅"之名。② 虽无法考证杨寅在泾县为官的具体时间,但据此可知杨寅为宋朝泾县县尉。另外,从这条资料行文方式看,只有宋朝人称宋朝官员才直接称"县尉杨寅",而后代称宋朝往往加上"宋""宋朝"等字。因此,根据以上分析,可以初步确定大典本《泾城志》应该是宋朝编修的。

鉴于以上分析,大典本《泾城志》很可能是另一部修于宋朝的泾县县志。无论这部志书修于何时,大典本《泾城志》的存在都弥补了嘉庆《泾县志》"旧志源流"所载内容的阙漏,为更加全面地了解历史上泾县县志编修情况提供了新的线索,这也充分显示了大典本《泾城志》的价值所在。

《永乐大典方志辑本》没有从《永乐大典》中辑出《泾城志》,目前《永乐大

---

① 马蓉等点校:《永乐大典方志辑佚》第二册,北京:中华书局,2004年。
② 嘉庆《泾县志》卷一三《职官表》,《中国地方志集成》本,南京:江苏古籍出版社,1998年。

典方志辑佚》是关于大典本《泾城志》佚文内容最丰富的辑本。

二、大典本《泾城志》佚文的价值

大典本《泾川志》是宋朝嘉定三年(1210年)王栐编修的13卷本《泾川志》,经比较,大典本《泾城志》佚文与大典本《泾川志》佚文完全不同,因此,大典本《泾城志》佚文保存的资料都是现存宁国府方志中最早的记载。大典本《泾城志》佚文保存的全部是自然地理方面的资料,共19条,900多字,都是关于山川的资料。

1. 九里岭,在①泾县东五十里。自西而上达②九里,自岭而下达③九里,故以九里名山。县尉杨寅因谒丁令威庙,经从此山,留题云:"上下各九里,东西只数家。田横梯齿密,松列雁行斜。"[册一百二二卷一一九八〇页三]④

这条资料介绍了"九里岭"的地理位置、名称来历,并收录了宋朝泾县县尉杨寅经过此山时留下的一首诗。从"田横梯齿密,松列雁行斜"可知,当地梯田耕作已成规模,农业生产水平较高,而且树木茂密,非常适合鸟类生存,自然环境良好。大典本《泾城志》佚文保存下来的"九里岭"的资料在现存方志中很难见到,它是对现存方志记载的一个补充,为认识泾县自然地理状况提供了新的资料,具有重要的史料价值。

2. 白杨岭,在泾县东六十里,广三十步,高四五丈,其左即妙相寺也。[册一百二二卷一一九八〇页三]⑤

这条资料主要介绍了"白杨岭"的地理位置、广度和高度,并附载妙相寺的所在位置。现存方志也有相关记载。嘉庆《宁国府志》载:"白杨岭,在

---

① "在"字在《永乐大典》(北京:中华书局,1986年,第5119页)中为"去"字。
② "达"字在《永乐大典》(北京:中华书局,1986年,第5119页)中为"远"字。
③ "达"字在《永乐大典》(北京:中华书局,1986年,第5119页)中为"远"字。
④ 马蓉等点校:《永乐大典方志辑佚》第二册,北京:中华书局,2004年。
⑤ 马蓉等点校:《永乐大典方志辑佚》第二册,北京:中华书局,2004年。

(泾)县东六十里,广三十步,高四五丈。"①相比而言,大典本《泾城志》佚文所载内容要丰富一些,补充了周围环境的有关情况。大典本《泾城志》佚文保存的资料为认识泾县自然地理状况提供了新的参考,也为考证现存记载提供了资料。

3.琴高山,有山自西南发脉而来,会结于琴溪市之侧,约高百余丈,其上即琴高台也。[册一百二二卷一一九八〇页三]②

这条资料主要记载了"琴高山"的走势及高度。现存文献中也有一些关于琴高山的记载。《大明一统名胜志》载:"琴高山,在幞山北。汉处士也③。有隐雨岩,是其控鲤上升之所。岩下有洞,洞帝有钓台,下水即琴溪也。每岁上巳前后数日出小鱼,相传为处士药楂鱼,他时无之。李太白诗:'相招琴高饮'。又云:'鲤涌琴高'。"④《明一统志》载:"琴高山,在泾县东二十里。旁有台,相传琴高控鲤上升之所。"⑤光绪《重修安徽通志》载:"琴高山,泾县东北二十里。《名胜志》:山半有隐雨岩,又有洞。传为汉处士琴高隐处。其隔溪对峙者,有岩巏洞,山极幽邃。"⑥嘉靖《宁国府志》载:"琴高山,山下有隐雨岩,岩下有洞。"⑦嘉庆《大清一统志》载:"琴高山,在泾县东北二十里。《名胜志》:山在幞山北。琴高汉处士也。有隐雨岩,是其控鲤上升之所。岩下有洞,洞旁有钓鱼台。"⑧嘉庆《泾县志》⑨、乾隆《江南通志》载:"琴高山,在泾县

---

① 嘉庆《宁国府志》卷一〇《舆地志》,《中国地方志集成》本,南京:江苏古籍出版社,1998年。
② 马蓉等点校:《永乐大典方志辑佚》第二册,北京:中华书局,2004年。
③ 此句前疑缺"琴高"二字,应为"琴高汉处士也"。
④ (明)曹学佺:《大明一统名胜志》卷四,《四库全书存目丛书》本,济南:齐鲁书社,1996年。
⑤ (明)李贤等奉敕:《明一统志》卷一五,《四库全书》本,上海:上海古籍出版社,1987年。
⑥ 光绪《重修安徽通志》卷二六《舆地志》,清光绪四年(1878年)刻本。
⑦ 嘉靖《宁国府志》卷五《表镇纪》,《天一阁藏明代方志选刊》本,上海:上海古籍书店影印,1964年。
⑧ (清)穆彰阿:《(嘉庆)大清一统志》卷一一五,四部丛刊续编景旧钞本。
⑨ 嘉庆《泾县志》卷三《山水》,《中国地方志集成》本,南京:江苏古籍出版社,1998年。

东北二十里。《名胜志》云:山半有隐雨岩,又有洞。传为晋处士琴高隐此而名。其隔溪对峙者,有岩龛洞,山中有复洞,不柱而屋,巷闼幽奇。"①这些记载与大典本《泾城志》佚文所载角度不同,大典本《泾城志》佚文为认识泾县地理方面的情况提供了新的参考。

4. 龙门岭,在泾县南五十里。[册一百二二卷一一九八〇页三]②

这条资料介绍了"龙门岭"的地理位置。在现存泾县县志里很难见到"龙门岭"的记载,虽然其他方志中有"龙门岭"的记载,但在"太平县",而不是泾县。嘉庆《宁国府志》载:"龙门岭,在(太平)县西北十五里,岭上下十余里,势甚高峻,通龙门三乡及泾阳乡。"③嘉庆《大清一统志》载:"龙门岭,在太平县西北十五里,上下十余里,势甚高峻。"④光绪《重修安徽通志》载:"龙门岭,太平县西北十五里,上下十余里,势甚高峻。"⑤这些记载均称"龙门岭"在太平县西北十五里,而大典本《泾城志》佚文则称"龙门岭"在泾县南五十里,根据两县的位置关系,两山很有可能是同一座山。因所载内容不同,大典本《泾城志》佚文是对现存县志记载的补充,为了解泾县地理情况提供了新的线索。

5. 汤岭,在泾县南六十里西乡。其山多悬崖峭壁。[册一百二二卷一一九八〇页三]⑥

这条资料介绍了"汤岭"的地理位置和特点。现存方志中也有关于"汤岭"的记载,但多称此山在太平县境内。万历《宁国府志》载:"曰汤岭,(太

---

① (清)赵弘恩等监修:《(乾隆)江南通志》卷一六,《四库全书》本,上海:上海古籍出版社,1987年。
② 马蓉等点校:《永乐大典方志辑佚》第二册,北京:中华书局,2004年。
③ 嘉庆《宁国府志》卷一〇《舆地志》,《中国地方志集成》本,南京:江苏古籍出版社,1998年。
④ (清)穆彰阿:《(嘉庆)大清一统志》卷一一五,四部丛刊续编景旧钞本。
⑤ 光绪《重修安徽通志》卷二六《舆地志》,清光绪四年(1878年)刻本。
⑥ 马蓉等点校:《永乐大典方志辑佚》第二册,北京:中华书局,2004年。

平)县西南六十里。悬崖峭壁,深邃幽绝,接歙县境。"①《清一统志》②、《嘉庆重修一统志》③、光绪《重修安徽通志》④所载相同。嘉庆《宁国府志》载:"汤岭,在(太平)县南六十里西乡,其山多悬崖峭壁。"⑤以上各志皆称"汤岭"在太平县南或西南六十里,大典本《泾城志》佚文称"汤岭"在泾县南六十里,虽然太平县和泾县接壤,但从两座山所在的方位看,两山应该不是同一座山。嘉靖《宁国府志》亦载有"汤岭"的资料,却称:泾县西南二十里"曰汤岭,与圣泉峰并峙,地通歙县"。⑥这一记载虽然指出"汤岭"在泾县,但具体的位置却不一样,内容也与大典本《泾城志》不同。嘉靖《宁国府志》所载之"汤岭"与大典本《泾城志》佚文所载之"汤岭"是不是同一座山岭尚难确定。从以上分析来看,现存方志中尚难找到与大典本《泾城志》佚文保存的"汤岭"资料基本相同的记载,大典本《泾城志》佚文可以为了解泾县自然地理状况提供新的参考。

6.汤余岭,在泾县东南二十五里,高九十丈,阔十二里。昔有汤姓者居之,故名。[册一百二二卷一一九八〇页三]⑦

这条资料介绍了"汤余岭"的地理位置、高度、广度及山名的来历。后世方志也有记载。嘉庆《宁国府志》载:"汤余岭,在(泾)县东南二十五里,高九十丈。有汤姓居此,故名。"⑧两则记载相比,大典本《泾城志》佚文多出了"汤

---

① 万历《宁国府志》卷六《方舆志》,《稀见中国地方志汇刊》本,北京:中国书店,1992年。

② (清)和坤等奉敕撰:《钦定大清一统志》卷八〇《四库全书》本,上海:上海古籍出版社,1987年。

③ 《嘉庆重修一统志》卷一五,《中国古代地理总志丛刊》本,北京:中华书局,1986年。

④ 光绪《重修安徽通志》卷二六《舆地志》,清光绪四年(1878年)刻本。

⑤ 嘉庆《宁国府志》卷一〇《舆地志》,《中国地方志集成》本,南京:江苏古籍出版社,1998年。

⑥ 嘉靖《宁国府志》卷四《次舍纪》,《天一阁藏明代方志选刊》本,上海:上海古籍书店影印,1964年。

⑦ 马蓉等点校:《永乐大典方志辑佚》第二册,北京:中华书局,2004年。

⑧ 嘉庆《宁国府志》卷一〇《舆地志》,《中国地方志集成》本,南京:江苏古籍出版社,1998年。

余岭"广度方面的资料,对嘉庆《宁国府志》的记载是一个补充,为了解"汤余岭"的情况提供了更加详细的资料。

7.金牌岭,在①泾县东南九十里。其岭峻绵,历围绕二十余里,通本府路。[册一百二二卷一一九八〇页三]②

这条资料主要介绍了"金牌岭"的地理位置及绵亘二十余里的情况。现存方志中也有关于"金牌岭"的记载。嘉庆《宁国府志》载:"金牌岭,在(泾)县东九十里。绵峻崎岖,一线乌道跨宣城南界。"③嘉庆《泾县志》则载:"金牌岭山在鸟雀岭东北三十里","由鸟雀岭东北三十里一线乌道崎岖而入,曰金牌岭,间道通宣城,实府南一陋塞也。"④这些记载与大典本《泾城志》佚文保存的内容可以互相补充,为全面了解泾县山川的情况提供了资料。

8.黄沙岭,在⑤泾县东六十里。其岭不甚高峻,广袤数十丈,高十余丈,皆沙地,沙色皆黄,故以黄沙名之。[册一百二二卷一一九八〇页三]⑥

这条资料记载了"黄沙岭"的地理位置、广度、高度及山名来历等方面的情况。现存文献的记载与大典本《泾城志》佚文不完全相同。《清一统志》⑦《嘉庆重修一统志》⑧、光绪《重修安徽通志》⑨皆载:"黄沙岭,在泾县东六十里,广数十里,高十余丈。下有水流经昆山,入丁溪。"这一记载与大典本《泾城志》佚文保存的资料有同有异,可以互相补充。

9.吴家岭,在泾县南五十里。[册一百二二卷一一九八〇页三]⑩

---

① "在"字在《永乐大典》(北京:中华书局,1986年,第5119页)中为"去"字。
② 马蓉等点校:《永乐大典方志辑佚》第二册,北京:中华书局,2004年。
③ 嘉庆《宁国府志》卷一〇《舆地志》,《中国地方志集成》本,南京:江苏古籍出版社,1998年。
④ 嘉庆《泾县志》卷三《山水》,《中国地方志集成》本,南京:江苏古籍出版社,1998年。
⑤ "在"字在《永乐大典》(北京:中华书局,1986年,第5119页)中为"去"字。
⑥ 马蓉等点校:《永乐大典方志辑佚》第二册,北京:中华书局,2004年。
⑦ (清)和坤等奉敕撰:《钦定大清一统志》卷八〇,《四库全书》本,上海:上海古籍出版社,1987年。
⑧ 《嘉庆重修一统志》卷一五,《中国古代地理总志丛刊》本,北京:中华书局,1986年。
⑨ 光绪《重修安徽通志》卷二六《舆地志》,清光绪四年(1878年)刻本。
⑩ 马蓉等点校:《永乐大典方志辑佚》第二册,北京:中华书局,2004年。

这条资料记载了"吴家岭"的地理位置。关于"吴家岭"的资料在现存方志中也有记载。嘉庆《宁国府志》载有一条,即"吴家岭,沙岭,龙门岭,以上俱在合山南"①。这条资料与大典本《泾城志》佚文记载角度不同,大典本《泾城志》佚文主要记载地理方位,而嘉庆《宁国府志》则主要记载山脉的归属。因此,大典本《泾城志》佚文保存的资料可以为了解泾县自然地理状况提供新的参考。

10. 殿子岭,在泾县西七十八里,高十丈余,广约五里。昔西峰大圣发圣于此,以道杖拄地,地迸泉涌,四时不竭。乡人遇旱祈祷,挹其水以祀之,常获感应。故为之立殿,而因以命名焉。[册一百二二卷一一九八〇页三]②

这条资料介绍了"殿子岭"的地理位置、高度、广度、名称的由来及其涌泉丰富和人们遇旱祈祷的情况。这条资料还反映了当地人宗教信仰方面的情况。在嘉庆《宁国府志》中收录了一条关于"殿子岭"的资料,而这条资料出自于《泾川志》。嘉庆《宁国府志》载:"殿子岭,在(泾)县七十里,高十余丈,广约五里。昔西峰大圣以道杖拄地,泉涌四时不竭。乡人遇旱祈祷,挹其水以祀之,常获感应,故为之立殿,而因以命名焉。"③将之与大典本《泾城志》佚文比较,两书所载内容基本相同,只是个别语句表达不完全一致。两者互为参证,可以发现嘉庆《宁国府志》所载"在县七十里"一句应有脱字。这一句应该是说明山岭的地理方位的,只有距县里数,而无具体方向。大典本《泾城志》佚文明确说明殿子岭在县西。因此,嘉庆《宁国府志》"在县七十里"一句中脱一"西"字,即"在县西七十里"。大典本《泾城志》佚文具有校勘其他文献记载的价值。

11. 椿岭,在泾县东南八十里,广数百亩,高五里余。路通旌德。[册一

---

① 嘉庆《宁国府志》卷一〇《舆地志》,《中国地方志集成》本,南京:江苏古籍出版社,1998年。
② 马蓉等点校:《永乐大典方志辑佚》第二册,北京:中华书局,2004年。
③ 嘉庆《宁国府志》卷一〇《舆地志》,《中国地方志集成》本,南京:江苏古籍出版社,1998年。

百二二卷——九八〇页三]①

　　这条资料介绍了"椿岭"的地理位置、广度、高度及与旌德往来交通的情况。嘉庆《宁国府志》收录了一条关于"椿岭"的资料,它出自于《泾川志》。嘉庆《宁国府志》载:"椿岭,在(泾)县东八十里,广数百亩,高五里余。路通旌德。"②这条资料内容与大典本《泾城志》佚文的内容基本相同,可以互为参证。

　　12. 谢家岭,在泾县东五十里,广三十步,高十余丈,上有龙王行祠。[册一百二二卷——九八〇页三]③

　　这条资料介绍了"谢家岭"的地理位置、广度、高度及山上祠庙的情况。嘉庆《宁国府志》保存了有关"谢家岭"的资料,即"谢家岭,在(泾)县东五十里,广三十步,高十余丈,上有龙王祠"。④这条资料与大典本《泾城志》佚文基本相同,可以相互参考,从而说明这些记载是正确的。

　　13. 龟岭,在泾县东三十丈,广数百步,下有水湫两所,各广二丈。父老相传谓有白龟从此而出,下至栢山石上,有坳似龟形者,名曰龟石。[册一百二二卷——九八〇页三]⑤

　　这条资料介绍了"龟岭"的地理位置、广度及相关的传说。现存其他文献也有相关记载。《舆地纪胜》载:"龟岭,在泾县东三十里。"⑥嘉庆《宁国府志》记载泾县山川时称:"龟岭,在(泾)县东三十里,高三十丈,广数百步,下有水湫二。相传白龟尝从此出,下至柏山,石有似龟形者,名曰龟石。"⑦这条

---

①　马蓉等点校:《永乐大典方志辑佚》第二册,北京:中华书局,2004年。
②　嘉庆《宁国府志》卷一〇《舆地志》,《中国地方志集成》本,南京:江苏古籍出版社,1998年。
③　马蓉等点校:《永乐大典方志辑佚》第二册,北京:中华书局,2004年。
④　嘉庆《宁国府志》卷一〇《舆地志》,《中国地方志集成》本,南京:江苏古籍出版社,1998年。
⑤　马蓉等点校:《永乐大典方志辑佚》第二册,北京:中华书局,2004年。
⑥　(宋)王象之:《舆地纪胜》卷一九《江南东路》,扬州:江苏广陵古籍刻印社,1991年。
⑦　嘉庆《宁国府志》卷一〇《舆地志》,《中国地方志集成》本,南京:江苏古籍出版社,1998年。

记载与大典本《泾城志》佚文所载内容基本相同,可以互为参考。而《嘉庆重修一统志》则载:"龟岭,在泾县东三十里,下有二湫。"①这则记载比大典本《泾城志》佚文要简略得多,缺少有关传说方面的内容。

大典本《泾城志》佚文"在泾县东三十丈"一句有误。此句是介绍"龟岭"地理位置的,一般多用"里",而不是"丈"。而且《舆地纪胜》、嘉庆《宁国府志》《嘉庆重修一统志》皆称"在县东三十里",因此,大典本《泾城志》佚文有误,当以"在县东三十里"为确。

14.放杖岭,在泾县南五十里凤村。昔父老传,旧有一老人双鬓如雪,幅巾藜杖,曾过此放杖少憩,因以为名。[册一百二二卷一一九八〇页三]②

这条资料介绍了"放杖岭"的地理位置及有关山名来历的传说。现存方志多有这方面的记载。嘉庆《宁国府志》载:"放杖岭,一老人双鬓如雪,幅巾藜杖,过此曾放杖稍憩,因名。"③嘉庆《泾县志》载:"放杖岭,在康琅山西北。相传有老父双鬓如云,幅巾藜杖,过此放杖少憩,因名。"④将上述两则记载结合起来看,与大典本《泾城志》佚文保存的内容基本相同。从单条资料来看,大典本《泾城志》佚文比现存其他记载都要丰富,为考证现存记载提供了参考。

15.血岭,在⑤泾县西北七十里。昔黄巢逆乱,有保聚于山者曰章公寨,与贼争战,血流山谷,因以为名。[册一百二二卷一一九八〇页三]⑥

这条资料介绍了"血岭"的地理位置和山名的来历,反映了唐末黄巢起义时,有人聚居于此建立公寨,并与起义军争战的事实。嘉庆《宁国府志》⑦

---

① 《嘉庆重修一统志》卷一五,《中国古代地理总志丛刊》本,北京:中华书局,1986年。
② 马蓉等点校:《永乐大典方志辑佚》第二册,北京:中华书局,2004年。
③ 嘉庆《宁国府志》卷一二《舆地志》,《中国地方志集成》本,南京:江苏古籍出版社,1998年。
④ 嘉庆《泾县志》卷三《山水》,《中国地方志集成》本,南京:江苏古籍出版社,1998年。
⑤ "在"字在《永乐大典》(北京:中华书局,1986年,第5119页)中为"去"字。
⑥ 马蓉等点校:《永乐大典方志辑佚》第二册,北京:中华书局,2004年。
⑦ 嘉庆《宁国府志》卷一二《舆地志》,《中国地方志集成》本,南京:江苏古籍出版社,1998年。

所载完全相同,可证大典本《泾城志》佚文无误。

16. 稠岭,在泾县东五十里,广百余步,高数十丈。[册一百二二卷一一九八〇页三]①

这条资料介绍了"稠岭"的地理位置、广度和高度。嘉庆《宁国府志》称:"稠岭,在(泾)县南五十里,广百余步,高数十丈。"②这条资料与大典本《泾城志》佚文对"稠岭"地理位置的记载不同,前者说在"县南五十里",后者说在"县东五十里",因缺乏其他文献记载的佐证,尚难确定两者的是非。

17. 下麻岭,在泾县南七十里。[册一百二二卷一一九八〇页三]③

这条资料记载了"下麻岭"的地理位置。关于"下麻岭"的记载在现存方志中不多,嘉庆《宁国府志》记载泾县山川时有一条资料,即"下麻岭,在县二十里"。④ 仅从字面上看,嘉庆《宁国府志》所载内容与大典本《泾城志》佚文保存的资料完全不同。大典本《泾城志》佚文称"在泾县南七十里",而嘉庆《宁国府志》称"在县二十里",后者少了具体的方位,而且记作"二十里"。对此原因笔者作了一些推测。造成两部志书记载不同的原因很可能是抄写致误。嘉庆《宁国府志》在转抄时,脱一"南"字。大典本《泾城志》佚文具有校勘其他记载的价值。而"七十"和"二十"两者形近,应该是转抄时弄错了。根据嘉庆《泾县志》记载的泾县疆域"南至旌德县界七十里"⑤,笔者认为应以"二十"为准。故大典本《泾城志》佚文有误,应作"在泾县南二十里"。

18. 庄岭,在泾县西南一百一十里,接黟县界。[册一百二二卷一一九八〇页三]⑥

---

① 马蓉等点校:《永乐大典方志辑佚》第二册,北京:中华书局,2004年。
② 嘉庆《宁国府志》卷一〇《舆地志》,《中国地方志集成》本,南京:江苏古籍出版社,1998年。
③ 马蓉等点校:《永乐大典方志辑佚》第二册,北京:中华书局,2004年。
④ 嘉庆《宁国府志》卷一〇《舆地志》,《中国地方志集成》本,南京:江苏古籍出版社,1998年。
⑤ 嘉庆《泾县志》卷一《疆域》,《中国地方志集成》本,南京:江苏古籍出版社,1998年。
⑥ 马蓉等点校:《永乐大典方志辑佚》第二册,北京:中华书局,2004年。

这条资料介绍了"庄岭"的地理位置和邻境的一些情况。关于"庄岭",在现存方志中也有记载。嘉庆《宁国府志》介绍太平县山川时载有:"庄岭,在县西南一百十里,接黟县境。"①万历《宁国府志》亦载:"庄岭,(太平)县西南百一十里,接黟县境。"②虽然从内容上看这一记载与大典本《泾城志》佚文没有太大差别,但称其在太平县境内,而不是泾县。如果从地理位置考虑,"泾县西南一百一十里"和"太平县西南百一十里"是两个不同的地点,上述两则记载中的"庄岭"肯定不是同一座山岭,而应是泾县和太平县各有一座"庄岭"。但两则记载皆称"接黟县界",而事实是只有太平县与黟县相连。从这一角度考虑,大典本《泾城志》佚文可能有误,或许"泾县"为"太平县"之误。现存方志和大典本《泾城志》都有关于"庄岭"的记载,但都存在不同的说法,一种记载称在泾县,一种记载则称在太平县,未知孰是,故两存之。

19. 石矶岭,在泾县西南一百三十里弦歌乡。幽僻窎远,西接石埭县界。[册一百二二卷——九八〇页三]③

这条资料介绍了"石矶岭"的地理位置和走势。在现存方志中也有关于"石矶岭"的记载。嘉庆《宁国府志》载:"石矶岭,在(太平)县西南一百三十里,接石埭境。"④万历《宁国府志》亦载:太平"县西南百三十里,曰石矶岭,在弦歌乡,去县僻远,西接石埭境"⑤。这几则记载均称"石矶岭"在太平县境内,而不是泾县。从地理位置看,"泾县西南一百三十里"和"太平县西南百三十里"根本不是同一个位置,所以两种记载中的"石矶岭"不是同一座山岭。目前在宁国府方志中尚未查到与大典本《泾城志》佚文相似的资料,大

---

① 嘉庆《宁国府志》卷一〇《舆地志》,《中国地方志集成》本,南京:江苏古籍出版社,1998年。
② 万历《宁国府志》卷六《方舆志》,《稀见中国地方志汇刊》本,北京:中国书店,1992年。
③ 马蓉等点校:《永乐大典方志辑佚》第二册,北京:中华书局,2004年。
④ 嘉庆《宁国府志》卷一〇《舆地志》,《中国地方志集成》本,南京:江苏古籍出版社,1998年。
⑤ 万历《宁国府志》卷六《方舆志》,《稀见中国地方志汇刊》本,北京:中国书店,1992年。

典本《泾城志》佚文可以补充现存记载的不足,为了解泾县历史地理的有关情况提供了新的资料。

根据上文分析,大典本《泾城志》应该是宋朝编修的一部泾县县志。现存文献中著录的历代泾县县志编修源流没有提到这部志书,故大典本《泾城志》的存在可以补充文献记载的不足,为进一步全面了解历史上泾县县志的编修情况提供了新线索。大典本《泾城志》佚文保存的自然地理资料较为丰富,为认识泾县自然地理及相关历史事实提供了参考。这些资料都是现存宁国府方志中最早的记载,提供了一些新的资料,还能为校勘现存文献记载提供参考。

第六节　大典本《旌川志》研究

大典本《旌川志》佚文共保留了4条资料,主要是山川和陂塘方面的内容。虽然大典本《旌川志》佚文中没有明显的时间线索,无法根据佚文确定此志的编修时间,但笔者根据旌德县志的编修源流和其他文献资料的佐证,认为大典本《旌川志》应该是宋朝绍熙年间李瞻编修的。

一、关于大典本《旌川志》编修时间的探讨

大典本《旌川志》佚文主要保存的是山川和陂塘方面的资料,没有涉及时间,因而无法判断此志的编修时间,只能从方志的编修源流和书名上来进行分析。嘉庆《旌德县志》载有旌德县志编修源流方面的资料。"陈炳德序"称:"旌之有志自宋绍熙李伯山始。其时宁郡六邑岂无成书,独《旌志》八卷与王棣允《泾川志》见收于马氏《通考》。其征文考献必有灿然可观者,惜乎后之人不知宝贵,听其湮没于元明兵燹之余,而莫之收拾也。嗣后有《成化志》、《万历志》,率皆简断编残,仅存十一,其全者惟有顺治、乾隆二志。"① 根

---

① 嘉庆《旌德县志》,《陈炳德序》,《中国地方志集成》本,南京:江苏古籍出版社,1998年。

据方志记载,"李瞻,字伯山,绍熙元年,知旌德县事"①,李伯山即李瞻。嘉庆《旌德县志》"凡例"也称:"邑旧有《旌川志》,宋李瞻撰,谢昌国为序,其书散佚无存",而"明有《永乐志》、《成化志》、《万历志》,简断篇残,都无完本。国朝有顺治、乾隆二志,《顺治志》率意而作,繁简失宜,惟《乾隆志》分门别类,斟酌详明。今特据为定本,略加增损。"②其"艺文志"载:"《绍熙县志》,八卷,知县李瞻纂";"《大德县志》,知县王贞修";"《成化县志》,十卷,邑人王瑄修";"《万历县志》,十卷,知县苏宇庶修"。③由此可知,旌德县志曾多次纂修,最早的一部是宋朝绍熙年间李瞻编修的《旌川志》,共 8 卷,谢昌国为之作序;元大德年间王贞修有一部旌德县志,明朝永乐、成化、万历年间,清朝顺治、乾隆、嘉庆年间都曾编修过旌德县志。

关于李瞻编修志书一事在其他文献中也有记载。《文献通考》称:"《旌川志》八卷。陈氏曰:知旌德县历阳李瞻伯山撰。绍熙三年,谢昌国为序。"④《历阳典录》载:"《旌川志》八卷,李瞻。"⑤《江南通志》载:"《旌川志》八卷,李瞻。"⑥光绪《直隶和州志》载:"《旌川志》八卷,李瞻著。"⑦光绪《重修安徽通志》亦载:"《旌川志》八卷,历阳李赡著。"⑧李瞻是绍熙元年(1190 年)知旌德县事的,谢昌国是在绍熙三年(1192 年)为之作序的,则这部《旌川志》应在南宋绍熙三年(1192 年)左右修成。根据《永乐大典》的成书时间,《永乐大典》收录的书籍应修于明永乐六年(1408 年)以前,李瞻编修的《旌川志》是符合

---

① 光绪《直隶和州志》卷一九《人物·宦绩》,《中国地方志集成》本,南京:江苏古籍出版社,1998 年。
② 嘉庆《旌德县志》,《凡例》,《中国地方志集成》本,南京:江苏古籍出版社,1998 年。
③ 嘉庆《旌德县志》卷九《艺文志》,《中国地方志集成》本,南京:江苏古籍出版社,1998 年。
④ (宋)马端临:《文献通考》卷二〇五《经籍考三二》,北京:中华书局,2003 年。
⑤ 《历阳典录》卷二四《艺文·书目》,清同治六年(1867 年)刻本。
⑥ (清)赵弘恩等监修:《(乾隆)江南通志》卷一九〇,《四库全书》本,上海:上海古籍出版社,1987 年。
⑦ 光绪《直隶和州志》卷三六《艺文志》,《中国地方志集成》本,南京:江苏古籍出版社,1998 年。
⑧ 光绪《重修安徽通志》卷三三九《艺文志》,清光绪四年(1878 年)刻本。

这一时间条件的。而从志书名称上看,两者也是相匹配的。因此,笔者推断《永乐大典》收录的《旌川志》即是宋朝绍熙年间李瞻纂修、绍熙三年(1192年)谢昌国作序的 8 卷本《旌川志》。而嘉庆《旌德县志》在"艺文志·书目"中则载:"《绍熙县志》,八卷,知县李瞻纂。"①这是根据修志时间来称呼这部志书的。

张国淦先生曾从《永乐大典》中辑佚出一部《旌川志》,《中国古方志考》中有如下记述:

旌川志八卷　宋　佚　蒲圻张氏大典辑本

宋李瞻纂　李瞻,字伯山,历阳人,绍熙元年知旌德县。

《直斋书录解题》八:《旌川志》八卷知旌德县历阳李瞻伯山撰,绍熙三年谢昌国为序。

《文献通考·经籍考》三十二、《文渊阁书目》十九:旧志,《旌川志》三册。

《大典辑本》据大典二千七百五十四:八灰(杂陂名),引《旌川志》志一条。

案:《旌德县志》陈炳德序,旌之有志,自宋绍熙李伯山始,其时宁郡六邑,岂无成书,独星志②八卷,与王叔允《泾川志》,见收于马氏通考。③

由上文可知,张先生依据书目记载,认为《永乐大典》收录的《旌川志》是宋朝绍熙年间李瞻所撰,共 8 卷,且已散佚。张先生当时仅辑出一条关于陂塘的资料。

杜春和整理、张国淦先生的《永乐大典方志辑本》中收录了大典本《旌川

---

① 嘉庆《旌德县志》卷九《艺文志》,《中国地方志集成》本,南京:江苏古籍出版社,1998年。
② 参考嘉庆《旌德县志》"李炳德序"所言,"星志"二字当为"旌志"。
③ 张国淦:《中国古方志考》,北京:中华书局,1962年。

志》佚文,并有按语称:"《大典》引《旌川志》凡四条。《直斋书录解题》八:'《旌川志》八卷,知旌德县历阳李瞻伯山撰,绍熙三年谢昌国为序'云云,当即是志。"①此书共辑出"羊头岭""九垦岭""九屈岭""杂陂名"4条佚文。《永乐大典方志辑佚》辑出的4条《旌川志》佚文与《永乐大典方志辑本》所辑佚文基本相同,且出处完全一致。在没有其他辑本的情况下,这两部书辑出的李瞻《旌川志》佚文应该是目前内容最全面的。

宫为之先生亦曾对《永乐大典》收录的《旌川志》作过如下论述:"《旌川志》八卷,李瞻纂。瞻,字伯山,历阳人。绍熙元年(1190)知旌德。绍熙三年谢昌国序之。据清嘉庆《旌德县志》陈柄德序说,旌之有志,始于宋绍熙李伯山,其时旌属宣州。《直斋书录解题》八、《文献通考·经籍考》三十二、《文渊阁书目》十九均收录。《大典》有收录,《蒲圻张氏大典辑本》亦有辑录。"②宫先生也认为《永乐大典》收录的《旌川志》是宋朝绍熙年间李瞻编修的。

根据谢昌国作序的时间,李瞻《旌川志》应该成书于宋朝绍熙三年(1192年)左右。而根据嘉庆《旌德县志》"陈炳德序"的记载,这部志书"湮没于元明兵燹之余",即在元明之际亡佚。

李瞻其人其事,在光绪《直隶和州志》中有简略的介绍。"李瞻,字伯山,绍熙元年,知旌德县事。邑政大小具举,修学校,建言仁堂。行己化民,一秉治心养性、克己复礼之学,邑之儒士多为所化,相与讲尚理学。先是练苾,以元祐年宰是邑,政尚宽简,雅负清操,宏奖士类。邑民凡饮酒,清者辄曰'练公酒'。建白渡桥,辄曰'练公桥'。瞻师其意,立政为人颂美,不在练公下。作厅壁记,将以取质于人,俾见者得以鉴别贤否焉"。③近人蒋元卿在《皖人书录》中介绍了李瞻的情况和他的著作。"李瞻[宋],字伯山,历阳(和县)人,曾知旌德县,修邑志,既成,绍熙三年(1192年)谢昌国为之序"。李瞻主

---

① 杜春和整理、张国淦:《永乐大典方志辑本》,北京:北京燕山出版社,2009年。
② 宫为之:《皖志史稿》,合肥:安徽人民出版社,1997年。
③ 光绪《直隶和州志》卷一九《人物》,《中国地方志集成》本,南京:江苏古籍出版社,1998年。

持编修的《旌川志》,共 8 卷,《安徽通志》"艺文考·地理二上"中有著录。①从文献记载的情况看,李瞻确实是一个勤政为民的好官,而且他重视教化,推崇理学,以修身养性、"克己复礼之学"为行为的准则。他管理旌德县期间,"邑政大小具举",编修地方志当然也是他非常重视的一项工作,并且取得了一定的成果,主持编修了一部 8 卷本的《旌川志》。这也是文献记载中提到的历史上第一部旌德县志。

二、大典本李瞻《旌川志》佚文的价值

嘉庆《旌德县志》"陈炳德序"称:"旌之有志自宋绍熙李伯山始。"②李瞻《旌川志》是旌德县历史上第一部方志,其开创之功是不可磨灭的。而且陈炳德还称"其征文考献必有灿然可观者",可见陈氏对此志评价较高,这说明李瞻《旌川志》的质量还是很不错的。既然李瞻《旌川志》是旌德县历史上的第一部方志,那么,它所记载的内容应该都是首次收录在旌德县志中的,具有首创性价值,为后世旌德县志的编修提供了参考和资料来源。

虽然李瞻《旌川志》久已散佚无存,但《永乐大典》保存了部分内容,《永乐大典》收录的李瞻《旌川志》佚文为了解此志的原始面貌提供了材料,而且李瞻《旌川志》佚文保存的资料多为现存其他旌德县志所鲜载,具有更为重要的价值,补充了现存记载的不足,为全面认识旌德县历史发展的情况提供了新的资料。李瞻《旌川志》佚文具有非常重要的史料价值,它保留的内容也为考证现存其他方志记载提供了参考。

大典本李瞻《旌川志》佚文共保留了 4 条资料,700 多字,主要是地理和经济方面的内容。

(一)地理类资料的价值

地理类资料主要是自然地理方面的内容,即山川方面的资料,共 3 条,记载了三座山岭所在的位置、高度、广度以及岭名的由来等方面的内容。

---

① 蒋元卿:《皖人书录》卷五,合肥:黄山书社,1989 年。
② 嘉庆《旌德县志》,《序》,《中国地方志集成》本,南京:江苏古籍出版社,1998 年。

1.羊头岭,在旌德县南五十里通贵乡。岭阳接绩溪界,未知其名之故,今近地有中羊、下羊。[册一百二二卷一一九八〇页四]①

这条资料主要介绍了"羊头岭"所在的位置和邻界的一些情况。这条资料赖《永乐大典》保存下来,虽然不到40字,内容也不算特别丰富,但在现存旌德县志中很难见到这样的资料,李瞻《旌川志》佚文补充了现存文献记载的不足,为认识旌德县自然地理情况提供了新的线索。

2.九恳②岭,在旌德县南五十里,高十里,阔六③里。岭上凡有屈者九。[册一百二二卷一一九八〇页四]④

这条资料主要介绍了"九恳岭"的地理位置、高度、广度及山岭的特点。虽然这条资料内容比较简略,但现存方志多未记载,故很难得。保存下来的这条李瞻《旌川志》佚文具有十分珍贵的价值,补充了现存文献记载的不足,为了解旌德县地理情况提供了新的参考。

3.九屈岭,在旌德县西六十里,高十里,阔六里。岭凡九曲,故名。[册一百二二卷一一九八〇页四]⑤

这条资料主要记载了"九屈岭"的地理位置、高度、广度及山岭名称的由来。嘉庆《宁国府志》介绍旌德县山川时有如下记载:"九屈岭,在县西六十里,高十里,阔六里。岭九屈,故名。"⑥道光《旌德县续志》⑦所载内容基本相同。这两则记载与李瞻《旌川志》佚文所载内容完全相同。这充分说明了正是由于李瞻《旌川志》的首载,后世方志在编修时才有了资料依据。这一资料为后世方志所继承,并保存下来。李瞻《旌川志》佚文保存的这条资料为

---

① 马蓉等点校:《永乐大典方志辑佚》第二册,北京:中华书局,2004年。
② "恳"字在《永乐大典》(北京:中华书局,1986年,第5120页)中为"垦"字。
③ "六"字在《永乐大典》(北京:中华书局,1986年,第5119页)中为"十"字。
④ 马蓉等点校:《永乐大典方志辑佚》第二册,北京:中华书局,2004年。
⑤ 马蓉等点校:《永乐大典方志辑佚》第二册,北京:中华书局,2004年。
⑥ 嘉庆《宁国府志》卷一〇《舆地志·山》,《中国地方志集成》本,南京:江苏古籍出版社,1998年。
⑦ 道光《旌德县志》卷一《山川》,《中国地方志集成》本,南京:江苏古籍出版社,1998年。

考证现存其他方志中关于"九屈岭"的记载提供了参考。

(二)经济类资料的价值

经济方面的资料只有一条,是水利方面的陂塘资料。这条资料是李瞻《旌川志》佚文中篇幅最长的一条资料。

丁家庄陂。伍五陂。斋堂陂。古楼陂。汪王庙前陂。院家陂。胡村陂。长桥陂。倪正陂。丛子陂。和尚陂。斜竹陂。杨木上甲陂。益陂。方家陂。杨木陂。中甲陂。范村陂。石碣陂。菖亭陂。石榴陂。碣陂。下泾坊陂。灵台寺前陂。皂角陂。上勾陂。后坑陂。蒋村陂。土桥头陂。丘陂。上石陂。哑儿陂。方家窑前陂。柳溪陂。丫头口陂。胡大陂。青山陂。程村大石陂。石碣陂。隐塘陂。枫木岭陂。方村下沙陂。方陂。泉陂。宅下陂。南冲陂。天霹石陂。刘陂。长陂。王大陂。黄连陂。七十陂。清潭陂。松木岭陂。丰陂。后溪陂。金凤陂。茅坦陂。上保陂。梅陈陂。查陂。苦李陂。破笼陂。横干陂。赵村陂。芦陂。李家陂。梅干陂。檀石陂。盛潭陂。贺村陂。鼓楼陂。严村陂。大安陂。汤村陂。洪郎陂。瑞莲寺前陂。塔里陂。钟村皂角陂。洞仙桥陂。虎千陂。钱家陂。王家陂。叶村陂。虞院陂。凡村陂。叶村下陂。黄栢陂。横山陂。叶家陂。上沙陂。高瑶陂。牌后陂。下沙陂。孙村陂。良滩陂。梅本人和陂。杨公陂。弯陂。大坑陂。中村小溪陂。郎村皂角陂。下厂陂。郎石陂。郎村下陂。郎村陂。郎村殿前陂。沙陂。沙圻陂。上步陂。石岭陂。刘村陂。叶家陂。磨石陂。杨木陂。余村桥头陂。汪王庙陂。窑头黄连陂。河陂。昌潭陂。李村陂。前陂。鱼宝堨陂。沙陂。高览陂。郎村坊前陂。筐陂。长陂。胡马堨陂。骊陂。汪家陂。堨陂。黄土坡①。黄栢陂。丫陂。长城岭陂。前村陂。汪村陂。合同陂。周村陂。郑门口陂。大坑陂。羊干中陂。羊干上陂。以上并在旌德县内。②［册三四卷二七五四页四］③

陂塘资料是李瞻《旌川志》佚文保存下来的最丰富的一条资料，共有 600 多字。根据上文统计，李瞻《旌川志》佚文共收录旌德县陂塘 140 多所。这段文字虽然只列举了 140 多所陂塘的名称，但李瞻《旌川志》却是首次将这些陂塘记载于方志中，其首创之功不可忽视。从这条资料可以知道，到宋朝绍熙初年旌德县至少已有陂塘 140 多所，当时旌德县水利建设的情况可见一斑。道光《旌德县志附订》曾言："食货门陂塘一百六十所，案李瞻《旌川志》陂塘共百有四十。"④李瞻《旌川志》佚文列举的是 140 多所陂塘，而道光《旌德县志附订》所言只是一个约数，虽然数字有一点差别，但仍然可以推论，李瞻《旌川志》佚文中所载陂塘的数量基本上保持了原有的面貌，其内容应该是比较准确的。

李瞻《旌川志》佚文中所载 140 多所陂塘中有几所是重名的，如石碣陂、长陂、黄栢陂、叶家陂、大坑陂等，皆记有两所，似乎是重复记载。从李瞻《旌川志》佚文看，这部《旌川志》编修时没有按照乡或村为单位来记录陂塘，而是将旌德县的陂塘总汇在一起，所以造成了不同乡村而名称相同的陂塘混在一起记录的现象，出现了重名。

嘉靖《宁国府志》记载旌德县陂塘时则是按照河流的地理走势将沿河的陂塘一一记录的，这种记载方式可以很清楚地说明陂塘所在的地理位置。如"北流入于三溪，其间有长城岭陂，前村陂，汪村陂，合同陂，周村陂……东北流并入焉，其间有黄栢陂，横山陂，叶家陂，上沙陂……稍东北又有石陂，

---

① "坡"字在《永乐大典》（北京：中华书局，1986 年，第 1395～1396 页）中为"陂"字。"坡"字误。为形近之误，当为抄写致误。
② 此条在《永乐大典》（北京：中华书局，1986 年，第 1396 页）中收录于"杂陂名"条下。
③ 马蓉等点校：《永乐大典方志辑佚》第二册，北京：中华书局，2004 年。
④ 道光《旌德县志》卷二，《中国地方志集成》本，南京：江苏古籍出版社，1998 年。

陂陂,大安陂……又东南抵干县北有后溪陂,五百陂,金凤陂……又北入于徽水,县东有丁家庄陂,五里陂,斋堂陂,倪正陂……县之水利此亦得其十七矣"。① 相比而言,嘉靖《宁国府志》的记载方式更为直观和清晰,但这并不能抹杀李瞻《旌川志》的首载之功,是李瞻第一次将旌德县的陂塘收入旌德县志的,以后的方志皆是对它的借鉴和继承。

将李瞻《旌川志》佚文与嘉靖《宁国府志》所载旌德县陂塘资料进行比较,其中有 50 多个是嘉靖《宁国府志》所没有的,这说明从宋到明陂塘的设置是随着实际需要而不断变化的,有所增减。虽然李瞻《旌川志》佚文未标明旌德县各乡村陂塘的情况,但在嘉庆《旌德县志》中却有一条来自于李瞻《旌川志》的记载,这条记载补充说明了宋朝绍熙初年旌德县陂塘的分布情况,即"宋李瞻《旌川志》云:招贤乡三十八所,进贤乡十八所,太平乡二十一所,沙城乡四十所,上泾乡十所,通贵乡十三所,共百有四十"。② 大典本李瞻《旌川志》佚文和嘉庆《旌德县志》保存的这条《旌川志》的内容互为补充,为了解宋朝绍熙初年旌德县陂塘的情况提供了较为全面的资料。

李瞻《旌川志》佚文中"菖亭陂"在嘉靖《宁国府志》中则作"昌亭陂"③。

李瞻编修、谢国昌作序的 8 卷本《旌川志》是旌德县第一部县志,此志成书于南宋绍熙三年(1192 年)前后,亡佚于元明之际。这部志书被《永乐大典》所收录。《永乐大典》收录的李瞻《旌川志》佚文已经辑佚出来,主要是山川和陂塘方面的内容,共有 4 条资料,700 多字,借此可以得见李瞻《旌川志》的部分面貌。李瞻《旌川志》收录的资料皆是第一次载入旌德县志的,具有首创性价值,为后世方志的编修提供了资料来源。李瞻《旌川志》佚文保存了不少有关旌德县地理和经济方面的资料,为了解旌德县地理和历史发展

---

① 嘉靖《宁国府志》卷四《次舍纪》,《天一阁藏明代方志选刊》本,上海:上海古籍书店影印,1964年。
② 嘉庆《旌德县志》卷五《食货志》,《中国地方志集成》本,南京:江苏古籍出版社,1998年。
③ 嘉靖《宁国府志》卷四《次舍纪》,《天一阁藏明代方志选刊》本,上海:上海古籍书店影印,1964年。

情况提供了重要参考,有些资料在现存其他旌德县志中很难见到,或内容不完全相同,具有补充现存文献记载不足的价值。

三、李瞻《旌川志》佚文辑补

李瞻《旌川志》早已亡佚,只是赖其他文献的转引保存了部分内容。笔者在查阅现存方志时也查找到21条李瞻《旌川志》佚文,是地理类和经济类资料,而这些内容是《永乐大典》所未收录的。现将这些内容摘录如下,以为辑补。

(一)地理类资料

地理类资料可分为自然地理和人文地理两方面,共19条,1000多字,主要是旌德县山川和古迹方面的内容。

自然地理资料主要是山川方面的,共有12条。

1. 华阳山,在县东五里,半山平旷可居。

2. 玉壶山,在县东十五里。昔窦令君指壶以饮,滕公于此有"饮客指玉壶,炼丹烧火井"之句。有会胜寺,后有金井泉,本梁滕公相宅。

3. 嗣溪山,一名嗣续山,在县东三十里源口。两山峻壁,仅容一溪萦纡,陟级数里,才有人烟。其间有田数百亩,低原、平坂、茅店、石桥,村聚处略有里巷,民居多胡姓。谓山相通相接,欲嗣续不绝,是名嗣溪山。接宁国县界,连五十余里,一峰峭突为龙峰。

3. 梓山,在县南二里。山源自徽境连属至此,耸立千余仞。山顶有甘露王行祠,半山有览众亭,今废。仅有梓山祠,有三台峰,有石洞,有桃树,不花而实。

5. 羊岭,一名羊冈,在县南五十里。山多白石,如卧羊。通贵乡,岭阳接绩溪界。近地有中羊、下羊。相近有松岩,在南湾,孤松挺秀。

6. 栖真山,在县西五里。昔窦子明曾居此山,其坛迹存焉。长孙迈所述《神仙传》:子明既来江左,晋元帝嘉之,拜陵阳宰,在县三年,民服德化。后弃官寻访名山,搜采奇药,至徽水之阳,结庵西山,炼丹高岭焉。

7. 石柱山,在县西六十里。有双石挺起,一巨石承之,号豹子尖,尤为奇秀。或曰此山先有四石高大相若,后为雷击其二。相传梁武帝时新安程灵洗将兵趋姑孰,道过其下,率众登山,筑坛歃血,誓平侯景,因揭此石,立旗帜。又抽矢射一山,山摧一角,今其山曰射的山。

8. 龙首山,在县西北四十里。山峰嶙萃,形如龙首。下有泽溪、龙王祠,水旱必祷焉。

9. 碎石岭,在县北七里。岭多碎石,因而名之。

10. 天井山,在县北三十里。山巅巨石峭峻,中有飞泉激湍自两窍中出,俗称为牛鼻。其下有龙潭,清深可爱,尝有羽流居之。

11. 蛮王山,在县北三十五里。《宣城志》云:昔蛮人盗据此山,殁葬山下。然不可考。

12. 冷泉,在县西十五里。当盛暑饮之,其冷远胜于冰。[①]

人文地理方面的资料主要是古迹资料,共有 7 条。

1. 孔子井,在县南百里。傍有戈塘去井不远。章枢密夏云:当作"过",盖取孔子经过之意。

2. 丹井,窦真人炼丹井,七所,在东门外高岭。旧有窦真人祠,今已毁,井亦堙没不存。

3. 歃血台,在县西射的山。

3. 圣母池,在岳祠,水清而漪,旱潦不盈亏。邑人每以纸钱掷其中,视浮沈之迟速以决灾福,或有投铜钱者。每岁岳帝诞辰,有淘池会,人情甚敬。

5. 蔷薇坞,在县东。传者谓状元刘辉留此授业,今在东山。

6. 王太尉亭,在柳山十里牌之原,今址犹存。

7. 甘露王殿,在梓山之绝顶。邑人精洁致祷归乡,虔诚者则现天灯,人

[①] 以上 12 条皆出自于:嘉庆《宁国府志》卷一〇《舆地志·山》,《中国地方志集成》本,南京:江苏古籍出版社,1998 年。

皆见之。至元二十一年,邑人于峰之南福山重建庙,几三十楹,塑像祠祭焉。①

(二)经济类资料

经济类资料仅有两条,200多字,一条是关于旌德县陂塘数量和分布情况的,一条是物产方面的。

1. 宋李瞻《旌川志》云:招贤乡三十八所,进贤乡十八所,太平乡二十一所,沙城乡四十所,上泾乡十所,通贵乡十三所,共百有四十。②

2. 按:旌邑土地硗确,物产虽有而不多,往往取给于邻邑。《旌川志》载:其谷宜秔宜稦,其木宜松、杉、桐、梓、桑、柘,其果宜榧、栗、樨、柿,其草宜白术、茯苓、地黄、桔梗、白芷,其兽宜羊、兔。至溪流迅疾,水族不能滋养鲂、鲤之属,不过池塘所蓄而已。③

《永乐大典方志辑佚》和本书共辑出李瞻《旌川志》佚文25条,近2000字,涉及地理、经济两方面。因李瞻《旌川志》是第一部旌德县志,这些资料均为第一次载入旌德县志,所以,具有首创之功,为后世方志编修提供了资料来源。这些资料中有一些是后世方志中很难见到的,具有补充史料的价值。

第七节　大典本《旌德志》研究

《旌德志》是《永乐大典》收录的一部方志,虽然保留下来的佚文仅有两条,但因原书已佚,仍有研究的必要。笔者根据旌德县志编修源流和有关文献记载提供的线索,对这部《旌德志》的编修时间进行了探讨,并对其佚文的

---

① 以上七条皆出自于:嘉庆《宁国府志》卷一三《舆地志·古迹》,《中国地方志集成》本,南京:江苏古籍出版社,1998年。

② 嘉庆《旌德县志》卷五《食货志·陂塘》,《中国地方志集成》本,南京:江苏古籍出版社,1998年。

③ 嘉庆《旌德县志》卷五《食货志·物产》,《中国地方志集成》本,南京:江苏古籍出版社,1998年。

价值进行了分析。

一、关于大典本《旌德志》编修时间的探讨

要想确定大典本《旌德志》的编修时间,就必须要了解旌德县志的编修源流。嘉庆《旌德县志》①记载了这方面的资料。自宋至明清旌德县志几经修纂,南宋绍熙年间李瞻修有一部《旌川志》,元大德年间王贞又修成一部旌德县志,明朝永乐、成化、万历年间各修一部,清朝顺治、乾隆、嘉庆年间都曾编修过旌德县志。明永乐年间编修的旌德县志未说明其具体的编修时间,只笼统地知道修于永乐年间。

大典本《旌德志》佚文保留了两条资料,一条是"程应鼎《重建徽水门记》",一条是"《瑞麦记》",这两条资料均提供了明确的时间线索,为判断这部志书的编修时间提供了参考。程应鼎《重建徽水门记》最后落款:"至元乙酉夏孟中澣,邑校程应鼎撰,邑人李应元、胡雷龙等立石。"②"至元乙酉"即元朝至元二十二年(1285年)。《瑞麦记》文末则注明:"至元二十三年六月望日,郡文学昌士气记。"③大典本《旌德志》佚文提及的时间最迟的是元朝至元二十三年(1286年)。根据《永乐大典》成书的时间,大典本《旌德志》应修于元至元二十三年(1286年)至明朝永乐六年(1408年)间。因此,在嘉庆《旌德县志》提到的几部方志中,元朝大德年间王贞编修的旌德县志是最符合条件的,而如果明朝永乐年间编修的那部旌德县志修于永乐六年(1408年)前,那么这部志书也是符合《永乐大典》收书条件的。

根据《中国古方志考》,张国淦先生早期并未从《永乐大典》中辑出《旌德志》。不过后来经过补充完善,杜春和整理、张国淦先生的《永乐大典方志辑本》则辑出了《旌德志》,也有两条佚文,与《永乐大典方志辑佚》所辑佚文相

---

① 相关问题已在第五节"大典本《旌川志》佚文研究"中作了分析,此处从略。
② 马蓉等点校:《永乐大典方志辑佚》第二册,北京:中华书局,2004年。
③ 马蓉等点校:《永乐大典方志辑佚》第二册,北京:中华书局,2004年。

同。书中按语称:"《大典》引《旌德志》凡二条,兹据录作明志。"①根据这条按语,《永乐大典方志辑本》将大典本《旌德志》看作明朝所修,但并未说明得出这一结论的依据。在此基础上,笔者考察了嘉庆《旌德县志》②所载旌德县志编修源流,如果大典本《旌德志》是明志,那么应该只能是永乐年间所修之旌德县志。而虽然明朝永乐年间曾编修过一部旌德县志,但《永乐大典》则成书于永乐六年,如果大典本《旌德志》修于明朝永乐六年(1408年)前,则《永乐大典方志辑本》编者所言成立,但目前尚没有更多的证据说明大典本《旌德志》是修于永乐六年之前的,故不能妄下此断言。根据目前所掌握的线索,笔者认为大典本《旌德志》最有可能是元朝大德年间王贞纂修的那部旌德县志,而如果明朝永乐年间编修的那部旌德县志修于永乐六年(1408年)前,则大典本《旌德志》也可能是这部志书。

王贞,即王桢,元朝农学家,曾以木活字排印其主持修纂的《旌德县志》。关于王贞的情况,现存方志中有所介绍。嘉庆《旌德县志》载:"王贞,字伯善,东平人。元贞元年,以承事郎为县尹。惠爱有为,凡学宫、斋庑、尊经阁及县治、坛庙、桥道捐俸改修,为诸绅士倡。莅任六载,山斋萧然。尝著《农器图谱》、《农桑通诀》,教民勤树艺。又兼施医药,以救贫疾。种种善迹,口碑载道,后调永丰。"③嘉庆《宁国府志》载:"王桢,字伯善,东平人。元贞初,以承事郎知旌德。六年,调永丰。山斋萧然,终日清坐。每岁教民种桑若干株,凡麻苧、禾黍、牟麦之类,所以莳艺芟获皆授之以方。又图画所为钱、镈、耰、耧、耙、耖诸杂用器,使民为之,名其书曰《农器图》《农桑通诀》。"④从内容的一致性看,嘉庆《宁国府志》记载的"王桢"即是嘉庆《旌德县志》记载的"王贞"。王贞在旌德县做县尹约六年时间。在旌德的六年时间里,他不仅捐己

---

① 杜春和整理、张国淦:《永乐大典方志辑本》,北京:北京燕山出版社,2009年。
② 相关问题已在第五节"大典本《旌川志》佚文研究"中作了分析,此处从略。
③ 嘉庆《旌德县志》卷六《职官》,《中国地方志集成》本,南京:江苏古籍出版社,1998年。
④ 嘉庆《宁国府志》卷五《职官》,《中国地方志集成》本,南京:江苏古籍出版社,1998年。

俸修葺学宫、斋庑、尊经阁及县治、坛庙、桥道,而且还倡导当地士绅捐资。他特别重视当地的农业生产,除了督促百姓种植农业作物外,还主持编写了两部农业著作,即《农器图谱》和《农桑通诀》,以指导百姓掌握使用农业生产工具的技术,提高农业生产水平。王祯在旌德为官期间,政绩卓著,为人称道。根据文献记载,王祯还曾创制木活字三万多个,并用木活字印刷刊行自己纂修的旌德县志。这是我国方志中最古的活字本,可惜早已失传。

二、大典本《旌德志》佚文的价值

大典本《旌德志》佚文只保存两条文化方面的资料,是两篇重要的记文,皆是有关元朝的。这两篇记文在现存其他方志中不易得见,因此,大典本《旌德志》佚文保存的资料对现存文献记载起到了补阙资料的作用,为了解元朝旌德县历史发展的有关情况提供了新的参考资料。

1. 程应鼎撰《重建徽水门记》:县之南旧有徽水门,以其接徽境之流也。或者阴阳家有克胜之说,乙亥冬,延燎殆尽,历十载靡复故者。邑尹单尹执中偕僚佐一旦兴念,甫尔阄度,民皆畚土挈木,乐于成之,不逾旬而毕事。跨衢而屋凡十六楹,规模宏伟,丹碧焕然,于昔有光。吁!世之游宦者,率视为传舍,尹爬梳瓦砾,百废具举,不以将满去而倦焉,所谓一日必葺,盖得之矣。且不自有其功,而归之民,命镌石以纪相役者姓氏,是即与人为善,其旌有德之门欤!至元乙酉夏孟中澣,邑校程应鼎撰,邑人李应元、胡雷龙等立石。①[册四九卷三五二六页八]②

这篇记文主要记载了"徽水门"重建的情况,介绍了徽水门的位置、名称来历、毁坏的时间、县尹单执中倡言重修、百姓积极支持并参与修建、徽水门重修以后的规模等方面的情况,并进一步记述了县尹不居功自傲反而将功劳归之于民、刻石记功的事。它既是一篇记述徽水门重建的记文,也是一篇为县尹记功的颂文。这篇记文在现存文献中很难见到,因此大典本《旌德

---

① 此条在《永乐大典》(北京:中华书局,1986 年,第 2023 页)中收录于"水门"条下。
② 马蓉等点校:《永乐大典方志辑佚》第二册,北京:中华书局,2004 年。

志》佚文保存的这篇记文是对现存文献记载的补充,提供了关于旌德县人文方面的新资料,为了解旌德县历史发展的基本情况提供了参考,具有重要的史料价值。现存宁国府方志只载有程应鼎的传记。嘉庆《宁国府志》载:"程应鼎,七岁能文,领至治辛酉乡荐。有闽帅王尉知其才,辟以官不就。筑室东郊,取杜诗'知予懒是真',额曰'是真'。晚尤慕义济贫,卒之日惟书数卷而已。著有《论语发明》。"①光绪《重修安徽通志》载:"程应鼎,旌德人,至治辛酉乡荐,隐居不就辟举。筑室东郊,取杜诗'知予懒是真'之句,额曰'是真'。著有《论语发明》。"②嘉庆《旌德县志》③所载略同。这些记载可以与大典本《旌德志》佚文相互补充。

2.《瑞麦记》:云中高侯来守宣城,政洽化行,吏信民爱,境内廓清无事,乃一以力穑劝耕为务。岁乙酉夏,出郊登父老而告之曰:"呕喻翔佯。"若父兄之语子弟,民是用劝。其秋书大熟。越明年,循故实说于桑田,枝分户裂,厘为十七条,髣髴《豳风》遗意,家传人诵,溢为颂声,曰:"良二千石,其又有以淑我民也。何其辞愈详,而意愈恻恻也。"乃次旌邑问劳。未牧,野人以瑞麦来献,其干有五,其穗三十有二,邦之人士,啧啧称赞为盛德事,曰:"劝耕冠盖,无岁无之,未有能获嘉瑞如此麦之蘷蘷煌煌、连荣并秀者,其殆地不爱宝,以是显邦侯牧养之政欤!"乃相与图其状镌之石,谓士气宜记。士气闻之,后稷配天立极,诗人独以贻年颂之,《春秋》于无麦则书之,重民食也。合浦不孟尝,则珠不还;颍川不黄霸,则凤不集;吴兴不柳恽,则嘉禾不同颖;渔阳不张堪,则麦秀不两歧。天地间感应之理,各以类应,气协则嘉禾生,心和则天地之和应,盖有莫之为而为者。自侯之治宣也,以诗书为治本,以礼义揭教条,白髮丹心,勤恤两都,循吏之政,庶几见之。卫多君子,同寅协恭,集思广益,开诚布公,吾见其和气洽于僚友矣。明伦析理,诵诗读书,泮水思

---

① 嘉庆《宁国府志》卷三一《人物志》,《中国地方志集成》本,南京:江苏古籍出版社,1998年。
② 光绪《重修安徽通志》卷二六〇《舆地志》,清光绪四年(1878年)刻本。
③ 嘉庆《旌德县志》卷八《人物志》,《中国地方志集成》本,南京:江苏古籍出版社,1998年。

乐,风雩咏归,吾见其和气袭于庠序矣。向化兴谊,力本务农,雨旸维时,年谷屡丰,吾见其和气孚于田里矣。以和召和,是宜瑞应之来,如引鉴对形,援桴鸣鼓之不可掩。见其图,思其人,观其墨,知其政,千载而下,固将与合浦之珠,颍川之凤,吴兴之嘉禾,渔阳之秀麦,发溟涬然弟之矣,不其盛欤!上方选用循良,以治行第一入为三公,厥有次公故事。调和鼎鼐,燮理阴阳,使泰和熏蒸,跻一世于太平既醉之盛,其瑞应又岂止于麦而已。醴泉出,甘露降,凤凰来于丹丘,朱草生于郊薮,皆侯所宜得,又当大书特书,不一书为侯记之。公名可庸,字用之,自号敬斋。熟文物于故家,著功名于治郡,今受嘉议大夫、宁国路总管云。至元二十三年六月望日,郡文学昌士气记。①[册一百八八卷二二一八一页十三]②

这篇记文是昌士气所写。"昌士气,字养浩,宁国人。宋进士",至元二十三年前曾任镇江教授。③ 这篇记文借颂瑞麦之祥的机会来歌颂宣城郡守高可庸的政绩,说明高可庸是一位吏信民爱、力穑劝耕、重视礼教、有出色政绩的地方官,指明正是因为高可庸重视民生、勤于劝耕,百姓才能安于稼穑,才会有瑞麦之祥。现存旌德县志中难以见到这篇《瑞麦记》,郡守高可庸的资料也是现存旌德县志很少记载的,因此,这篇记文补充了现存文献记载的不足,为了解旌德县历史人物和社会发展的有关情况提供了新的资料。

由于资料有限,目前只能判断出大典本《旌德志》最有可能是元朝大德年间王祯(王桢)编修的旌德县志,王祯(王桢)曾用自己创制的一套活字印刷了这部县志,可惜此志久已不传。如果明朝永乐年间编修的旌德县志修于永乐六年(1408年)之前,则大典本《旌德志》或可能是这部志书。大典本《旌德志》佚文保存了两篇元朝人撰写的记文,这两篇记文都是借记载其他事情来歌颂旌德县尹的。这两篇记文是现存宁国府方志所鲜载的,为了解旌德县历史发展的有关情况提供了新的资料。

---

① 此条在《永乐大典》(北京:中华书局,1986年,第7860页)中收录于"瑞麦"条下。
② 马蓉等点校:《永乐大典方志辑佚》第二册,北京:中华书局,2004年。
③ (元)俞希鲁:至顺《镇江志》卷一七,清嘉庆宛委别藏本。

第八节　大典本《宁国县志》研究

《永乐大典》中收录了一部《宁国县志》，仅辑出一条佚文，即"五湖，在县北四里香城乡。源出于潜千秋岭，由汤公山北沿五湖山之右，故以五湖名之。北流五里，合于县溪，入宣城以达于大江"。① 这条资料只提供了关于"五湖"地理状况方面的情况，但没有明确的时间线索，因此，无法依据这一资料来判断此志的编修时间。

关于宁国县建置沿革的情况在《明一统志》中有如下记载："宁国县，在府城东南一百五里，本汉宛陵县地。三国吴分置宁国县。晋属宣城郡。隋省入宣城县。唐复置属宣州，寻罢。天宝中，复置。宋元仍旧。本朝因之。"②《读史方舆纪要》亦载：宁国县，"汉宛陵县地。后汉建安十三年，孙吴分置宁国县。晋属宣城郡。宋以后因之。隋省入宣城县。唐武德三年复置，六年废。天宝三载复置，仍属宣城郡"。③ 由此可知，宁国县始设于东汉建安十三年（208年），晋属宣城郡管辖，南朝宋因之。隋朝时将宁国县并入宣城县，唐朝武德三年（620年）复置宁国县，而武德六年（623年）再次废去。唐朝天宝三年（744年）又重新设置宁国县，宋、元、明三朝相沿未改。由于宁国县建县历史悠久，因此亦无法从宁国县建置沿革这一方面来考察大典本《宁国县志》的具体编修时间，只能粗略地判断出它修于东汉建安十三年（208年）至明朝永乐六年（1408年）间。

还可以从宁国县志编修源流来加以考察，以分析大典本《宁国县志》的编修时间。民国《宁国县志》"凡例"对宁国县志的编修源流作了介绍："宁国有志创于明正德谢尹赐、王尹时正，续于嘉靖董尹槐，成于胡尹子亚、范尹

---

① 马蓉等点校：《永乐大典方志辑佚》第二册，北京：中华书局，2004年。
② （明）李贤等奉敕：《明一统志》卷一五，《四库全书》本，上海古籍出版社，1987年。
③ （清）顾祖禹：《读史方舆纪要》卷二八，《中国古代地理总志丛刊》本，北京：中华书局，2006年。

稿,清代顺治、康熙、乾隆、道光各有志类,散佚无存。全县仅徐子云涛藏《康熙志》一部,同治、光绪两次删草未刊行,仅遗残稿。民国四年、十五、十七等年三议修,不果。"①据此可知,宁国县志最早修于明正德年间,是谢赐、王时正负责编修的。根据《永乐大典》成书的时间,大典本《宁国县志》肯定修于明朝永乐六年(1408年)之前,那么这与"宁国有志创于明正德谢尹赐、王尹时正"这一记载又产生了矛盾。民国《宁国县志》中收录的明嘉靖"邹守益序"和民国"杨虎序"为解决这一矛盾提供了线索。"邹序"言:"宁国之为邑,入本朝为圻辅地,而百六十年文献无足征者。正德癸酉谢尹赐始草创之,己卯王尹时正延进士梅鹗编校之";民国"杨序"称:"吾宁有志远弗征,少近则创于明正德,成于嘉靖。"②这两条记载说明:明正德癸酉年间谢赐、王时正编修的县志是民国年间所知道的最早的一部宁国县志,在这之前宁国县志纂修的情况无法考证。看来民国《宁国县志》"凡例"直接断言"宁国有志创于明正德谢尹赐、王尹时正"是不妥当的。"吾宁有志远弗徵,少近则创于明正德"说明明朝正德年间编修的这部县志是民国时所能考证到的最早的县志,而在此之前是否修过县志、修过几部因没有充分的证据而不能妄断。目前虽然只能粗略地推论出大典本《宁国县志》修于东汉建安十三年(208年)至明永乐六年(1408年)之间,但能充分说明在明正德以前确实修过宁国县志,这一情况补充了"吾宁有志远弗徵,少近则创于明正德"的记载,推翻了民国《宁国县志》"宁国有志创于明正德谢尹赐、王尹时正"的论断。这也充分说明了大典本《宁国县志》的价值所在。

根据《中国古方志考》提供的线索,张国淦编写《蒲圻张氏大典辑本》时并未从《永乐大典》中辑出《宁国县志》。后经不断补充,《永乐大典方志辑本》则辑出《宁国县志》,也只辑出"五湖"这条佚文,内容与《永乐大典方志辑佚》相同。此书按语称:"《大典》引《宁国县志》凡一条,兹据录作明志。"③看

---

① 民国《宁国县志》,《凡例》,《中国地方志集成》本,南京:江苏古籍出版社,1998年。
② 民国《宁国县志》,《序》,《中国地方志集成》本,南京:江苏古籍出版社,1998年。
③ 杜春和整理、张国淦:《永乐大典方志辑本》,北京:北京燕山出版社,2009年。

来此书的编者认为这部《宁国县志》是明朝所修,但没有说明其依据。笔者认为,在没有任何时间线索的情况下,做出这样的推论是不妥当的。

大典本《宁国县志》佚文中保存了一条自然地理方面的资料,主要介绍了"五湖"的地理位置、湖名的来历、水域及水源的走向等方面的情况。这条资料应该是目前最早的一条记载。关于"五湖"的资料在现存方志中也有一些记载。《明一统志》载:"五湖,在宁国县北四里。源出千秋岭,北流入宁国县溪,至宣城入江。"①《清一统志》载:"五湖,《元和郡县志》:在宁国县东北四里。《明统志》:源出千秋岭,北流入宁国溪,至宣城入江。"②《嘉庆重修一统志》③、光绪《重修安徽通志》④所载略同。相比而言,以上几则记载内容上有相同之处,但大典本《宁国县志》佚文保存的资料要比现存记载更加丰富一些,补充了一些新的内容,为更加全面地了解"五湖"的情况提供了更为详细的资料,为研究宁国县自然地理状况提供了新的参考。

小 结

《永乐大典》收录的宁国府方志共有7部,即《宣城志》《续宣城志》《泾川志》《泾城志》《旌德志》《旌川志》和《宁国县志》。根据建置沿革、方志编修源流和佚文提供的线索,笔者对这7部方志的编修时间和佚文价值作了探讨。大典本《宣城志》应该修于明朝洪武年间,可能就修于洪武十年(1377年)。这是一部宁国府志,借用了古地名。大典本《续宣城志》应该是修于宋淳祐二年(1242年)至明永乐六年(1408年)间的一部宁国府志。大典本《续宣城志》是否修于洪武年间、是否与大典本《宣城志》为同一部志书,尚无法确定。大典本《泾川志》是南宋嘉定三年(1210年)王棪所修的13卷本《泾川志》,这

---

① (明)李贤等奉敕:《明一统志》卷一五,《四库全书》本,上海古籍出版社,1987年
② (清)和珅等奉敕:《钦定大清一统志》卷八〇,《四库全书》本,上海:上海古籍出版社,1987年。
③ 《嘉庆重修一统志》卷一五,《中国古代地理总志丛刊》本,北京:中华书局,1986年。
④ 光绪《重修安徽通志》卷二六《舆地志》,清光绪四年(1878年)刻本。

是第一部成型的泾县县志。大典本《泾城志》是修于宋朝的另一部泾县县志。大典本《旌川志》是南宋绍熙年间李瞻编修的 8 卷本《旌川志》，绍熙三年谢昌国为之作序。根据作序的时间，此志应修于南宋绍熙三年(1192 年)前后。大典本《旌德志》很有可能是元朝大德年间王贞(桢)编修的旌德县志，王贞(桢)用他自己发明的一套木活字印刷了这部志书，是我国历史上第一部用木活字印刷的地方志。如果明朝永乐年间编修的旌德县志修于永乐六年(1408 年)之前，则大典本《旌德志》或可能是这部志书。至于大典本《宁国县志》的编修时间，目前只能粗略确定其修纂于东汉建安十三年(208 年)至明永乐六年(1408 年)之间。大典本洪武《宣城志》《泾川志》《旌川志》为现存文献所记录，而《续宣城志》《泾城志》《旌德志》《宁国县志》这几部志书则未在现存文献总结的方志编修源流中著录，这些方志的存在补充了现存文献记载的不足，为全面了解历代宁国府方志编修情况提供了重要线索。这 7 部志书的编修时间皆早于现存方志，可以为了解早期方志编修的情况和方志体例、内容等问题提供参考，并且它们收录的资料均是现存宁国府方志中最早的记载。

《永乐大典》收录的这 7 部宁国府方志佚文保存的资料非常丰富，近 13500 字，在《永乐大典方志辑佚》收录的皖志佚文中内容最丰富，涉及宁国府所辖泾县、旌德、宁国、宣城、南陵五县，主要分为地理、政治、经济、人物、文化几大类，包括山川、官署、仓廪、陂塘、宫室、古迹、人物、诗文、遗事、祥异等 10 个类目，共 70 条资料，为了解唐、五代、宋、元以及明初宁国府社会历史发展的基本情况提供了重要的参考资料。这些佚文保存的资料有些是现存文献所鲜载的，特别是文思斛斗、解纳粮米、潜火队、撩造会子局、张种、胡诚、陆令公、王侍郎《祭师学老文》、陈辅之、《曾子宣集》《宣阳观三清圣像记》、李宏《和吕居仁泾县旌德道中见寄》、许端友为僧肇知山作《法相澄心堂记》、陈天麟《与客饮乾明寺东古梅下》诗、程应鼎撰《重建徽水门记》、《瑞麦记》等内容，这些资料具有非常重要的史料价值，为研究宁国府历史发展提供了经济、社会、人物、文化方面的新资料。也有一些内容与现存记载不完全相同。这两种情况皆可以起到补阙资料的作用。这些佚文中也有一些为首次载入方志的，具有开创性的意义，为后世方志编修提供了参考。另外，佚文还保存了一些早已亡佚的古籍的部分资料，还具有辑佚古书的价值。这些方志编修时间较早，保存了许多可信的资料，也为校勘他书提供了参考，具有一定的校勘价值。

《宣城志》《旌川志》《泾川志》三部志书因《永乐大典》的收录而保存了部分内容，此外，其他文献也转引了这三部志书的一些内容，笔者将其中与大典本佚文重复的内容去除，对这些内容进行了辑佚，共得佚文156条，11400多字，内容涉及地理、经济两大方面，作为对这三部志书佚文的辑补，从而为进一步全面了解这三部志书提供了资料。

第二章
池州府方志研究

根据《永乐大典方志辑佚》,《永乐大典》共收录了《秋浦新志》《池州府图志》《池州府新志》《池州府志》《池州路志》《池州志》《青阳志》《青阳县志》8部池州府方志。本章即是根据池州府建置沿革、方志编修源流和佚文内容对这些志书进行分析和探讨。

第一节 池州府建置沿革和池州府志编修源流

《永乐大典》收录了5部以"池州"为名的志书,即《池州府图志》《池州府新志》《池州府志》《池州路志》和《池州志》。因此,有必要对池州府建置沿革和方志编修源流作一考察,以探讨这些志书的编修时间。

一、池州府建置沿革

关于池州府建置沿革的情况,文献中多有记载。《旧唐书·地理三》载:"池州,下,隋宣城郡之秋浦县。武德四年,置池州,领秋浦、南陵二县。贞观元年,废池州,以秋浦属宣州。永泰元年,江西观察使李勉,以秋浦去洪州九百里,请复置池州。仍请割青阳、至德二县隶之,又析置石埭县,并从之。后隶宣州。"①《宋史·地理四》载:"池州,上,池阳郡,军事。建炎四年,分江东、西置安抚使,领建康、太平、宣、徽、饶、广德。后以建康路安抚使兼知池州。"②《元史·地理五》载:"池州路。下。唐于秋浦县置池州,后废,以县隶宣州,未几复置。宋仍为池州。元至元十四年,升为路。"③《明史·地理志》载:"池州府,元池州路,属江浙行省江东道。太祖辛丑年八月曰九华府,寻曰池州府。领县六。"④《明一统志》载:"《禹贡》扬州之域,天文斗分进驻。春秋时吴地,后属越,越灭属楚。秦属鄣郡。汉改鄣郡为丹阳郡。三国吴为石城侯邑。晋属宣城及豫章郡。梁属南陵郡。陈属北江州。隋初属宣州,后改州为宣城郡。唐初始置池州,治秋浦。以地有贵池,故名。贞观初,州废。永泰初,复置。南唐升康化军。宋复为池州,治贵池县。元为池州路,属江浙省。本朝改为池州府,直隶京师。"池州府下辖六县,即贵池、青阳、铜陵、石埭、建德、东流。⑤ 乾隆《池州府志》载:"池州府,《禹贡》扬州之域,《周礼·职方氏》东南曰扬州,春秋吴地,战国楚地。秦故鄣地,属扬州。汉晋宋齐梁陈隋之间未立池州,诸县外附他郡。唐高祖武德四年,始以宣之秋浦、南陵置池州,治秋浦,属宣州都督。太宗贞观元年,州废。代宗永泰元年,析宣之秋浦、青阳,饶之至德,又析秋浦、青阳、泾县地增置石埭县,复置池州,属江南西道。采访使杨吴以池州属齐国封徐温。南唐,升池州为康化军,辖贵池、建德、石埭三县,寻复为池州。宋太祖开宝七年,取池州,以升州之铜陵、青阳并属之。太宗太平兴国三年,复以江州之东流属之,隶江东路。元为池州路总管府,属江浙行中书省江南道宣慰司。明初改池州路为池州府。"⑥

---

① 《旧唐书》卷四〇《志二〇》,北京:中华书局,1975年。
② 《宋史》卷八八《志四一》,北京:中华书局,1977年。
③ 《元史》卷六二《志一四》,北京:中华书局,1976年。
④ 《明史》卷四〇《志一六》,北京:中华书局,1974年。
⑤ (明)李贤等奉敕:《明一统志》卷一六,《四库全书》本,上海:上海古籍出版社,1987年。
⑥ 乾隆《池州府志》卷一《沿革》,《中国地方志集成》本,南京:江苏古籍出版社,1998年。

由此可见，唐朝武德四年（621年）始置池州，领秋浦、南陵二县。贞观元年（627年）州废，永泰元年（765年）复置。南唐升池州为康化军，下辖贵池、建德、石埭三县。宋复为池州，元朝至元十四年（1277年）升为池州路。明太祖辛丑年（元至正二十一年，1361年）初，改为九华府，寻改为池州府。根据这一情况，以"池州"为名的志书应修于唐武德四年（621年）以后，以"池州府"为名的志书则修于元至正二十一年（1361年）以后。

二、池州府志编修源流

乾隆《池州府志》的旧志序和重修凡例中有关于池州府志编修情况的记载。明正德十三年"何绍正重修郡志叙"曰："池州旧有志，汉唐以前修纂者远无所考。宋端平乙未修于郡守王公伯大，逮元二百余年寥寥无闻。及我国朝又八十年，正统戊辰修于郡守叶公恩。又三十余年，成化戊戌修于常公显。又十八年弘治丙辰再修于陈公良器，至辛酉绣梓于祁公司员，于兹又七十年矣。"明嘉靖二十四年"王崇重修府志叙"曰："池州之志，汉唐远无所稽，始作于宋守王伯大氏，再修于明守叶恩氏，而常显氏、陈良器氏、祁司员氏、何绍正氏又相继焉。"① 而乾隆《池州府志》的"重修凡例"则称："池州之志，始作于宋王伯大，再修于明守叶恩，而常显、陈良器、祁司员、何绍正、王崇、李思恭相继修之。李志即邑中丁文恪轼所辑书，凡九卷，为类九十六，成于万历壬子。至本朝康熙癸丑，知府朴怀玉重辑之，凡二十二卷，为类三十。迨辛卯而知府马世永又修之，距癸丑已阅四十六年，广徵博采，阅五年始竣，志、表、传凡九十二卷。今志始事于乾隆丁酉孟夏，告竣于戊戌冬季，距前守修葺时六十八年矣。宋、明志不得全见，所得见者丁志、朴志、马志也。"②

根据上述记载，汉唐以前的池州府志已"远无所考"，可以考证的最早的

---

① 乾隆《池州府志》卷首《旧序》，《中国地方志集成》本，南京：江苏古籍出版社，1998年。
② 乾隆《池州府志》卷首《凡例》，《中国地方志集成》本，南京：江苏古籍出版社，1998年。

一部池州府志应为南宋端平乙未（端平二年，1235年）王伯大所修之志，而明朝最早的池州府志则是正统戊辰（正统十三年，1448年））叶恩编修的志书。此后，明朝又曾几次纂修，常显修于成化戊戌（成化十四年，1478年），陈良器修于弘治丙辰（弘治九年，1496年）①，何绍正修于正德十三年（1518年），王崇修于嘉靖二十四年（1545年），李思恭修于万历壬子（万历四十年，1612年）。清朝亦先后修纂了几部池州府志，康熙十二年（1673年）朴怀玉修有一部，康熙五十年（1711年）马世贞再修一部，乾隆戊戌（乾隆四十三年，1778年）又修成一部。由此可知，自宋至清乾隆年间池州府志曾修有十部之多。

另外，《宋史·艺文三》载："胡兆《秋浦志》八卷。"②《直斋书录解题》载："《秋浦志》八卷，太守南昌胡兆乾道八年修。《秋浦新志》十六卷，三山王伯大幼学，以前志缺陋重修，时以庾节摄郡事，端平丙申也。"③《文献通考》亦载："《秋浦志》八卷，陈氏曰：太守南昌胡兆，乾道八年修。《秋浦新志》十六卷，陈氏曰：三山王伯大幼学以前志缺陋重修。时以庾节摄郡事，端平丙申也。"④据此可知，王伯大所修之志名为《秋浦新志》，在此之前还有乾道八年（1172年）胡兆编修的一部《秋浦志》，乾隆《池州府志》所载池州府志编修源流的有关情况有所阙漏。或者说，因胡兆所修之《秋浦志》早佚，到乾隆年间修池州府志时已不可考，所以乾隆《池州府志》中称"池州之志，始作于宋王伯大"。因此，在上述文献记载的池州府志中，只有南宋乾道八年（1172年）胡兆编修的《秋浦志》和南宋端平二年（1235年）王伯大编修的《秋浦新志》是符合《永乐大典》收书时间的。

---

① 明弘治丙辰（弘治九年，1496年）陈良器编修的志书，由祁司员梓于弘治辛酉（弘治十四年，1501年）。明嘉靖二十四年"王崇重修府志叙"所言"常显氏、陈良器氏、祁司员氏、何绍正氏又相继焉"、乾隆《池州府志》的"重修凡例"所言"常显、陈良器、祁司员、何绍正、王崇、李思恭相继修之"不妥，祁司员只是负责梓志而不是修志。

② 《宋史》卷二〇四《志一五七》，北京：中华书局，1977年。

③ （宋）陈振孙：《直斋书录解题》卷八《地理类》，《四库全书》本，上海：上海古籍出版社，1987年。

④ （宋）马端临：《文献通考》卷二〇五《经籍考三二》，北京：中华书局，2003年。

关于王伯大编修《秋浦新志》的时间在上述文献中记载有所不同,有言端平乙未(端平二年,1234年)修的,有言端平丙申(端平三年,1235年)修的。两者仅一年之差,或许一个是以书成之日计算,一个是以刻成之日计算。

第二节 大典本《秋浦新志》研究

根据大典本《秋浦新志》佚文提供的时间线索和池州府志的编修源流,笔者认为这部《秋浦新志》应该是南宋端平二年(1235年)郡守王伯大编修的16卷本《秋浦新志》。

一、关于大典本《秋浦新志》编修时间的探讨

关于秋浦的建置沿革,《旧唐书·地理三》载:"秋浦,州所治,汉石城县,属丹阳郡。隋分南陵置秋浦县,因水为名",属池州。[1]《元史》载:"贵池,下。倚郭。即秋浦县,吴改为贵池。"[2]《续文献通考》亦载:"贵池,下倚郭,即秋浦县。唐为池州治,五代时杨吴改为贵池,本朝因之。"[3]可见,秋浦始设于隋朝,到五代吴时改为贵池,秋浦之名不复存在。

根据乾隆《池州府志》记载的池州府志编修源流可知,只有宋朝端平年间王伯大编修的16卷本《秋浦新志》与《永乐大典》收录的《秋浦新志》书名相一致,而且其编修时间也符合《永乐大典》的收书时间。因此,从这一角度考虑,大典本《秋浦新志》应该是王伯大编修的。

还可以考察大典本《秋浦新志》佚文提供的线索,以确定它的编修时间。大典本《秋浦新志》佚文共保存11条资料,提供了一些时间线索,如"唐乾符六年十一月""广明元年四月""熙宁八年正月""绍定癸巳",其中最迟的一个时间是"绍定癸巳",即绍定六年(1233年)。那么,大典本《秋浦新志》就应该

---

[1] 《旧唐书》卷四○《志二○》,北京:中华书局,1975年。
[2] 《元史》卷六二《志一四》,北京:中华书局,1976年。
[3] (明)王圻:《续文献通考》卷二二七《舆地考》,明万历三十年(1592年)松江府刻本。

修于南宋绍定六年（1233年）以后明永乐六年（1408年）以前，肯定不是南宋乾道八年（1172年）胡兆编修的《秋浦志》。

从大典本《秋浦新志》佚文行文的方式来看，它应该修于宋朝。一般而言，本朝称前朝的年号均在前面加上朝代的名称，而本朝称本朝的年号则直呼其年号，无须在前面加上朝代名称。大典本《秋浦新志》佚文的行文方式正具有这样的特点。称唐朝年号在年号前加上"唐"字，即"唐乾符六年十一月"，而称宋朝年号则直接称年号，而不加"宋"字，如"熙宁八年正月""绍定癸巳"。因此，从这一点来看，大典本《秋浦新志》应修于宋朝，且在绍定六年（1233年）以后。

综合考虑上述各方面的情况，大典本《秋浦新志》应该就是南宋端平二年（1235年）王伯大编修的16卷本《秋浦新志》。五代时秋浦已改名为贵池，南宋端平年间已不称秋浦，但王伯大仍用"秋浦"为书名，其意应在借用古名。由于《秋浦新志》记载了青阳、贵池、铜陵三县的资料，因此应该是一部池州府志，而不是县志。

张国淦先生曾从《永乐大典》中辑佚出一部《秋浦新志》，收录在《蒲圻张氏大典辑本》中。《中国古方志考》中有如下记述：

秋浦新志十六卷　宋　佚　蒲圻张氏大典辑本
宋王伯大纂　王伯大，三山人，端平间江东仓使兼知池州。

《直斋书录解题》八：《秋浦新志》十六卷，三山王伯大，幼学，以前志缺陋重修，时以庚节摄郡事，端平丙申也。《郡斋读书附志》五上：《秋浦新志》十六卷，右，端平丙申，江东仓使兼知池州王伯大修，自为序。《文献通考经籍考》三十二。

《大典辑本》据大典二千五百三十五：七皆（平斋），二千七百五十四：八灰（杂陂名），三千五百八十七：九真（黄屯），七千五百十六：十八阳（省仓），一万五千一百四十：八队（押队），引《秋浦新志》五条。又九千七百六十六：二十二覃（西严），引《秋浦新志》一条，宋有乾道胡兆《秋浦志》,故此曰新志。①

由此可见,张先生认为《永乐大典》收录的《秋浦新志》是宋朝三山人王伯大编修的,共16卷,且已亡佚。此志定名为《秋浦新志》,是因为宋朝乾道年间胡兆曾编修过一部《秋浦志》。张先生应该是根据有关书目的记载作出上述判断的。

杜春和整理、张国淦先生的《永乐大典方志辑本》辑出了《秋浦新志》佚文,共11条,其下按语称:"《大典》引《秋浦新志》凡十条。《直斋书录解题》八:'《秋浦新志》十六卷,三山王伯大,幼学,以前志缺陋重修,时以庚节摄郡事,端平丙申也'云去,当即是志。乾道八年,有胡兆《秋浦志》八卷,故此曰新志。"②该书仍认为大典本《秋浦新志》是王伯大编修的。

关于王伯大的生平事迹,文献多有记载。《宋史·王伯大传》云:"王伯大,字幼学,福州人。嘉定七年进士。历官主管户部架阁,迁国子正,知临江军,岁饥,振荒有法。迁国子监丞,知信阳军,改知池州兼权江东提举。久之,依旧直秘阁、江东提举常平,仍兼知池州。端平三年,召至阙下,迁尚右郎官,寻兼权左司郎官,迁右司郎官,试将作监兼右司郎中,兼提领镇江、建宁府转般仓,兼提领平江府百万仓,兼提领措置官田。进直宝谟阁、枢密副都承旨兼左司郎中。"③嘉靖《池州府志》载:宋知州"王伯大,端平二年任"④;"王伯大,端平二年,以提举兼知郡事。兴学校,拓贡院,奏增贡额,缮城浚池,葺齐山诸亭,郡中焕然改观。尝曰:'留有余不尽之巧,以还造化;留有余不尽之禄,以还朝廷;留有余不尽之利,以还百姓;留有余不尽之福,以还子孙'。因号'留耕先生'。"⑤乾隆《池州府志》载:"理宗端平,王伯大,字幼学,

---

① 张国淦:《中国古方志考》,北京:中华书局,1962年。
② 杜春和整理、张国淦:《永乐大典方志辑本》,北京:北京燕山出版社,2009年。
③ 《宋史》卷四二〇《列传一七九》,北京:中华书局,1977年。
④ 嘉靖《池州府志》卷六《官秩》,《天一阁藏明代方志选刊》本,上海:上海古籍书店影印,1964年。
⑤ 嘉靖《池州府志》卷六《官秩》,《天一阁藏明代方志选刊》本,上海:上海古籍书店影印,1964年。

福州人"①;"王伯大,字幼学,福州人。嘉定间知池州,兼权江东提学,寻还直秘阁。端平二年,复以江东提举常平兼知池州。兴学校,扩贡院,奏增贡额,缮城浚池,葺齐山诸亭,自著《齐山洞天记》,三年召还。累官至参知政事。"②光绪《贵池县志》③所载亦同。《南畿志》④《江南通志》⑤《清一统志》⑥、光绪《重修安徽通志》⑦亦有相关记载,但内容均不如前几则丰富。

  由以上记载可以了解王伯大的基本情况。王伯大,字幼学,福州人。嘉定年间知池州,并曾任江东提学、直秘阁、江东提举常平、参知政事。南宋端平二年(1235年),王伯大以提举兼知池州。在任池州知州期间,兴学校,扩贡院,奏增贡额,缮城浚池,葺齐山诸亭,颇有政绩。著有《齐山洞天记》和《秋浦新志》。从重视学校和著书立说的情况来看,他应该是非常重视文化教育和传播的。

  乾隆《池州府志》"重修凡例"载:"宋明志不得全见,得见者丁志、朴志、马志也。"⑧由此可知,《秋浦新志》最迟在清朝乾隆四十三年(1778年)编修池州府志前就已经亡佚了。

---

① 乾隆《池州府志》卷二七《府秩官》,《中国地方志集成》本,南京:江苏古籍出版社,1998年。

② 乾隆《池州府志》卷三七《名宦上》,《中国地方志集成》本,南京:江苏古籍出版社,1998年。

③ 光绪《贵池县志》卷一六《职官志》,《中国地方志集成》本,南京:江苏古籍出版社,1998年。

④ (明)闻人诠、陈沂:《南畿志》卷五二,《四库全书存目丛书》本,济南:齐鲁书社,1996年。

⑤ (清)赵弘恩等监修:《(乾隆)江南通志》卷一一七,《四库全书》本,上海:上海古籍出版社,1987年。

⑥ (清)和珅等奉敕:《钦定大清一统志》卷八三,《四库全书》本,上海:上海古籍出版社,1987年。

⑦ 光绪《重修安徽通志》卷一四四《职官志》,清光绪四年(1878年)刻本。

⑧ 乾隆《池州府志》卷首《凡例》,《中国地方志集成》本,南京:江苏古籍出版社,1998年。

二、大典本王伯大《秋浦新志》佚文的价值

王伯大《秋浦新志》是南宋端平二年(1235年)编修的,是有史可考的第二部宋朝编修的池州府志,由于南宋乾道年间胡兆编修的《秋浦志》已经亡佚,尚未有辑本,因此大典本王伯大《秋浦新志》佚文是目前最早的方志资料,可以为考证现存其他文献记载提供参考。另外,王伯大《秋浦新志》佚文保存的资料还有些是现存文献没有记载的,具有补充资料的价值。

王伯大《秋浦新志》佚文共保存资料11条,2000多字,涉及池州府所辖贵池、铜陵、青阳三县,包括地理、经济、军事、人物几类资料,涉及山岭、湖泊、军屯、押队、常平仓、省仓、陂塘、宫室、人物等方面内容。这些资料涉及地区广,内容丰富,是研究池州府历史发展过程的重要参考资料。

(一)地理类资料的价值

地理类资料可分为自然地理和人文地理两个方面,共4条资料。自然地理主要是山川方面的资料,共3条。人文地理主要是宫室方面的资料,只有1条。这些资料主要涉及地理位置、修建、景胜、特点等内容,为了解池州府地理方面的情况提供了参考。

1.西岩,在本府贵池县西南一百二十里,高百余丈。寺曰延寿,有西峰神慧禅师飞锡胜迹。下有聚龙泉,祈祷多应。[册一百卷九七六六页十二]①

根据池州府建置沿革的情况,明初改池州路为池州府,始有池州府之称,因此佚文中的"本府"二字当是《永乐大典》的抄手根据明朝的行政设置加进的,不应该是《秋浦新志》原文。这条资料主要介绍了"西岩"的地理位置、高度,并介绍了西岩附近的景胜,如延寿寺、飞锡胜迹、聚龙泉等的相关情况。

2.小桥湖,在铜陵县东六十里。其源一出于落牛岭,过曹冲及泉水坑,历陈家会。一出于贵山,会于小桥湖,过黄火港至荻港入于江。[册二十卷

---

① 马蓉等点校:《永乐大典方志辑佚》第二册,北京:中华书局,2004年。

二二七一页三]①

这条资料介绍了"小桥湖"的地理位置,并且还介绍了两条水源流经的地区,由此可知"小桥湖"与周围水道之间的水上联系情况。

3.童步湖,在青阳县北②二十五里。[册二十卷二二七一页十二]③

这条资料比较简单,只记载了"童步湖"的地理位置。

4.平斋,在青阳县厅后。绍定癸巳,乔幼闻重修。[册二九卷二五三五页十]④

这条资料记载了"平斋"的位置、修建的时间及主持修建者的名字等。关于"乔幼闻"的情况,乾隆《池州府志》称:宋朝理宗绍定五年,东阳人乔幼闻任青阳县令。⑤绍定癸巳即绍定六年(1233年),可见由于平斋已经破损,乔幼闻在任青阳县令的第二年主持重修了平斋。

以上4条地理方面的资料均是目前池州府方志中保存下来的最早的记载,而且因现存池州府方志很难见到这些资料,所以这些资料具有补阙现存记载不足的价值,为认识池州府地理方面的情况提供了新的资料。

(二)经济类资料的价值

经济类资料有3条,两条是关于仓廪的资料,说明了仓廪的所在位置;一条是有关陂塘方面的资料。通过这条资料可以了解到南宋端平二年(1235年)以前池州府水利建设的基本情况,是研究这一地区经济发展和水利建设的重要参考资料。

1.常平仓,在县廊之西。[册七九卷七五〇七页十九]

2.省仓,在县廊之东。[册八一卷七五一六页十二]⑥

---

① 马蓉等点校:《永乐大典方志辑佚》第二册,北京:中华书局,2004年。
② 《永乐大典方志辑本》(北京:北京燕山出版社,2009年,第98页)中缺"北"字,误。
③ 马蓉等点校:《永乐大典方志辑佚》第二册,北京:中华书局,2004年。
④ 马蓉等点校:《永乐大典方志辑佚》第二册,北京:中华书局,2004年。
⑤ 乾隆《池州府志》卷二八《秩官》,《中国地方志集成》本,南京:江苏古籍出版社,1998年。
⑥ 马蓉等点校:《永乐大典方志辑佚》第二册,北京:中华书局,2004年。

这两条资料虽然比较简单,只是介绍了仓廪的地理位置,但现存池州府方志中很难见到这两条资料,因此它们可以补充现存记载的不足,为了解南宋端平二年(1235年)以前池州府仓廪建设情况提供了新的资料。

3.西洪陂。董家陂。洪胜陂。高家陂。彭家陂。罗家陂。齐家陂。离家陂。陈家陂。谷陂。横石陂。峥嵘陂。丁陂。拱陂。郝家陂。小石陂。木莲陂。江家陂。赤土陂。黄冲陂。周家陂。横涧陂。泥汊陂。都蓝陂。石湖陂。杜屋陂。戎山陂。社陂。大干陂。杨林陂。油榨陂。邵家陂。榔油陂。犁陂。沙田陂。泥陂。和尚陂。大张陂。四百陂。营陂。南港陂。早稻陂。西山陂。沙陂。竹塔陂。新门陂。小张陂。洪公陂。霍家陂。南山上陂。朵粟陂。南干下陂。方南陂。南干上陂。杨林陂。方南上陂。南山下陂。赵陂。杨林上陂。上秧陂。石门陂。下秧陂。学堂陂。锦榔陂。芦陂。桐树陂。张家陂。何家陂。力山陂。下南宅陂。大伯陂。三伯陂。高家陂。权树陂。桂家陂。中陂。上南宅陂。上伯陂。伯子陂。钱家陂。王家陂。舒家陂。南塘陂。新兴赵陂。坛石陂。杜屋陂。后门陂。长陂。颜村陂。瓦窑陂。修田新陂。收陂。骆家陂。石竭陂。亭子陂。上柴陂。沙陂。上下深陂。山背陂。石港陂。洪塘陂。曾家陂。何家陂。下柴陂。上鱼池陂。朱家陂。石枧陂。木瓜陂。牛栏陂。庙前陂。从家陂。下鱼池陂。中陂。山底陂。菱陂。古楼陂。夏村陂。垛头陂。小余家陂。姜家陂。康冲陂。夏村门前陂。董家陂。梅家陂。余家上陂。上石陂。下石陂。罗家陂。泒泒陂。汪家陂。粉壁陂。大余家陂。丁山陂。三郎陂。汪家墓下陂。汪家墓原有陂。杨水漳陂。宅下陂。洪家陂。水步陂。陈家陂。湖羊陂。芝陂。白狼浪陂。张二郎庙前陂。汪家墓上陂。茅蒿陂。老田陂。西弯团陂。栗子陂。纸窑陂。包家陂。芭芒陂。胡家陂。迪冲陂。杨九郎陂。城子陂。张家陂。郝家陂。甘陂。石胁陂。皂角陂。徐义安陂。下菌陂。瞰陂。新兴陂。彭家陂。胡冲陂。赵家陂。何通桥陂。杨林陂。易家陂。水碓陂。乌石陂。史家陂。大桥陂。后干陂。新修三百坛陂。大沙陂。胡潭陂。讽冲陂。宁承节门前陂。赤土陂。柿树陂。殿后陂。杨家陂。何村陂。学堂陂。罕干陂。大杨陂。横沟陂。泉水陂。涧西陂。董家陂。徐梅陂。董家上陂。石陂。管泉陂。双坑陂。时家陂。方家陂。胡师陂。小石陂。杨柳陂。黄土陂。乌木陂。舍子陂。钱家陂。下游陂。上游陂。大坑陂。舒家陂。下砂陂。苓菌陂。项家陂。上石陂。石壁埠陂。檐水陂。青山陂。下石陂。杜屋陂。黄建陂。宁真陂。三溪口陂。九焦陂。施村陂。桂家陂。众家陂。大干陂。母公陂。黄石港陂。分流陂。李公陂。神山陂。袁村桥下陂。洪村陂。浴牛潭陂。神邻陂。柳坑陂。油榨陂。曹家陂。麻埤陂。冷水陂。徐山人陂。社庙陂。黄石港桥下陂。武陂。众陂。小石陂。大尖山陂。蓝陂。枫树陂。上隐陂。上石陂。大石陂。检陂。小尖山陂。姜园陂。中陂。罗家陂。施家陂。下罗陂。戴家陂。袁村董陂。齐堂陂。张清陂。全陂。童陂。光严陂。深陂。洪冲坑陂。杨潭陂。新筑陂。章陂。新堰陂。小港陂。佐家陂。芦荻陂。姜陂。倪陂。盛范陂。金陂。唐古陂。葛良陂。玉田陂。梅塘陂。横陂。下梅陂。板桥陂。毕公陂。枫树陂。石船陂。桥柱陂。茅陂。永石陂。小陂。赵陂。深陂。蒲陂。周陂。学堂陂。前山陂。硃砂陂。乌龙陂。汪成陂。杨陂。林家陂。城陂。自家陂。奚家陂。横陂。从陂。沈七儿陂。上梅陂。九郎陂。张陂。元潭陂。刘陂。东客陂。袁家陂。罗陂。姚家陂。西隶陂。蓝杨陂。大塘陂。搭抽陂。大河都陂。卖陂。何庄陂。史家陂。冯家陂。张家陂。胡家陂。湖田陂。长乐陂。寺家陂。杜家陂。杨家陂。清潭陂。黄埤陂。新城陂。上阳陂。下阳陂。陈陂。康陂。昌家陂。华家陂。陈村陂。邓村陂。潘进陂。新兴陂。张村陂。于村陂。方村陂。查林陂。城子陂。石桥陂。汤家陂。潘家陂。杨干陂。施家陂。潘村陂。平田陂。尹村陂。上流陂。下流玻。乌潭陂。考坑陂。石子陂。紫陂。曹陂。杨村陂。小林陂。百丈陂。昌家陂。龙进陂。江安陂。湘陂。乌谷陂。土陂。汤陂。罗家陂。余家陂。城子陂。土埭陂。高庄陂。笙竹陂。〔册三

四卷二七五四页五]①

这条资料主要列举了池州府地区陂塘的名称,有近400所陂塘。从佚文的内容看,王伯大《秋浦新志》在叙述池州府地区陂塘时没有按照所辖地区分别介绍,而是将池州府地区的陂塘总汇在一起。虽然这条佚文资料不利于了解池州府下辖各县陂塘的情况,但其所记载的是南宋端平二年(1235年)以前池州府地区陂塘建设的总体情况,为了解池州府地区水利建设提供了重要的资料。而且现存池州府方志中也很难见到这样的记载,它又具有补充现存记载不足的价值。

(三)军事类资料的价值

军事类资料有两条,即"黄屯"和"押队"。前者主要介绍了宋朝池州长江沿岸设防的情况;后者主要说明了北宋熙宁年间诸将官差押士兵的有关规定。这两条资料是研究宋朝池州军事布防及兵力调配情况的参考资料。

1.黄屯,在贵池县东南五十里。唐乾符六年十一月,黄巢攻鄂州,陷其外郭,转掠饶、信、池、宣、歙、杭等十五州,见《通鉴》。遂传巢屯兵于此,因名焉。傍有黄州城,其基犹存。稍东二里,有石关,名铁券山,亦传僖宗赐巢铁券之处。广明元年四月,淮南将张璘渡江,与巢战于大云仓。属东流,与罗刹洲相近。[册五二卷三五八七页十三]②

这条资料介绍的内容可分为几个层次,一,介绍了"黄屯"的地理位置;二,记载了唐朝乾符六年(879年)黄巢领兵转战东南15州的历史事实;三,说明了"黄屯"之名的来历;四,指明黄屯附近还有一个黄州城的旧基;五,介绍了黄屯东二里铁券山的来历;六,记载了广明元年(880年)张璘与黄巢在东流县大云仓作战的事。此段佚文篇幅不长,但包含的内容比较丰富。另外,由佚文可见,王伯大《秋浦新志》保存的这条资料也转引了其他文献记载,可以与有关文献互相参考。现存池州府方志中也有关于"黄屯"的记载。

---

① 马蓉等点校:《永乐大典方志辑佚》第二册,北京:中华书局,2004年。
② 马蓉等点校:《永乐大典方志辑佚》第二册,北京:中华书局,2004年。

嘉靖《池州府志》载:"黄屯,在城东南五十里,乾符中黄巢屯兵于此。"①光绪《贵池县志》载:"黄屯,《江南通志》:在府城东南六十里,唐乾符中黄巢常屯此,因名。《南畿志》:在城东二百里,有石冈名铁券,相传唐赐巢铁券处。"②光绪《重修安徽通志》则载:"黄屯,在府东南五十里。唐乾符中,黄巢常屯此,因以名阪。"③相比而言,王伯大《秋浦新志》佚文保存的"黄屯"的资料比现存记载更加丰富,为了解池州府军事方面的情况提供了一些新的资料,具有非常重要的史料价值。

2.熙宁八年正月,诏诸将官,每二十队差押搽一名,如遇差拨阙人,即奏取旨。④［册一百六三卷一五一四〇页九］⑤

这条资料介绍了北宋熙宁年间诸将官差押士兵的有关规定。这条资料反映的是北宋时期的有关兵制情况。现存池州府方志皆鲜载此条资料,因此,王伯大《秋浦新志》佚文保存的这条资料对现存记载有补阙史料的价值,为了解池州府军事方面的有关情况提供了新的资料。

(四)人物类资料的价值

人物类方面仅保存了两个历史人物的资料,为了解仕宦于池州的历史人物提供了重要的资料。

1.刘格,字道纯,恕之弟。主铜陵簿,秩满,山谷黄庭坚以诗送之云:"五松山下古铜官,邑居褊小水府宽。民安蒲鱼少嚣讼,簿领未减一丘盘。"苏轼因其归,先以简与鲜于侁云:"刘道纯读书强记辩博,文辞粲然,而立节强硬,吏事亦健。司马君实深知之,而余人未识。告子骏与一差遣,收置门下,诚

---

① 嘉靖《池州府志》卷一《舆地篇》,《天一阁藏明代方志选刊》本,上海:上海古籍书店影印,1964年。
② 光绪《贵池县志》卷一二《武备志》,《中国地方志集成》本,南京:江苏古籍出版社,1998年。
③ 光绪《重修安徽通志》卷四七,清光绪四年(1878年)刻本。
④ 此条在《永乐大典》(北京:中华书局,1986年,第6827页)中收录于"押队"条下。
⑤ 马蓉等点校:《永乐大典方志辑佚》第二册,北京:中华书局,2004年。

非私之,为时惜材也。"前辈推引人物,不啻如己出盖如此。①［册一百五四卷一四六〇九页七］②

由此条资料可知,刘格,字道纯,北宋人,曾任铜陵主簿。黄庭坚和苏轼对他有较高的评价。黄庭坚在刘格离任之时赠诗与他,可见刘格是一位勤于政事、有良好政绩的地方官。另外,从苏轼的评价中可知,刘格不仅学识渊博,善于文辞,而且为人正直,为官正派,但虽得司马君实的赏识,却没有得到其他人的认可。刘格的资料在现存池州府方志中很难见到,王伯大《秋浦新志》佚文保存的这条资料具有补阙史料的价值,为认识池州府历史人物提供了新的资料。

另,《全宋诗》亦收录了黄庭坚《送刘道纯》诗,其中就有:"五松山下古铜官,邑居褊小水府宽。民安蒲鱼少嚣讼,簿领未减一丘盘。"③两者比较,可知大典本王伯大《秋浦新志》佚文无误。

《苏轼全集》收录了苏轼的《与鲜于子骏三首》,其中有一首与王伯大《秋浦新志》佚文收录的苏轼给鲜于侁的书信内容基本相同,即"故人刘格,字道纯。故友刘恕道原之亲弟。读书强记辨博,文词粲然可观,而立节强鲠,吏事亦健。君实颇知之,余人未识也。欲告子骏与一差遣,收置门下,公若可以踏逐辟召,幸先之,敢保称职也。旦夕归南康军侍阙,公若有以处之,他必愿就也。某非私也,为时惜才也"。④可见,王伯大《秋浦新志》佚文作了一些删节,其中"立节强硬"一句,或为"立节强鲠"之误。

2. 李孝先,字玠叔,少以祖含章任为太庙斋郎。力学好修,梅圣俞以其兄之女妻之。调池之建德簿,累迁虞部员外郎,通判池州。会池守阙,摄事数日,郡务肃理。时议于城西浚车轴河以便粮饷,且将举役,孝先言凿田毁冢,劳人靡财,且水势将来奔北为患必矣。时朝廷方兴水利,奉使者观望迎

---

① 此条在《永乐大典》(北京:中华书局,1986年,第6504页)中收录于"县主簿"条下。
② 马蓉等点校:《永乐大典方志辑佚》第二册,北京:中华书局,2004年。
③ 傅璇琮等:《全宋诗》卷一〇一四,北京:北京大学出版社,1995年。
④ 傅成、穆俦标点:《苏轼全集》卷五三,上海:上海古籍出版社,2000年。

合,顾独以为不便,当路者恶其直,然卒不能夺也。见《宣城志》。① [册一百五四卷一四六〇九页七]②③

由这条佚文可知,李孝先,字玠叔,年轻时因为祖父李含章的恩荫而任太庙斋郎。由于他勤于学习,讲究修行,得到梅圣俞的器重,并将其兄之女嫁与他为妻。后任建德主簿、虞部员外郎、池州通判。当朝廷商议准备在城西疏浚车轴河以方便粮饷运输,朝廷和地方各级官员纷纷迎合之时,唯有李孝先力陈此举之弊,他因此得罪了不少当权者。现存池州府方志中也有关于"李孝先"的记载。嘉庆《宣城县志》载:"李孝先,字介叔,含章孙,以含章任为太庙斋郎。历虞部员外郎、判池、杭州,改朝散郎,赐三品服勋,上轻车都尉卒。孝先少力学疏财,修义冢无余赀,葬从祖以下十余丧。所交如李泰伯、杨次公、郭功父,皆当世名士。诗、篆、琴、棋并登妙品。著有《柯山集》十卷。"④相比而言,王伯大《秋浦新志》佚文保存的这条资料与现存方志记载不完全相同,可以互为补充,为全面认识"李孝先"这一历史人物提供了重要的资料。

佚文保存的这条资料明确注明其出处是"《宣城志》",因王伯大《秋浦新志》修于南宋端平二年(1235年),所以这个《宣城志》应该修于《秋浦新志》之前,而且在端平二年(1235年)以前即已问世。宣城县志在明以前统属于府志,独自成编的县志始于清朝。根据这些线索,佚文中提到的《宣城志》应该是一部郡志。但根据《中国地方志联合目录》《中国地方志综录》及其他目录的记载,现存最早的池州府志是明朝编修的,因此,这部《宣城志》是一部已经亡佚的志书了。那么,王伯大《秋浦新志》佚文保存的这部《宣城志》的一条资料,成为辑佚这部佚志的资料来源。王伯大《秋浦新志》佚文具有辑佚

---

① 此条在《永乐大典》(北京:中华书局,1986年,第6504页)中收录于"县主簿"条下。
② 马蓉等点校:《永乐大典方志辑佚》第二册,北京:中华书局,2004年。
③ 《永乐大典方志辑本》(北京:北京燕山出版社,2009年,第111页)将"李孝先"一条又辑在《宣城志》下,为重复辑佚。
④ 嘉庆《宣城县志》卷一五《宦业》,《稀见中国地方志汇刊》本,北京:中国书店,1992年。

古书的价值。根据嘉庆《宁国府志》"杂志·旧志源流"①中记载的宁国府志的编修源流,王伯大《秋浦新志》佚文中提到的这部《宣城志》很有可能就是宋朝嘉定年间编修的那部《宣城志》。

根据池州府建置沿革、佚文提供的时间线索和池州府方志编修源流,大典本《秋浦新志》应该是是南宋端平二年(1235年)郡守王伯大编修的16卷本《秋浦新志》。在没有其他辑本出现的情况下,《永乐大典方志辑佚》《永乐大典方志辑本》是关于大典本《秋浦新志》佚文内容最全的辑本。佚文保存的11条资料均为现存池州府方志中最早的记载,其中有9条资料为现存池州府方志所鲜载,只有"黄屯"和"李孝先"两条资料在现存池州府方志中有记载,但其内容又不完全相同,这两种情况皆具有补阙史料的价值,为更加全面地认识池州府历史发展过程提供了重要的资料。王伯大《秋浦新志》佚文亦收录了一部亡佚的志书的资料,又具有辑佚古书的价值。王伯大《秋浦新志》佚文保存下来的丰富资料可以为更加全面、细致地研究池州府社会历史发展诸多方面的情况提供重要参考。

第三节　大典本《池州府志》研究

根据池州府建置沿革和佚文内容,本节对大典本《池州府志》的编修时间和佚文价值等问题进行探讨。

一、关于大典本《池州府志》编修时间的探讨

根据本章前述池州府建置沿革的情况,《永乐大典》收录的以"池州府"为书名的志书应修于明朝以后,且在永乐六年(1408年)以前。大典本《池州府志》佚文也提供了一些线索,即佚文中提及的"本府建德县""直隶池州府"。这样可以通过考察建德县的建置沿革来分析大典本《池州府志》的编

---

① 嘉庆《宁国府志》卷三六《杂志·旧志源流》,《中国地方志集成》本,南京:江苏古籍出版社,1998年。

修时间。《明一统志》载:"建德县,在府城西南一百八十里。本汉鄱阳、石城二县地。唐置至德县,属饶州,因年号为名,后改属池州。五代时,杨吴改曰建德县。宋元仍旧。本朝因之",属池州府。① 建德县原为至德县,到五代杨吴时改称建德县,明朝属池州府管辖。由此亦可说明,大典本《池州府志》应修于明朝且在永乐六年(1408年)以前。

根据乾隆《池州府志》记载的池州府志编修源流,明朝在永乐六年(1408年)以前没有编修过池州府志。笔者认为应该是乾隆《池州府志》记载的池州府志编修源流不全面,它所记载的只是当时所能考证到的池州府志,至于其他未能考证的志书则未加记载和说明。所以,综合以上各方面的分析,大典本《池州府志》应修于明朝且在永乐六年(1408年)以前,但究竟修于何年、为何人所修却无法考征。大典本《池州府志》的存在,可以补充乾隆《池州府志》记载的不足,为全面了解历代池州府志的编修情况提供了新的线索。

根据《中国古方志考》,张国淦先生的《蒲圻张氏大典辑本》未辑出《池州府志》,后经不断补充、整理,张国淦先生的《永乐大典方志辑本》则辑出《池州府志》,认为这部志书是明朝所修。书中按语称:"《大典》引《池州府志》凡七条,又《池州志》凡五条。宋池州池阳郡,元池州路,明池州府,知是明志。曰'池州'、曰'池州府',或修《大典》时有增省字。"②编者应该是根据池州府建置沿革得出大典本《池州府志》修于明朝的结论。

《永乐大典方志辑本》辑出7条《池州府志》佚文③,即"回驴岭""水帘岩""半岩""塘陂""炼丹台""孝义门""李白《答常赞府》",将之与《永乐大典方志辑佚》所辑佚文相比④,内容相同,出处相同。

根据乾隆《池州府志》收录的明朝正德何绍正志序的内容,正德《池州府志》是正德十三年(1518年)修成的,而"何序"未提及《永乐大典》收录的这部

---

① (明)李贤等奉敕:《明一统志》卷一六,《四库全书》本,上海:上海古籍出版社,1987年。
② 杜春和整理、张国淦:《永乐大典方志辑本》,北京:北京燕山出版社,2009年。
③ 杜春和整理、张国淦:《永乐大典方志辑本》,北京:北京燕山出版社,2009年。
④ 马蓉等点校:《永乐大典方志辑佚》第二册,北京:中华书局,2004年。

池州府志,可知大典本《池州府志》至迟在正德十三年(1518年)前已经亡佚。

二、大典本《池州府志》佚文的价值

大典本《池州府志》佚文保存的资料包括地理、经济、文化三个方面,共7条资料,近1400字,涉及石埭、铜陵、东流、青阳、建德5县,为研究明朝初年以前池州府历史发展过程中的相关问题提供了参考资料。

(一)地理类资料的价值

地理类资料共有5条,在佚文中占有较大的份量,可分为自然地理和人文地理两方面。自然地理资料主要是山川资料,共3条;人文地理资料则是宫室资料,有2条。

1.半岩,在直隶池州府。李元方刻有侍岩,谓齐山大小泉凡十一,而半岩为胜。岩壁之号曰十五,而有侍为大。凡壑之号九,而上清为最。凡洞之号十四,而潜虬为奇。有洞五,曰半岩、曰奇隐、曰子昭、曰妙峰、曰紫微,而紫微特高,即杜牧九日所登者。[册一百卷九七六五页四]①

这则记载介绍了"半岩"的地理位置及齐山的岩壁、壑、洞等方面的情况。这条资料是目前池州府志中保存的最早的一条资料。现存文献也有相关记载。《舆地纪胜》载:"半岩为胜,李方元刻有侍岩,谓齐山大小泉凡十一,而──";"半岩,李元方刻有侍岩,谓齐山大小泉凡十一,而半岩为胜。岩壁之号凡十五,而侍为大。凡壑之号九,而上清为最。凡洞之号十四,而潜虬为奇。有洞五,曰──,曰奇隐,曰子昭,曰妙峰,曰紫微,而紫微特高,即杜牧九日所登者。"②《宋本方舆胜览》载:"半岩,李元方尝刻碑于有侍岩谓:齐山大小泉凡十一,而──为胜,秋浦千重岭,而水车岭最奇。岩壁之号十五,而有侍为大。壑之号九,而上清为最。洞之号十四,而潜虬为奇。又有洞

---

① 马蓉等点校:《永乐大典方志辑佚》第二册,北京:中华书局,2004年。
② (宋)王象之:《舆地纪胜》卷二二,《中国古代地理总志丛刊》本,北京:中华书局,2003年。

五,曰——,曰寄隐,曰子昭,曰妙峰,曰翠微。翠微特高,尤宜登眺。"①以上几则记载与大典本《池州府志》佚文中的有关内容基本相同,但由于《舆地纪胜》和《宋本方舆胜览》均已不全,保存的资料有阙漏,而大典本《池州府志》佚文保存的这条资料比较完整,因此具有了补阙史料的价值。根据大典本《池州府志》佚文,可以对上述记载有阙漏的地方进行补充,《舆地纪胜》和《宋本方舆胜览》的"又有洞五,曰——"中皆脱"半岩",可据佚文补充。而《大明一统名胜志》记载齐山时有载:"齐山,在城南三里,山有十余峰,势皆齐峙,故名。周必大记云:唐刺史齐映所尝游也。山周回二十里,岩洞三十有二,亭台二十余,其中空岩、灵窦、响石、飞泉不可胜记。王哲记云:山之泉大小九十一,而半岩为胜,玉壶连星为奇,飞觞濯缨。为大岩壁之号凡十九,而有侍为大。岩壑之号凡九,而上清为最。洞之号凡十四,而潜虬最幽,游者倘佯山中,穷日之力不能遍焉。按哲宋元祐间为池州太守,司马光有《游齐山呈王哲》诗。"②这一记载与大典本《池州府志》佚文也不完全相同。大典本《池州府志》佚文可以和现存其他文献记载互相补充。

另外,佚文中"奇隐"在《舆地纪胜》和《宋本方舆胜览》两书中皆为"寄隐"。大典本《池州府志》和《宋本方舆胜览》皆作"李元方",《舆地纪胜》则作"李方元"。

2.回驴岭,在石埭县西南一十里。俗传罗隐访杜荀鹤,跨驴抵此,相遇而反,因名焉。[册一百二二卷一一九八〇页一]③

这条资料介绍了"回驴岭"的地理位置和山名的来历,记载了罗隐寻访杜荀鹤在回驴岭相遇的故事。这条资料是目前池州府志中保存的最早的一条资料。现存文献也有关于"回驴岭"的记载。《大明一统名胜志》载:石埭县"西十里回驴岭。唐诗人罗隐骑驴访杜荀鹤遇之岭而喜。其下即牧鸭湖,

---

① (宋)祝穆编,祝洙补订:《方舆胜览》卷一六,上海:上海古籍出版社,1991年。
② (明)曹学佺:《大明一统名胜志》卷五,《四库全书存目丛书》本,济南:齐鲁书社,1996年。
③ 马蓉等点校:《永乐大典方志辑佚》第二册,北京:中华书局,2004年。

相传荀鹤少时鲁牧鸭其中。"①嘉靖《池州府志》记载石埭县山川时有载:"回驴岭,在县西十里。相传罗隐跨驴访杜荀鹤,抵岭相值而返。本朝张琮诗:'一笑相逢古道间,蹇驴香踏落花还。千年往事空凉迹,细草寒烟满旧山'。"②康熙《石埭县志》载:"回驴岭,在县南一十里,相传罗隐乘驴访杜荀鹤,适遇于岭上而返,故名。"③乾隆《池州府志》则载:"回驴岭,在县南十里,相传罗昭谏骑驴访杜彦之,相值岭上而返,故名。"④民国《石埭备志汇编》载:"回驴岭,在县治南十里。四山环抱,行于其间有路转峰回之妙。相传罗昭谏隐骑驴访杜彦之荀鹤,值岭上而返,故名。"⑤大典本《池州府志》佚文保存的资料与现存其他文献记载内容基本相同,但语句表述有所不同,反映了当时修志的风格,为了解明朝初期池州府志编修情况提供了一些参考。

3. 水帘岩,在本府建德县,即仲尼岩也。[册一百卷九七六四页九]⑥

这条资料记载了"水帘岩"的地理位置和别名。现存文献也多有记载。《舆地纪胜》载:"水帘岩,即仲尼岩也,在建德县";"仲尼岩,在建德。故老相传云:仲尼游行至此,岩前有水下垂若帘,又名水帘岩。"⑦康熙《建德县志》载:水帘岩"一名夫子岩"⑧。乾隆《江南通志》载:"水帘岩,在建德县东七里,俗名夫子岩。梅尧臣有《水帘岩》诗。"⑨光绪《重修安徽通志》载:建德"县东

---

① (明)曹学佺:《大明一统名胜志》卷五,《四库全书存目丛书》本,济南:齐鲁书社,1996年。
② 嘉靖《池州府志》卷一《舆地篇》,《天一阁藏明代方志选刊》本,上海:上海古籍书店影印,1964年。
③ 康熙《石埭县志》卷一《舆地》,民国乙亥二十四年(1935年)铅印本。
④ 乾隆《池州府志》卷一一,《中国地方志集成》本,南京:江苏古籍出版社,1998年。
⑤ 民国《石埭备志汇编》《山川志初稿》,《中国地方志集成》本,南京:江苏古籍出版社,1998年。
⑥ 马蓉等点校:《永乐大典方志辑佚》第二册,北京:中华书局,2004年。
⑦ (宋)王象之:《舆地纪胜》卷二二,《中国古代地理总志丛刊》本,北京:中华书局,2003年。
⑧ 康熙《建德县志》卷一《山川》,《稀见中国地方志汇刊》本,北京:中国书店,1992年。
⑨ (清)赵弘恩等监修:《(乾隆)江南通志》卷一六,《四库全书》本,上海:上海古籍出版社,1987年。

七里有水帘岩,俗名夫子岩。梅尧臣有诗。"①宣统《建德县志》则载:"水帘岩,在县南七里,飞瀑如帘。孔贞运于岩前建亭,额曰'逝者如斯'。或作'夫子岩',因有隐者读书其中,故名。乾隆戊子,知县叶枟重修,构画舫其上。"②虽然大典本《池州府志》佚文保存的资料内容较为简单,但它是目前池州府志中保存下来的最早的一条记载,具有重要的参考价值。

4. 白鹤真人炼丹台,在青阳县东南保宁观后。王镃常有诗云:"林间望断松梢路,白鹤真人尚未还。"即谓此也。③[册三十卷二六〇四页十二]④

这条资料介绍了"白鹤真人炼丹台"和"保宁观"的地理位置,并收录了王镃常的一首诗中的两句。这是目前池州府志保存下来的最早的记载。现存文献也有这方面的记载,多称为"白鹤台"。嘉靖《池州府志》介绍青阳县古迹时记载:"白鹤台,在县东南保宁观。相传白鹤仙炼丹处也。"⑤乾隆《池州府志》亦载:"白鹤台,在(青阳)县东南一里。旧传白鹤真人炼丹处。有后唐天成间保宁观。又南三里为吴山。"⑥光绪《青阳县志》载:"白鹤台,在县南保宁观侧。旧传有白鹤真人炼丹于此。"⑦光绪《重修安徽通志》载:"白鹤台,唐天成间建,白鹤真人炼丹处,今废。"⑧相比而言,关于地理位置的介绍,大典本《池州府志》佚文与上述记载基本相同,但它还多收录了诗文方面的内容,这是对现存文献记载的补充,有着重要的史料价值。据乾隆《池州府志》可知,大典本《池州府志》佚文所言"保宁观"建于后唐天成年间(926—930

---

① 光绪《重修安徽通志》卷二七《舆地志》,清光绪四年(1878年)刻本。
② 宣统《建德县志》卷三《舆地》,《中国地方志集成》本,南京:江苏古籍出版社,1998年。
③ 此条在《永乐大典》(北京:中华书局,1986年,第1245页)中收录于"炼丹台"条下。
④ 马蓉等点校:《永乐大典方志辑佚》第二册,北京:中华书局,2004年。
⑤ 嘉靖《池州府志》卷一《舆地篇》,《天一阁藏明代方志选刊》本,上海:上海古籍书店影印,1964年。
⑥ 乾隆《池州府志》卷九《青阳山川》,《中国地方志集成》本,南京:江苏古籍出版社,1998年。
⑦ 光绪《青阳县志》卷一《古迹》,《中国地方志集成》本,南京:江苏古籍出版社,1998年。
⑧ 光绪《重修安徽通志》卷四七《舆地志》,清光绪四年(1878年)刻本。

年)。

5.孝义门,在石埭县西一百里。望族桂氏,累世同居,宋朝旌表其门闾。至今其乡有孝义社。①［册四九卷三五二八页六］②

这条资料介绍了"孝义门"的地理位置,并说明了"孝义门"为宋朝石埭望族桂氏受旌表时所立。由于现存池州府方志中很难见到这条资料,因此,大典本《池州府志》佚文保存的这条资料不仅是目前池州府方志中最早的记载,还是十分珍贵的资料,有补阙现存记载不足的价值,为了解池州府地区历史情况提供了新的资料。

(二)经济类资料的价值

经济类资料仅有一条,是水利方面的资料,主要介绍了池州府地区陂塘的名称。

罗家陂。胡家陂。峡石陂。沙丘陂。清塘陂。竹园陂。何村陂。铜山陂。毕冲陂。茶撩陂。南庄陂。杨林陂。查家陂。陈村陂。乌山陂。沙坦陂。陈家陂。浮油陂。章家陂。新置陂。中陂。陷泥陂。曹陂。孙陂。刘公陂。谷雨陂。许家陂。汪家陂。陈家陂。孙家陂。张家陂。古庙陂。谷牛坡。上庄陂。韩家陂。吕家陂。曹公陂。叶公陂。夏家陂。姚其陂。夏家陂。松林陂。尧家陂。新田陂。上药陂。上西陂。下西陂。象鼻陂。潘家陂。王家陂。陈家陂。源头陂。檀家陂。吴家陂。以上并在贵池县。苦李陂。西山陂。杨林陂。下新陂。刘村陂。梓橦陂。巧溪陂。金家陂。茶溪陂。想思陂。灌注陂。黄姑陂。何姑陂。藜羹陂。金坑陂。葛仙陂。秆田陂。畲陂。田南陂。相林陂。新田陂。南岸陂。坛陂。马陂。腊坛陂。檀日陂。以上并在铜陵县内。故

---

① 此条在《永乐大典》(北京:中华书局,1986年,第 2045 页)中收录于"桂氏义门"条下。
② 马蓉等点校:《永乐大典方志辑佚》第二册,北京:中华书局,2004年。

陂。乌林陂。僧众陂。塔龙陂。城子陂。琅陂。梅树陂。凌家陂。狐田陂。吴家陂。沙田陂。磨隆陂。施村陂。杜家陂。下户陂。北岸陂。杨村陂。乡口陂。掘株陂。湖田陂。以上并在石埭县内。彭陂。赵家陂。萧家陂。和陂。鲁家陂。留山陂。梅墩陂。黄白陂。葛公陂。杨桂陂。黄栗陂。冯家陂。乌龙陂。泥黄陂。梅山陂。乐家陂。金家陂。洛家陂。菱草陂。伍娘陂。赵家陂。满仓陂。李家陂。陶家陂。班烂陂。萧家陂。黄泥陂。仲坑陂。塔下陂。合母陂。青山陂。栗树陂。刘晨陂。欧家陂。阮家陂。白石陂。董家陂。金竹陂。学堂陂。郑家陂。丰乐陂。猫儿陂。以上并在建德县内。欧家陂。党家陂。金铁陂。吴家陂。黄郑陂。列塘陂。任家陂。胜广陂。新开陂。柯田陂。金庄陂。甘陂。刘家陂。魏村陂。李家陂。黄家陂。安乐陂。桑村陂。以上并在东流县内。①［册三四卷二七五四页四］②

这条资料主要介绍了池州府陂塘的名称。从佚文内容看，它是按照池州府所属各县，分别叙述每一个县的陂塘名称的，涉及贵池、铜陵、石埭、建德、东流5县。虽然大典本《池州府志》佚文仅介绍了陂塘的名称，但因现存池州府志及各县县志均很少记载这方面的情况，它保存的各县陂塘方面的资料具有非常珍贵的价值，是对现存文献记载不足的补充，为了解明朝初年以前池州府各县水利建设的有关情况提供了新的参考。

（三）文化类资料的价值

文化类资料仅有一条，保存了李白的一首诗，诗名为《答常赞府》。

李白《答常赞府》：昔献《长杨赋》，天开云雨欢。当时待诏承明里，皆道扬雄才可观。敕赐飞龙二天马，黄金络头白玉鞍。浮云蔽

---

① 此条在《永乐大典》（北京：中华书局，1986年，第1396页）中收录于"杂陂名"条下。
② 马蓉等点校：《永乐大典方志辑佚》第二册，北京：中华书局，2004年。

日去不返,总为秋风摧紫兰。角巾东出商山道,采秀行歌咏芝草。路逢园绮笑向人,两君解来亦何好。闻道金陵龙虎盘,还同谢朓望长安。千峰夹水向秋浦,五松名山当夏寒。铜井炎垆歊九天,赫赫如鼎荆山前。陶公矍铄呵赤电,回禄睢盱扬紫烟。此中岂是久留处,便欲烧丹从列仙。爱听松风且高卧,飕飗吹尽炎氛过。登岸独立望九州岛,阳春欲奏谁相和。闻君往年游锦城,章仇尚书倒屣迎。飞笺络绎奏明主,天书降问回恩荣。肮脏不能就珪组,至今空扬高蹈名。夫子工文绝世奇,五松新作天下摧。吾非谢尚邀彦伯,异代风流各一时。一时相见乐在今,袖拂白云开素琴。弹为三峡流水音。从兹一别武陵去,去后桃花春水深。① [册一百一十卷一一〇〇一页三]②

大典本《池州府志》佚文保存的这首李白的诗应该是目前池州府方志中最早的一条记载。关于李白的这首诗在现存文献中多有记载。嘉靖《铜陵县志》③、嘉靖《池州府志》④、万历《宁国府志》⑤、光绪《南陵小志》⑥、民国《南陵县志》⑦,以及《李太白全集》⑧《全唐诗》⑨中皆载有此诗,诗名均称"《答杜秀才五松山见赠》"。而且这些文献收录的诗文在某些字词上与大典本《池

---

① 此条在《永乐大典》(北京:中华书局,1986年,第4591~4592页)中收录于"赞府"条下。
② 马蓉等点校:《永乐大典方志辑佚》第二册,北京:中华书局,2004年。
③ 嘉靖《铜陵县志》卷八《艺文志》,《天一阁藏明代方志选刊》本,上海:上海古籍书店影印,1964年。
④ 嘉靖《池州府志》卷八《艺文》,《天一阁藏明代方志选刊》本,上海:上海古籍书店影印,1964年。
⑤ 万历《宁国府志》卷一二《艺文志》,《稀见中国地方志汇刊》本,北京:中国书店,1992年。
⑥ 光绪《南陵小志》卷四《艺文志·诗》,清光绪二十五年(1899年)刻本。
⑦ 民国《南陵县志》卷四二《艺文》,民国排印本。
⑧ (清)王琦注:《李太白全集》卷一九,北京:中华书局,1977年。
⑨ 陈贻焮等:《全唐诗》(增订注释)卷一六七,北京:文化艺术出版社,2001年。

州府志》佚文有出入。大典本《池州府志》佚文与《李太白全集》和《全唐诗》收录的诗文相比,有四句有出入,即"两君解来亦何好"作"两君解来一何好","赫赫如鼎荆山前"作"赫如铸鼎荆山前","五松新作天下攉"作"五松新作天下推","弹为三峡流水音"作"弹为三峡流泉音"。另外,上述其他文献记载与大典本《池州府志》佚文相比,亦有不同之处。"路逢园绮笑向人"有作"路逢园绮笑何人"的;"两君解来亦何好"有作"而今解来亦何好"的;"还同谢朓望长安"有作"还同谢朓问长安"的;"五松名山当夏寒"有作"五松名山当夏看"的;"铜井炎垆歊九天"有作"同井炎垆歊九天"的;"飕飕吹尽炎氛过"作"飕飕吹尽炎风过"的;"登岸独立望九州岛"有作"登崖独立望九州岛"的;"至今空扬高蹈名"有作"至今空扬高道名"的;"一时相见乐在今"有作"一时相逢乐在今"的;"从兹一别武陵去"有作"从兹一别武林去"的。

根据大典本《池州府志》佚文提供的线索可知,此志应修于明朝且在永乐六年(1408年)以前。大典本《池州府志》佚文共保存7条资料,包括地理、经济和文化三方面的内容,均为目前池州府方志中保存的最早的记载。"回驴岭""水帘岩""李白《答常赞府》"三条内容与现存记载基本相同,具有考证现存记载的作用。"半岩"和"白鹤台"因其保存的内容有些是现存文献所未载的,所以,具有补充资料的价值。而"孝义门""陂塘"两条则在现存文献中很难见到,为了解池州府社会历史发展的情况提供了新的资料,具有重要的史料价值。

第四节　大典本《池州府图志》和《池州府新志》研究

根据池州府建置沿革、书名和佚文内容,本节对大典本《池州府图志》和《池州府新志》的编修时间和佚文价值进行探讨。

一、大典本《池州府图志》研究

根据池州府建置沿革的情况,以"池州府"为书名的志书修于明朝以后。

因此,从这一角度考虑,大典本《池州府图志》应修于明朝且在永乐六年(1408年)以前。

根据乾隆《池州府志》收录的明朝正德何绍正序的内容,可知正德《池州府志》大约是在正德十三年修成的,而"何序"未提及大典本《池州府图志》这部志书,因此可推定,大典本《池州府图志》至迟在明正德十三年(1518年)前即已亡佚。

大典本《池州府图志》在现存文献记载的池州府志编修源流中未提及,因此,它的存在可以补充现存记载的不足,为更加全面地了解历代池州府志编修情况提供了新的线索。这是大典本《池州府图志》价值所在。

大典本《池州府图志》佚文只有一条资料,是人物方面的资料。

> 景祐中,仁宗皇帝尝寝疾,虽安羸弱。时相吕文靖请置大宗正司,以濮安懿王暨守节知其事,盖意有所在而人无知者。熙宁中,西贼围逻近城甚急,贼得吾禁卒,语之曰:"汝语城中张大吾军使速降,当与汝爵禄。"卒敬诺之。卒致危梯上,下瞰城中,卒辄大呼曰:"西贼人少粮尽,朝夕去矣,城中坚守之。"贼怒醢之。虽古忠烈之士,无以过也。①[册一百三七卷一三四五三页十六]②

这条资料反映了三个层次的内容:一,景祐年间,仁宗皇帝曾得了一场大病,虽然痊愈了,但身体十分羸弱;二,丞相吕文靖出于自己的目的,奏请设置"大宗正司"一职,由濮安懿王暨守节知其事;三,宋仁宗时,宋兵抗敌誓死不降的忠烈气节。这是目前池州府方志中保存下来的最早的一条记载,为了解池州府地区历史发展过程的有关情况提供了新的资料。这条资料在现存其他池州府方志中难以得见,具有重要的史料价值,补充记载了有关的历史事实,为了解池州府历史发展的情况提供了参考。

---

① 此条在《永乐大典》(北京:中华书局,1986年,第5775页)中收录于"忠烈之士"条下。

② 马蓉等点校:《永乐大典方志辑佚》第二册,北京:中华书局,2004年。

《闻见近录》中也载有这样一条资料:"景祐中,仁宗皇帝尝寝疾,虽安羸弱。时相吕文靖请置大宗正司,以濮安懿王暨守节知其事,盖意有所在而人无知者。熙宁中,西贼围罗元城甚急,贼得吾禁卒,语之曰:'汝语城中张大吾军使速降,当与汝爵禄'。卒敬诺之,卒致危梯上,下瞰城中,卒辄大呼曰:'西贼人少粮尽,朝夕去矣,城中坚守之'。贼怒醢之。虽古忠烈之士,无以过也。"①两者相比可以验证大典本《池州府图志》所载内容是正确的,或即本之《闻见近录》。

《永乐大典方志辑本》未辑出《池州府图志》,《永乐大典方志辑佚》是目前关于大典本《池州府图志》佚文内容最丰富的辑本。

二、大典本《池州府新志》研究

根据本章前文所述池州府建置沿革的情况可知,以"池州府"为书名的志书修于明朝以后。下面再从大典本《池州府新志》佚文提供的线索进行考察。佚文仅存一条资料,是关于贵池县山川方面的,因此,可以通过考察"贵池县"的建置沿革情况来分析大典本《池州府新志》的编修时间。据本章第三节的考察,贵池县是在五代时才设立的,以后相沿不变,明朝贵池县属池州府管辖。而佚文称"池州府贵池县",从这一点考虑,大典本《池州府新志》应修于明朝且在永乐六年(1408年)以前。但修于何年、为何人所修皆无法确定,尚待进一步探讨。

由于现存文献记载的池州府志编修源流中未提及这部志书,因此大典本《池州府志新志》具有重要的价值,为了解历史上池州府志的编修情况提供了新的线索。另外,因其修于明朝初年,而现存最早的一部明朝池州府志修于正统年间,因而大典本《池州府新志》是明朝编修较早的一部池州府志,它收录的明朝的资料应该是较早载入池州府志的,具有重要的价值,为后世方志的编修提供了资料来源。

---

① (宋)王巩:《闻见近录》,《中华再造善本》本,北京:北京图书馆出版社,2003年。

根据乾隆《池州府志》收录的明朝正德何绍正志序的内容可知,正德《池州府志》大约是正德十三年修成的,而"何序"未提及大典本《池州府新志》,因此,大典本《池州府新志》至迟在正德十三年(1518年)前已亡佚。

《永乐大典方志辑本》未辑出《池州府新志》。《永乐大典方志辑佚》是目前关于大典本《池州府新志》佚文内容最丰富的辑本。

大典本《池州府新志》仅保存了一条自然地理方面的资料,是关于山岭的资料。

> 水车岭,在池州府贵池县西南六十里,与龙舒相近,甚高峻。下有溪通舟,与狼山水合。景象丽落,殊可人意。李白诗云"秋浦千重岭",水车岭最者是也。① [册一百二二卷一一九八〇页一]②

这条资料虽然只有近70个字,但内容较为丰富,记载了"水车岭"的所在位置、特点、往来交通等方面的情况,还转引了李白的一句诗。这条资料应该是目前池州府志中最早的一条记载了。现存文献中也多有关于"水车岭"的记载。《舆地纪胜》载:"水车岭,郭祥正追和李白秋浦歌:'万丈——,还如九叠屏。北风来不断,六月亦冰生'。"③《宋本方舆胜览》载:"水车岭,郭功父追和李白秋浦歌:'万丈——,还如九叠屏。北风来不断,六月自生冰。'"④这两则记载相同,但与大典本《池州府新志》佚文不同,后者对前者有补充资料的作用。嘉靖《池州府志》记载贵池山川时有载:"水车岭,在城西南七十五里。陡峻临渊,奔流冲激,若桔槔声。李白诗:'秋浦千重岭,水车

---

① 根据后文分析,此句标点有误。正确为:"李白诗云:'秋浦千重岭,水车岭最奇'者是也。"

② 马蓉等点校:《永乐大典方志辑佚》,第二册,北京:中华书局,2004年。

③ (宋)王象之:《舆地纪胜》卷二二《江南东路》,扬州:江苏广陵古籍刻印社,1991年。

④ (宋)祝穆编、祝洙补订:《方舆胜览》卷一六《江东路》,上海:上海古籍出版社,1991年。

岭最奇。天倾欲堕石,水拂寄生枝。'"①《大明一统名胜志》②所载略同。《清一统志》载:"水车岭,在贵池县西南六十里。陡峻临湖,奔流激若桔槔声。唐李白诗:'秋浦千重岭,水车岭最奇'。"③乾隆《江南通志》④《嘉庆重修一统志》⑤、光绪《贵池县志》⑥、光绪《重修安徽通志》⑦所载略同。乾隆《池州府志》记载贵池山川时有载:"乌石水车岭,在城西南六十里。唐李白所谓'秋浦千里岭,水车岭最奇'者也。"⑧关于"水车岭"的地理位置和李白诗句的记载,上述文献与大典本《池州府新志》佚文内容基本相同,但是记载"水车岭"的景致和特点时,大典本《池州府新志》佚文与这些记载不同,它可以对其他记载进行补充,为全面了解水车岭的情况提供了新资料。

大典本《池州府新志》佚文收录的李白的诗句是其《秋浦十七首》中的一首,即"秋浦千重岭,水车岭最奇。天倾欲堕石,水拂寄生枝。"⑨可见,大典本《池州府新志》佚文收录的这首诗文有误。根据上述文献记载,再参考《舆地纪胜》收录的李白《秋浦诗》:"秋浦千重岭,水车岭最奇"⑩,佚文在"水车岭最"后脱一"奇"字,

---

① 嘉靖《池州府志》卷一《舆地篇》,《天一阁藏明代方志选刊》本,上海:上海古籍书店影印,1964年。
② (明)曹学佺:《大明一统名胜志》卷五,《四库全书存目丛书》本,济南:齐鲁书社,1996年。
③ (清)和坤等奉敕:《钦定大清一统志》卷八二,《四库全书》本,上海:上海古籍出版社,1987年。
④ (清)赵弘恩等监修:《江南通志》卷一六,《四库全书》本,上海:上海古籍出版社,1987年。
⑤ 《嘉庆重修一统志》卷一一八《池州》,《中国古代地理总志丛刊》本,北京:中华书局,1986年。
⑥ 乾隆《贵池县志》卷三《舆地志》,《中国地方志集成》本,南京:江苏古籍出版社,1998年。
⑦ 光绪《重修安徽通志》卷二七《舆地志》,清光绪四年(1878年)刻本。
⑧ 乾隆《池州府志》卷七《贵池山川》,《中国地方志集成》本,南京:江苏古籍出版社,1998年。
⑨ 陈贻焮主编:《全唐诗》(增订注释)卷一五六,北京:文化艺术出版社,2001年。
⑩ (宋)王象之:《舆地纪胜》卷二二《江南东路》,扬州:江苏广陵古籍刻印社,1991年。

根据大典本《池州府新志》佚文内容,笔者认为此志应修于明朝且在永乐六年(1408年)以前。虽然此志仅保存一条资料,但它是目前池州府志中保存的最早的一条记载,它可以补充现存其他文献记载的不足。

根据上面分析,笔者认为大典本《池州府志》《池州府新志》和《池州府图志》这三部志书均修于明朝且在永乐六年(1408年)以前。根据方志编修的习惯,从洪武元年(1368年)至永乐六年(1408年)近40年的时间里连续编修三部同一地区府志的可能性不大,因此,笔者认为大典本《池州府志》《池州府图志》和《池州府新志》很可能是同一部志书。或由于不同的人对这部志书称呼不同,而《永乐大典》编纂者未加统一,著录不严谨,遂有《池州府志》《池州府图志》与《池州府新志》名称之异。由于缺乏更多的证据,这个问题尚待进一步探讨。为慎重起见,本书对上述三志佚文的价值,仍分别进行了论述。

第五节　大典本《池州志》和《池州路志》研究

根据地区建置沿革、方志编修源流、佚文提供的线索,本节对大典本《池州志》和《池州路志》的编修时间和佚文价值进行分析和总结。

一、关于大典本《池州志》编修时间的探讨

根据前述池州府建置沿革,以"池州"二字为名的志书应修于以下三个时间段内,即唐高祖武德四年(621年)至太宗贞观元年(627年)之间、代宗永泰元年(765年)至南唐之间、宋朝。

再从大典本《池州志》佚文提供的线索来考察它的编修时间。佚文收录了"东流县"和"青阳县"的资料,因此可以考察这两个县的建置沿革。

关于东流县建置沿革的情况,文献中多有记载。嘉靖《池州府志》载:"东流县,名昉南唐,取大江自滥城而下,迤逦东注。""汉豫章郡彭泽县地。唐置东流场。南唐保大十三年,析贵池晋阳乡附东流场置东流县,属奉化

军,今九江府。宋太平兴国三年,改属池州。元同,本朝因之。"①《明一统志》载:"东流县,在府城西一百八十里。本汉豫章郡彭泽县地,晋以后因之。唐置东流场。南唐因置东流县,以大江自湓既城而下,迤逦东注,故名。宋割贵池之晋阳乡入焉。元仍旧。本朝因之。"②嘉庆《东流县志》载:"东流县,汉豫章郡彭泽县地,六朝因之。唐置东流场。南唐保大十三年,始即东流场置东流县,属江州。宋太平兴国三年,割贵池之晋阳乡益之,改属池州,隶江东路。元属池州路,属江南道。明属池州府,直隶南京。"③根据上述文献记载,东流县是在南唐保大十三年(955年)设立的,属江州,宋朝太平兴国三年(978年)改属池州,元朝属池州路,明属池州府。

关于青阳县建置沿革的情况,《明一统志》有如下记载:"青阳县,在府城东八十里。本汉丹阳郡泾县地。三国吴置临城县。晋属宣城郡。隋省。唐析置青阳县,属池州,以其地在青山之阳故名。宋元仍旧。本朝因之"④。嘉靖《池州府志》载:"青阳县,吴置县于城子山之东,曰临城。唐曰青阳,以其地在青山之阳也。""汉丹阳郡之泾县地。东汉元封二年,始置陵阳县,属宣州郡。后汉、吴赤乌中,增置临城县。晋、宋、齐、梁、陈同隋并入丹阳郡之南陵县。唐天保元年,复置青阳县,属宣州。永泰七年⑤,改属池州。光化元年,改属昇州。五代,改胜远军。南唐复改县。宋开宝七年,属池州,隶江南东道。元隶江东道。本朝因之。"⑥光绪《青阳县志》载:"唐天宝元年,洪州都

---

① 嘉靖《池州府志》卷一《舆地篇》,《天一阁藏明代方志选刊》本,上海:上海古籍书店影印,1964年。
② (明)李贤等奉敕:《明一统志》卷一六,《四库全书》本,上海:上海古籍出版社,1987年。
③ 嘉庆《东流县志》卷三《沿革》,《中国地方志集成》本,南京:江苏古籍出版社,1998年。
④ (明)李贤等奉敕:《明一统志》卷一六,《四库全书》本,上海:上海古籍出版社,1987年。
⑤ 唐朝无永泰七年,根据其他文献记载,当为"永泰元年"。
⑥ 嘉靖《池州府志》卷一《舆地篇》,《天一阁藏明代方志选刊》本,上海:上海古籍书店影印,1964年。

督徐辉请析泾县、南陵、秋浦地置今县。以其在青山之阳,故名,属宣州。至永泰元年,又析县南地置石埭县,并属池州。五代属吴,属为胜远军。石晋后属南唐,复为青阳县,隶江宁。宋属池州,隶江南东路。元属池州路,隶江南道。明属池州府,直隶南京。"①由以上文献记载可知,青阳县始设于唐朝天宝元年(742年),属宣州,永泰元年(765年)改属池州,光化元年(898年)又改属升州。五代时改青阳县为胜远军。南唐又复置青阳县。宋朝开宝七年(974年),青阳县又属池州,元属池州路,明属池州府。

青阳县和东流县是从宋朝太平兴国三年(978年)以后开始同属于一地管辖的,即宋朝属池州,元朝属池州路,明朝属池州府。既然大典本《池州志》佚文同时保存了两县的资料,因此,大典本《池州志》应修于宋朝太平兴国三年(978年)以后。

另外,大典本《池州志》佚文还收录了张师正《括异志》中的内容,可以借此考察此书的编修时间。《四库全书总目》载:"(张)师正,字不疑,熙宁中为辰州帅。《文献通考》载师正擢甲科后,宦游四十年不得志,于是推变怪之理,参见闻之异,得二百五十篇,魏泰为之序。此本不载魏序,盖传写佚之。然王铚《默记》以是书即魏泰作。盖泰为曾布之妇兄,而铚则曾纡之婿,犹及识泰,其言当不诬也。"②《郡斋读书志》载:"《括异记》十卷。右皇朝张师正撰。师正擢甲科,得太常博士。后游宦四十年,不得志,于是推变怪之理,参见闻之异,得二百五十篇。魏泰为之序。"③《补注东坡编年诗》则载:"《玉壶清话》:'张师正,字不疑,初为辰帅,熙宁中复帅鼎州。著《括异志》《倦游录》。'江少虞《事实类苑》云:'张师正,英宗朝为荆州钤辖。'杨文公《谈苑》:'张师正本进士,换武为遥郡防御使,亦能诗。'"④《宋史》载:宋钦宗在位时,

---

① 光绪《青阳县志》卷一《封域志》,《中国地方志集成》本,南京:江苏古籍出版社,1998年。
② (清)永瑢等撰:《四库全书总目》卷一四四《小说家类存目二》,北京:中华书局,2008年。
③ (宋)晁公武:《郡斋读书志》一三,《四库全书》本,上海:上海古籍出版社,1987年。
④ (清)查慎行:《补注东坡编年诗》卷二〇,清文渊阁四库全书本。

"胜捷军张师正败,宣抚副使李弥大斩之。"①因宋钦宗在位只有两年,由此可知,张师正最迟死于北宋末靖康二年(1127年)。另外,张师正《括异志》②记载的内容最迟的时间是北宋熙宁年间。据此可知,张师正最迟是在北宋末年撰写《括异志》的。根据《四库全书总目》,张师正在北宋熙宁年间曾任辰州师,此后40年间均不得志,于是才撰写出这部250篇的《括异志》。这里提到的40年应该是一个约数。虽然不知他是在熙宁几年为官的,估以熙宁元年(1068年)为算,40年后是宋徽宗大观年间(1107~1110年)。综合以上分析,张师正的《括异志》大约修于宋徽宗大观年间(1107~1110年)。以此看来,大典本《池州志》应当修于北宋徽宗大观以后。

综合考虑以上分析,并依据《永乐大典》收书的时间限制,再结合池州府建置沿革的情况,大典本《池州志》应该修于北宋徽宗大观以后明朝永乐六年(1408年)以前。

20世纪30年代张国淦先生辑佚《永乐大典》方志时并未辑出《池州志》,后经不断补充,张国淦先生的《永乐大典方志辑本》则辑出《池州志》,并将其列于辑出的大典本《池州府志》之下,认为这两部志书是明朝所修。书中按语称:"《大典》引《池州府志》凡七条,又《池州志》凡五条。宋池州池阳郡,元池州路,明池州府,知是明志。曰'池州'、曰'池州府',或修《大典》时有增省字。"③编者认为大典本《池州府志》和《池州志》是同一部志书,故将两书佚文合并在一起辑佚,应该是根据池州府建置沿革判断大典本《池州志》修于明朝,并认为或用"池州"或用"池州府"有可能是编修《永乐大典》时在用字上做的增减。

《永乐大典方志辑本》辑出5条《池州志》佚文④,即"涩口湖""王家汀""蒴泥汀""胡家汀""棠梨汀",将之与《永乐大典方志辑佚》所辑佚文相比⑤,

---

① 《宋史》卷三六四《列传一二三》,北京:中华书局,1977年。
② (宋)张师正:《括异志》卷六,《四库全书存目丛书》本,济南:齐鲁书社,1995年。
③ 杜春和整理、张国淦:《永乐大典方志辑本》,北京:北京燕山出版社,2009年。
④ 杜春和整理、张国淦:《永乐大典方志辑本》,北京:北京燕山出版社,2009年。
⑤ 马蓉等点校:《永乐大典方志辑佚》第二册,北京:中华书局,2004年。

内容相同,出处相同。《永乐大典方志辑佚》除辑出上述 5 条佚文外,还多辑出"丹台"一条。《永乐大典方志辑佚》是目前关于大典本《池州志》佚文内容最丰富的辑本。

现存文献记载的池州府志编修源流中没有提到《永乐大典》收录的这部《池州志》,乾隆《池州府志》中关于池州府志编修情况的记载有阙漏。大典本《池州志》的存在补充了乾隆《池州府志》记载的阙漏,为更加全面地了解历代池州府志编修情况提供了新的参考。由于乾隆《池州府志》收录的明正德戊寅(正德十三年)"何绍正重修郡志叙"中没有提及此志,所以大典本《池州志》最迟应佚于明朝正德十三年(1518年)以前。

二、大典本《池州志》佚文的价值

大典本《池州志》佚文保存的资料主要是地理方面的内容,共 6 条资料,可分为自然地理和人文地理两个方面。自然地理主要是收录了 5 条湖汀方面的资料,人文地理方面只有一条宫室方面的资料。虽然大典本《池州志》佚文保存的资料并不丰富,但这些资料或为现存文献所鲜载,或与现存记载不同,仍具有补充现存记载不足的价值。

1. 涩口湖,在东流县南三十里。源出禾城山,北流二十里入湖,又三里入大江,其滩口浅涩,因名焉。[册二十卷二二七〇页十七]①

这条资料介绍了"涩口湖"的地理位置、水流走向和湖名的来历等方面的情况,并说明了此湖与周围水系的联通情况。

2. 王家汀,在青阳县。[册八六卷七八八九页一]

3. 莳泥汀,在青阳县。[册八六卷七八八九页一]

3. 胡家汀,在青阳县。[册八六卷七八八九页一]

5. 棠黎汀,在青阳县。[册八六卷七八八九页一]②

这 5 条资料比较简略,只是介绍了这些湖汀所在的地理位置,没有其他

---

① 马蓉等点校:《永乐大典方志辑佚》第二册,北京:中华书局,2004 年。
② 马蓉等点校:《永乐大典方志辑佚》第二册,北京:中华书局,2004 年。

内容。但这5条资料均是目前保存下来的最早的记载,而且现存池州府方志中很难见到这样的记载,它们具有补充现存记载不足的价值,为了解池州府地区自然地理状况提供了新的资料。

6.丹台,在陵阳山中峰之半,高二百余丈。其地平夷,可容数人,汉窦子炼丹之所,至今遗址犹存。张师正《括异志》:张虚白著《指玄》,论五七言杂诗、唐魏诗,而名为丹台。[册三十卷二六〇四页十二]①

这条资料介绍了"丹台"的地理位置、高度、特征、用途、存废等方面的情况,并收录了其他文献中关于"丹台"的记载。这条资料应该是目前池州府方志中保存下来的最早的一条。关于"丹台"的记载在现存池州府方志中也有记载。嘉靖《池州府志》载:"丹台,在陵阳山中峰之半,高二百余丈。子明炼丹于此。"②康熙《石埭县志》③所载略同。乾隆《池州府志》载:陵阳山,"山三峰,其东峰属宁国府太平县,其中峰之半有丹台,高二百余丈,陵阳子明炼丹之所。旁有丹灶井,即陵岩泉"④。相比而言,大典本《池州志》佚文保存的"丹台"这条资料要比后世方志多收录了张师正《括异志》的有关内容,对现存方志有补充资料的作用,为了解池州府地区的有关人文方面的情况提供了新的资料。

张白,字虚白。大典本《池州志》佚文收录了张师正《括异志》中有关"张白"的内容,《续修四库全书》收录的张师正《括异志》在介绍张白时亦载有此条资料,即张白"又著《指玄》篇,五七言杂诗、唐魏集,而名为丹台"⑤,可证大典本《池州志》的转引基本正确。而《四库全书存目丛书》收录的张师正《括

---

① 马蓉等点校:《永乐大典方志辑佚》第二册,北京:中华书局,2004年。
② 嘉靖《池州府志》卷一《舆地篇》,《天一阁藏明代方志选刊》本,上海:上海古籍书店影印,1964年。
③ 康熙《石埭县志》卷三《建置》,民国乙亥二十四年(1935年)铅印本。
④ 乾隆《池州府志》卷一一《石埭山川》,《中国地方志集成》本,南京:江苏古籍出版社,1998年。
⑤ (宋)张师正:《括异志》卷六,《续修四库全书》本,上海:上海古籍出版社,2002年。

异志》①虽有关于"张白"的资料,但未载此段内容。《四库全书总目》介绍张师正《括异志》时载:"此本不载魏序盖传写佚之,然王铚《默记》以是书即魏泰作,盖泰为曾布之妇兄,而铚则曾纡之婿,犹及识泰,其言当必不诬也。"②由这段话可知,张师正的《括异志》曾经多次转抄,因而不同的抄本会有不同的内容。《四库全书存目丛书》收录的是南京图书馆收藏的明朝抄本,而《续修四库全书》收录的则是宋朝抄本,明朝抄本较之宋朝抄本又几经转抄,故而内容会有阙漏。这一事实印证了《四库全书总目》的分析。

根据上述记载,大典本《池州志》佚文中"汉窦子炼丹之所"一句有脱字,在"窦子"后脱一"明"字,应为"汉窦子明炼丹之所"。

虽然大典本《池州志》佚文只保存了6条地理方面的资料,但因这些资料是现存最早的记载,也多为现存文献所鲜载,因而对现存文献记载起到了补充史料的作用,为了解池州府社会历史发展的情况提供了新的参考。

三、大典本《池州路志》研究

根据池州府建置沿革,"池州路"设于元朝,到明朝初年则改为池州府。从这一角度考察,大典本《池州路志》应修于元朝。

大典本《池州路志》佚文只有"仙人湖"一条,这是关于建德县的内容,可以从考察建德县的建置沿革来分析志书的编修时间。《明一统志》载:"建德县,在府城西南一百八十里。本汉鄱阳、石城二县地。唐置至德县,属饶州,因年号为名,后改属池州。五代时,杨吴改曰建德县。宋元仍旧。本朝因之",属池州府。③《元史·地理五》载:"池州路。下。唐于秋浦县置池州,后废,以县隶宣州,未几复置。宋仍为池州。元至元十四年,升为路。"④建德县

---

① (宋)张师正:《括异志》卷六,《四库全书存目丛书》本,济南:齐鲁书社,1995年。
② (清)永瑢等:《四库全书总目》卷一四四《小说家类存目二》,北京:中华书局,2008年。
③ (明)李贤等奉敕:《明一统志》卷一六,《四库全书》本,上海:上海古籍出版社,1987年。
④ 《元史》卷六二《志一四》,北京:中华书局,1976年。

原为至德县,到五代杨吴时改称建德县。唐属饶州,后改属池州,宋仍属之,元属池州路,明朝则归属池州府管辖。建德县在元朝时隶属池州路,由此可知,大典本《池州路志》应修于元朝。

那么,现存文献记载的池州府志编修源流中是否提到这部志书呢?根据有关文献记载,乾隆《池州府志》之明正德"何绍正序"曰:"逮元二百余年寥寥无闻"①,这句话的意思较为模糊,从中可以得出两种推论:其一,元朝没有纂修池州府志。那么,这一推测与上述根据大典本《池州路志》书名得出的推论,即大典本《池州路志》修于元朝的推论就有了矛盾,而目前尚无其他资料作为依据来解决这一问题。其二,元朝虽曾纂修池州府志,但或是修成之后并未付刊,或是在明朝正德年间何绍正修志之前即已亡佚,无法考证,所以文献上根本就没有记载,故文献记载有遗漏。大典本《池州路志》修于元朝正是对这一阙漏的补充,说明了元朝确实修纂过池州府志且被《永乐大典》所收录。这是大典本《池州路志》的价值所在,对文献记载有补阙资料的作用,为更加全面地了解历代池州府志编修情况提供了新的线索。

《永乐大典方志辑本》未辑出《池州路志》,《永乐大典方志辑佚》是目前关于大典本《池州路志》佚文内容最丰富的辑本。

大典本《池州路志》仅保存了一条关于"湖泊"的资料。

> 仙人湖,在建德县南。本名沥湖。父老相传,建炎年间,有渔父夜遇一船,中有七人,衣冠济楚,谈论达旦不已。渔父揖而问曰:"汝何人耶?"七人者曰:"我晋七贤也,避世于此,慎勿轻泄。"语毕不见,惟有虚舟焉。后人遂改湖名。[册二十卷二二七〇页二]②

这条资料介绍了关于建德县"仙人湖"的一些传说。现存文献中也有关于"仙人湖"的记载。《明一统志》载:"仙人湖,在建德县南,旧名沥湖。世传

---

① 乾隆《池州府志》卷首《旧序》,《中国地方志集成》本,南京:江苏古籍出版社,1998年。

② 马蓉等点校:《永乐大典方志辑佚》第二册,北京:中华书局,2004年。

宋建炎间,有七仙人泛舟湖中,衣冠谈论,达旦不已,后人遂以名湖。"①康熙《建德县志》载:"仙人湖,县北四十里。宋建炎间,群仙泛舟于此,讹为'鲜鱼湖'。"②《清一统志》③《嘉庆重修一统志》④所载略同。由这条资料可知七仙游沥湖(后更名"仙人湖")的传说起源于南宋初年。关于"仙人湖"的地理位置,《明一统志》称在"建德县南",与大典本《池州路志》佚文同。康熙《建德县志》《清一统志》《嘉庆重修一统志》则均称在"建德县北",与佚文不同,或为传抄之误。这三部志书记载的七仙泛舟湖中的传说十分简略,仅是提及此事而已,而大典本《池州路志》佚文却较为详细地介绍了渔父与七仙对话的有关内容。相比而言,大典本《池州路志》佚文保存的资料更为丰富,是对现存文献记载不足的补充,为了解池州府地理情况提供了新的资料。

另外,在嘉庆《东流县志》中亦载有仙人湖的资料,即"仙人湖,县南五里。相传宋建炎中,有七仙泛舟湖中,谈笑达旦,因名"。⑤ 这则记载中关于七仙泛舟湖中的传说与上述记载基本相同,但这则记载却称"仙人湖"在东流县。或因此"仙人湖"位于东流和建德两县交界处,故两县县志均载。如果此说准确,那么,大典本《池州路志》佚文所言"仙人湖"在建德县南就是正确的,而康熙《建德县志》和《清一统志》所言在建德县北则有误。大典本《池州路志》佚文具有校勘其他记载的价值。

大典本《池州路志》应该修于元朝,可以补充现存文献提及的历代池州府志编修源流的不足,其佚文内容与现存文献记载不完全相同,具有补充现存文献记载不足的价值,亦可为校勘其他文献提供参考。

---

① (明)李贤等奉敕:《明一统志》卷一六,《四库全书》本,上海:上海古籍出版社,1987年。
② 康熙《建德县志》卷一《水利》,《稀见中国地方志汇刊》本,北京:中国书店,1992年。
③ (清)和坤等奉敕:《钦定大清一统志》卷八二,《四库全书》本,上海:上海古籍出版社,1987年。
④ 《嘉庆重修一统志》卷一一八《池州》,《中国古代地理总志丛刊》本,北京:中华书局,1986年。
⑤ 嘉庆《东流县志》卷一七《古迹志》,《中国地方志集成》本,南京:江苏古籍出版社,1998年。

第六节　大典本《青阳志》和《青阳县志》研究

根据佚文提供的时间线索和青阳县志的编修源流,笔者在本节对《永乐大典》收录的《青阳志》和《青阳县志》的编修时间进行探讨,认为两部志书很可能是同一部书,修于元朝末年。

一、大典本《青阳志》研究

核查《永乐大典》残卷,《永乐大典方志辑佚》辑出的4条《青阳志》佚文实际上存在两种情况:一种是直接标注出自于"元《青阳志》",即《青阳县尹袁君功铭并序》条;一种则只标注出自于《青阳志》,而未说明此《青阳志》修于何时,"青丝湖""罗家湖""大陂湖"3条即是这种情况。为了方便论述,姑且称前者为"大典本《元青阳志》",称后者为"大典本《青阳志》"。因此,需要从两个层面来分析和探讨两部志书的编修时间,其中可以肯定的是大典本《元青阳志》修于元朝,而《青阳志》的编修时间尚须进一步分析。

先分析大典本《元青阳志》的具体编修时间。大典本《元青阳志》佚文中虽未提及明确的时间,但保存的"《青阳县尹袁君功铭并序》"中提到"君名俊,字孟敏,富州人也"①。根据现存池州府方志记载,这篇功铭记的对象青阳县尹袁俊生活在元朝末年。嘉靖《池州府志》载:"袁俊,富川人。由茂才。端敏精强,人情土俗洞彻不遗。庭无滞狱,举邑凛然。吉月谒孔子庙,退讲经义,进民观听,上下遵化。红巾纵掠江淮,俊闻入番委家野处,令民为保伍,自守其地,躬督励之。盗至,率民逆战。用是,人有竞心,邑无毁败。"②乾隆《池州府志》载:"袁俊,字孟敏,富川人。由茂才入仕。至正中,五转而知青阳县。精强端敏,熟知民疾苦,狱讼不数言折之,豪右无敢入县门者。月

---

① 马蓉等点校:《永乐大典方志辑佚》第二册,北京:中华书局,2004年。
② 嘉靖《池州府志》卷六《官秩》,《天一阁藏明代方志选刊》本,上海:上海古籍书店影印,1964年。

吉谒孔子庙，退讲经义，使民观听，俾知立身行已之道。红巾贼起江淮间，所过无完邑，将次及青。俊委家野处，令民为保伍，察有应贼者立诛之。及贼至，率民迎战，贼不能害青。民德之，树碑纪功绩。余忠宣公为之记，存县志中。"①光绪《青阳县志》载："袁俊，字孟敏，富川人。至正辛卯年，举茂材为尹。重察民情疾苦，薅夷积弊。暇日教民知尊亲君上之义，兵兴集旅以卫乡邑。余文忠叙功铭碑。后协守池州，城陷死焉。"②由上述记载可见，袁俊在元朝至正辛卯（至正十一年，1351 年）为青阳县尹，元末战乱之际，组织百姓进行自卫，受到百姓的称赞，由余忠宣公（即余文忠）为其撰写功铭，并收录于青阳县志中。

嘉靖《池州府志》也保存了这篇功铭记，即"《余阙纪青阳县尹袁君功铭并序》"③，称其为元朝所修。《新元史》有"余阙传"，言元至正十八年春正月，陈友谅攻安庆，余阙"知城已陷，乃引刀自刎，坠濠西清水塘而死，年五十六"④。余阙死于元至正十八年（1358 年）春，这篇功铭记应成于元朝至正十八年（1358 年）春以前。另外，这篇功铭记中有"红军起颍、六，纵掠江淮之南"一句，如果是明朝洪武年间编修的志书，是不可能有这样的语句出现在志书中的。因此，从这篇功铭记反映的情况看，大典本《元青阳志》应修于元朝末年且在至正十一年（1351 年）到至正十八年（1358 年）间。由于光绪《青阳县志》收录的正德"曹纶序"中未提及此志，则大典本《元青阳志》最迟亡佚于明朝正德以前。

光绪《青阳县志》记载的青阳县志的编修源流是存在阙漏的，或者是到明朝正德年间，元朝末年编修的这部青阳县志早已不可考证。

---

① 乾隆《池州府志》卷三八《名宦下》，《中国地方志集成》本，南京：江苏古籍出版社，1998 年。

② 光绪《青阳县志》卷二《职官志》，《中国地方志集成》本，南京：江苏古籍出版社，1998 年。

③ 嘉靖《池州府志》卷六《艺文》，《天一阁藏明代方志选刊》本，上海：上海古籍书店影印，1964 年。

④ 《新元史》卷二一八《本纪一一五》，北京：中国书店，1988 年。

再分析大典本《青阳志》的编修时间。由于大典本《青阳志》只辑出3条湖泊方面的资料,没有时间线索,所以要想分析这部大典本《青阳志》的编修时间,则有必要考察青阳县志编修源流。

关于青阳县志编修的情况,光绪《青阳县志》中有相关的介绍。光绪"华椿序"言:"青阳县志自前明洪武及成化、弘治间代有作人而未及锓梓,考古者不免抱简断编残之慨耳。我朝乾隆四十五年,前令段公仿通志而纂修之,其书于是乎成。至同治庚午以重修通志,辑各县志稿。虽经萧前令续编六本,未及合修,不无缺略。则其间百余年中,人事之废兴,户口之增减,以及忠臣、孝子、义夫、节妇之遗轶弗彰者,可胜道哉!"光绪"陈谧序"称:"青志创自邑佐丁公,修于前明洪武初,及万历邑博曹伦继之,厥后邑长苏公万民、蔡公立身、傅公宾继之。越国朝顺治中杨公梦鲤、乾隆四十七年段公中律又继之。"正德"曹纶序"称:"青阳古临城邑,唐初易今名,以其在青山之阳也。历宋元俱隶泾川宛陵,今为池州属邑。洪武初主簿陈公子通作志未成。成化间邑人佥事陈公轻继为之,亦未就绪。弘治间,纂修宪庙实录,知县杨公文属庠生吴策、陈九畴重修之,始克成编,亦未锓梓","况兹志之修自洪武历成化、弘治比于今日而得为成书。"①

由上述记载可知,虽然唐天宝元年即已设立青阳县,但在明朝以前从未编修过青阳县志。青阳县志的编修最早起于明朝洪武初年青阳县主簿陈子通和邑佐丁公,其后成化间邑人佥事陈轻继修,到弘治年间陈九畴等再纂成,但这3部青阳县志皆未付梓,正德年间编修的青阳志才最终正式刊刻印行。

如果上述文献记载的青阳县志编修源流没有疏漏的话,那么根据青阳县志编修源流,符合《永乐大典》收书条件的就是明朝洪武初年青阳县主簿陈子通所修的青阳县志,大典本《青阳志》应该是这部志书。但此志并未梓刻,如果《永乐大典》收录,也只能是一部志稿。而根据《永乐大典》转引的

---

① 光绪《青阳县志》,《序》,《中国地方志集成》本,南京:江苏古籍出版社,1998年。

《元青阳志》,可知元朝还曾编修过一部青阳县志,笔者认为大典本《青阳志》或可能也修于元朝,和大典本《元青阳志》是同一部志书。

20世纪30年代,张国淦先生曾从《永乐大典》中辑佚出一部《元青阳志》,而从实际情况看,还有一部《青阳志》收录于《元青阳志》之下。《中国古方志考》中有如下记述:

  元青阳志 元 佚 蒲圻张氏大典辑本

  《大典辑本》据大典二千二百六十一:六模(青丝湖),引《青阳志》一条。又八千二百六十九:十九庚(功铭)引元《青阳志》一条。①

由此可见,张国淦先生曾从《永乐大典》中辑出一部《青阳志》和一部《元青阳志》,各辑出1条佚文,前者辑出"青丝湖"1条,后者辑出"功铭"1条。张先生将《元青阳志》和《青阳志》合在一起辑佚,应该是认为两者是同一部志书,修于元朝,且已亡佚。

笔者将《永乐大典方志辑佚》辑出的佚文与张国淦先生辑出的佚文的出处进行比较,发现其中"青丝湖"和"功铭"两条出处完全一样,即前者出自于"大典二千二百六十一",后者出自于"大典八千二百六十九"。根据《永乐大典》现存残卷版本的情况,资料出处一样,其内容应该完全相同。但《永乐大典方志辑佚》所辑内容比张氏《蒲圻张氏大典辑本》多出两条,即"罗家湖"、"大陂湖"两条。

杜春和整理、张国淦著的《永乐大典方志辑佚》一书,是在《蒲圻张氏大典辑本》的基础上进一步补充完善的一部辑佚之作。这部著作中也辑出《青阳志》,但分在两处,一处按语称:"《大典》引《青阳志》凡四条,兹据录作元志",辑出佚文4条,即"青丝湖""罗家湖""大陂湖"和"功铭"②;另一处按语则称:"《大典》引《青阳志》凡一条,兹据录作明志",辑出佚文1条,即"青丝

---

① 张国淦:《中国古方志考》,北京:中华书局,1962年。
② 杜春和整理、张国淦:《永乐大典方志辑本》,北京:北京燕山出版社,2009年。

湖"①。因书中未提及原因,所以无法知道编者是根据什么原因推断这两部《青阳志》编修时间的。但对比两条《青阳志》佚文,其中各有一条"青丝湖",虽内容相同,同为青丝湖"在县北二十里",但两条出处不同,一条出自《永乐大典》"卷二千二百六十一(六模)",一条出自《永乐大典》"卷二千二百六十二(六模)"。笔者核对《永乐大典》残卷,只有"卷二千二百六十一(六模)"下收录了《青阳志》中的"青丝湖",故《永乐大典方志辑本》编者辑出的并将之归于明志的《青阳志》有误。笔者将《永乐大典方志辑本》编者辑出的元朝编修的《青阳志》佚文,与《永乐大典方志辑佚》辑出的《青阳志》佚文相比,出处完全相同,内容完全相同。

大典本《元青阳志》应修于元朝末年且在至正十一年(1351年)到至正十八年(1358年)间。大典本《青阳志》或是明朝洪武初年青阳县主簿陈子通所修的青阳县志;或修于元朝,和大典本《元青阳志》是同一部志书。因没有更多的线索,目前只能做出如此推论。

二、大典本《元青阳志》和《青阳志》佚文价值

根据上文所做的分析,《永乐大典方志辑佚》辑出的《青阳志》实际上应该包括《青阳志》和《元青阳志》两部志书的佚文,故将两志佚文同列论述。

大典本《青阳志》佚文只有3条地理方面的佚文,皆是关于青阳县湖泊方面的资料,即"青丝湖""罗家湖""大陂湖"。

1. 青丝湖,在县北二十里。[册十八卷二二六一页十四]

2. 罗家湖,在县北二十里。[册二十卷二二七〇页九]

3. 大陂湖,在县北二十五里。[册二十卷二二七一页二]②

这3条资料内容虽然都非常简单,只介绍了这些湖泊的地理位置,没有涉及其他内容,但这些资料是现存池州府方志很少记载的,大典本《青阳志》佚文保存的这些内容对现存文献记载有补阙史料的作用,为了解青阳县自

---

① 杜春和整理、张国淦:《永乐大典方志辑本》,北京:北京燕山出版社,2009年。
② 马蓉等点校:《永乐大典方志辑佚》第二册,北京:中华书局,2004年。

然地理方面的情况提供了新资料。

大典本《元青阳志》只有1条文化方面的佚文,是一篇关于元代末年青阳县尹袁俊的功铭记文。

《青阳县尹袁君功铭并序》:红军起颖、六,纵掠江淮之南。南方之地,雄都巨镇,诸侯王之所封,藩臣臬司之所治,高城深隍,长戟强弩之所守,环辄碎之,既能固其围者。青阳小邑也,非有山溪之险,兵甲之利,貔貅熊虎之众,以为之固也。昔者行戍过之,其邑屋无所毁败,其民安生乐事,无桴鼓之惊,其馆人具酒肉刍粟迎劳使者,无丧乱穷苦之态,如治平时。问其所以全,则皆其尹袁君之功也。君初游太学,举茂材,五转而尹兹邑。为人端精强重,知人情里俗,与其所疾苦,而其心一以爱人为主本。民有斗讼,从容召逮,不数言折之庭中,未尝有留狱也。邑有积患之所不为理者,薅树治一切,与之道利之。冗吏悍卒,不敢入县门,以干其公。大家武断,不敢肆虐。其绩与其过人者,其治既已张矣,乃以其暇日,作伏羲、神农、黄帝祠祀之,俾民知所本始。吉月望日,衣深衣角巾,拜谒孔子庙止,无抑其教者。其治如此,故民德之而无畔心。及入番,君即委家野处,令民为保伍,自守其地,而身往来督眂之,相民之良者,收其豪以为己用,其无良而起应者,诛磔无遗育。至率民逆战,如武夫健将。然其勇如此,故民恃之而有竞心,卒能外捍凭陵,内固根本,至于今日休也。余出入乱中,以观南方之民,或至而乱,或来而迎降,撞搪谲怪,有如鬼蜮,岂独异性人哉!由吏政不足以得民心,勇不足以振民气,贼民兴而善者亦莫之能守也。使夫天下之吏,皆得如君者而用之,则亦何至如向者之事哉!不幸有之,则亦易治,不至若是极也。今乱而甫定也,湖湘之间,千里为虚,驿驰十余日,荆棘没人,漫不见迹,青阳之民于是亦以君为有德于我也。平居称谓,皆曰我君,而不忍名字君。邑之故老与其学士,愿铭贞石,荐君功德,垂于无穷,而使儒生程孔昭请辞①于余。余故史氏也,于志义无所让,乃为之铭。君名俊,字孟敏,富州人也。辞曰:元受天命,并臣万邦。如山如泽,或生龙蛇。冯淮逾江,残吴啮楚。核啸厚凶,邑无完者。组兹青阳,番人所毗。君治有政,民乱无阶。乱民来堑,升民为伍。君先以勇,众缮厥武。民以为城,治以为兵。大邦攸畏,小邦攸忾。相彼乱邦,衰骨如麻。尔父尔子,耕稼啸歌。乱之所定,棘生有剔。尔室尔家,究为安宅。君功在时,民乱弗知。既克底靖,功为君归。载其肥牸,及其旨酒。祝君无归,亦介难老。念之谓之,易由卑之。至于孙子,怀允无止。南山之华,其微如英。媲于君功,民说无疆。②[册九一卷八二六九页十八]③

这篇功铭记文主要介绍了元朝末年青阳县尹袁俊的功绩,包括袁俊简单的生平事迹及他在太平之世如何治理青阳县政和当战乱纷起为保卫青阳县组织百姓奋起自卫的有关情况。由于这篇功铭记所反映的元朝末年青阳县的情况是第一次载入青阳县志的,因此具有首创性价值,是很珍贵的资料,为后世方志编修提供了资料来源,同时大典本《元青阳志》也为考证青阳县志编修源流提供了新线索。

现存池州方志中也保存了这篇功铭记文,嘉靖《池州府志》所载《余阙纪青阳县尹袁君功铭并序》④与大典本《青阳志》内容相同,仅文字小异,或为传抄之讹。从编修的时间看,从方志编修的承继性看,嘉靖《池州府志》保存的这篇功铭记文应该是对大典本《元青阳志》的继承。大典本《元青阳志》是后

---

① "辞"字在《永乐大典》(北京:中华书局,1986年,第3855页)中为"乱"字。根据文意,"乱"字误。
② 此条在《永乐大典》(北京:中华书局,1986年,第3855页)中收录在"功铭"条下。
③ 马蓉等点校:《永乐大典方志辑佚》第二册,北京:中华书局,2004年。
④ 嘉靖《池州府志》卷九《艺文》,《天一阁藏明代方志选刊》本,上海:上海古籍书店影印,1964年。

世方志编修的资料来源,其佚文为考证现存记载提供了参考。根据这篇功铭的记载,袁俊元末曾为青阳县尹,在青阳为官期间,治理狱讼,清理积患,重视教化,宣讲经义,使民知立身行己之道。当红军兵起危及青阳之时,组织百姓建立保伍,自守其地,并率民逆战,使青阳县得以保全。袁俊为青阳县尹时,于民有功,青阳百姓因此而德之,并为其撰写功铭记,以表彰其功绩。大典本《元青阳志》将此功铭记入志主要是希望地方官以袁俊为楷模,尽心尽力为国家、为地方办实事。根据嘉靖《池州府志》收录的功铭记,这篇功铭记为元末余阙所撰,可以补大典本《元青阳志》收录的功铭记之阙。

嘉靖《池州府志》、乾隆《池州府志》、光绪《青阳县志》皆称袁俊为"富川人",而独大典本《元青阳志》称其为"富州人"。当以前者为是,大典本《元青阳志》应是抄写之误。

三、大典本《青阳县志》研究

《永乐大典方志辑佚》辑出的大典本《青阳县志》佚文仅保存一条自然地理方面的资料,即"童家湖"。佚文里没有提供时间方面的线索,因此,无法根据佚文内容来判断其编修时间。如上文所言,明朝洪武初年青阳县主簿陈子通曾经编修过一部青阳县志,虽未梓刻,也符合《永乐大典》的收书时间条件。而《永乐大典》还收录了一部《元青阳志》,所以元朝也曾编修过一部青阳县志,只是现存文献没有著录,大典本《青阳县志》也可能是这部志书。所以根据青阳县志编修源流和现存文献提供的线索,大典本《青阳县志》或修于明朝洪武初年,由青阳县主簿陈子通所修;或修于元朝,可能与大典本《元青阳志》《青阳志》是同一部志书。

根据上文的分析,大典本《元青阳志》《青阳志》《青阳县志》如果都是修于元朝末年,则有可能就是同一部志书,只是《永乐大典》在收录时未对该志书名加以统一,因而出现了同一部志书有三个不同称呼的情况。而《永乐大典方志辑佚》的编者遵循"《大典》征引书名,殊不一致,究为一书或他书,已难寻考,今辑佚时悉遵《大典》所录书名,一般不强为合并"①的原则,只是按照书名进行辑佚,同一书名下的内容收集在一起,这样就会出现同一部书却被分别进行辑佚的现象。

修于元朝的青阳县志是目前可知的青阳县志中编修最早的一部志书,它保存的内容是现存青阳县志中最早的,保存的元朝末年的资料应该是首次载入青阳县志的,具有始创性价值,为后世方志提供了资料来源,也为考证后世修志记录提供了参考。

大典本《青阳县志》佚文只有1条地理方面的资料。

> 童家湖,在县北十里。[册二十卷二二七〇页八]②

这条资料内容虽然很简单,只介绍了童家湖的地理位置,却是现存池州府方志中很少见的,有补阙现存文献记载的作用,为了解青阳县自然地理方面的情况提供了新资料。

综上所述,从转引的情况看,《永乐大典》收录的《青阳志》实际上可细分为大典本《元青阳志》和大典本《青阳志》。大典本《元青阳志》应修于元朝末年且在至正十一年(1351年)到至正十八年(1358年)间。大典本《青阳志》或修于明朝洪武初年,由青阳县主簿陈子通所修,或修于元朝。大典本《青阳县志》或是明朝洪武初年青阳县主簿陈子通编修的那部志书,或是元朝编修的。如果大典本《元青阳志》《青阳志》《青阳县志》均修于元末,或可能是同一部志书。

这几部志书佚文保存的4条自然地理方面的资料均为现存方志所鲜载,具有补充历史文献记载不足的价值,为了解青阳社会历史发展提供了新的资料。保存的一篇功铭记因其反映的是元朝末年的情况,是第一次载入青阳县志的,因而具有开创性意义,为后世方志编修提供了资料来源。这部

---

① 马蓉等点校:《永乐大典方志辑佚》第一册《前言》北京:中华书局,2004年。
② 马蓉等点校:《永乐大典方志辑佚》第二册,北京:中华书局,2004年。

志书也为考证青阳县志修志源流提供了参考,由于现存文献皆未记载元朝编修的这部青阳县志,因此它的存在补充了现存记载的阙漏,为全面了解历代青阳县志的编修情况提供了新线索。

小　结

《永乐大典》共收录了9部池州府方志,即《秋浦新志》《池州府图志》《池州府新志》《池州府志》《池州路志》《池州志》《青阳县志》《青阳志》《元青阳志》。根据建置沿革、方志编修源流和佚文提供的线索,笔者对这9部志书的编修时间作了探讨。《秋浦新志》应该是南宋端平二年(1235年)郡守王伯大编修的16卷本《秋浦新志》。大典本《池州府志》《池州府图志》《池州府新志》三部志书均修于明朝且在永乐六年(1408年)以前,则很可能是同一部志书。大典本《池州志》应该修于北宋徽宗大观以后明朝永乐六年(1408年)以前。大典本《池州路志》则修于元朝。大典本《元青阳志》应修于元朝末年且在至正十一年(1351年)到至正十八年(1358年)间。大典本《青阳志》或修于明朝洪武初年,由青阳县主簿陈子通所修,或修于元朝。大典本《青阳县志》或是明朝洪武初年青阳县主簿陈子通编修的那部志书,或是元朝编修的。如果大典本《元青阳志》《青阳志》《青阳县志》均修于元末,则很可能是同一部志书。根据池州府方志编修源流,上述志书中只有王伯大《秋浦新志》、明朝洪武初年编修的《青阳县志》为现存文献所记载,而其他志书则没有记录,这些志书的存在是对现存文献记载不足的补充,为更加全面地了解历代池州府方志编修的情况提供了基本线索。

《永乐大典》收录的池州府方志保存了非常丰富的资料,共保存资料31条,4800多字,涉及池州府所辖贵池、铜陵、青阳、东流、石埭、建德六县,包括地理、经济、军事、人物、文化几类资料,涉及山峰、湖泊、军屯、押队、常平仓、省仓、陂塘、宫室、古迹、人物、功铭记文等内容。这些资料涉及地区广,内容丰富,为研究池州府历史发展过程提供了充实的资料,具有重要的参考价值。这些志书佚文保存的资料有不少为现存文献所鲜载,特别是一些关于湖泊、仓廪、陂塘方面的资料是现存池州府方志中很难见到的。还有一些资料与现存记载不完全相同,却具有补充现存记载的价值。另外,因收录了已经亡佚的古籍的部分内容,故大典本池州府方志佚文还具有辑佚古书的价值。

第三章
太平府方志研究

据《永乐大典方志辑佚》一书辑佚的情况,《永乐大典》收录了5部太平府方志,即《太平府图经》《太平州图经志》《太平州图经》《太平府志》和《太平志》。本章根据太平府建置沿革、方志编修源流和佚文提供的线索对这5部志书的相关问题进行分析和探讨。

第一节 太平府建置沿革和方志编修源流

《永乐大典》收录的5部太平府方志皆以"太平州""太平"或"太平府"为名,因此,有必要考察太平府的建置沿革和太平府志的编修源流情况。

一、太平府建置沿革

关于太平府建置沿革的情况,现存文献中多有记载。《宋史·地理四》

载:"太平州,上,军事。开宝八年,改南平军①。太平兴国二年,升为州。"②《元史·地理五》载:"太平路。下。唐置南豫州。宋为太平州。至元十四年,升为太路。"③《明史·地理一》载:"太平府,元太平路,属江浙行省江东道。太祖乙未年六月为府。"④康熙《太平府志》则载:"宋太宗开宝九年,改雄远军为平南军","太宗太平兴国二年,升平南军为太平州。复当涂县并宣州之芜湖、繁昌为三县","隶建康府路"。"高宗绍兴初,分天下为二十三路,太平州属江南东路。元世祖至元十四年,改太平路,辖以江浙行中书省,县仍旧。成宗元贞元年,分天下为二十二道,太平路辖于江东建康道。顺帝至正十五年,明兵渡江,首取太平路,升为府。明太祖洪武四年,定太平府,领三县,直隶京师。文帝永乐十八年,改京师为南京,称南直隶太平府,三县隶之如故。"⑤《明一统志》载:"《禹贡》扬州之域,天文斗分野。春秋时吴地,复属越。战国时属楚。秦属鄣郡。汉为丹阳郡地。晋属丹阳、宣城二郡。成帝时,侨立淮南郡及当涂县,治于湖。后又侨立豫州,治芜湖。刘宋以来,或治姑孰,或徙于湖。又并淮南入宣城郡,亦治于湖。隋省芜湖等县,以当涂属蒋州。唐当涂置南豫州,寻废州以县属宣州。五代时,南唐于当涂立新和州,后改雄远军。宋改为平南军,后升为太平州。元升为太平路,属江浙行省。本朝改为府,直隶京师,领县三。"⑥从上述记载可知,宋朝太平兴国二年(977年),升平南军为太平州,始有"太平"之称,亦始有"太平州"之名。元世

---

① 《元丰九域志》(《中国古代地理总志丛刊》本,北京:中华书局,2005年)卷六载:"上,太平州,军事。伪唐雄远军。皇朝开宝八年改平南军,太平兴国二年升为州。治当涂县。"《舆地纪胜》(《中国古代地理总志丛刊》本,北京:中华书局,2003年)卷一八称:"自周世宗画江为界之后,李唐于当涂县立新和州。又为雄远军","皇朝改为平南军,寻升为太平州,割当涂、芜湖、繁昌三县隶焉。"康熙《太平府志》《明一统志》皆称作"平南军"。故《宋史》所言"南平军"有误,应为"平南军"。

② 《宋史》卷八八《志四一》,北京:中华书局,1977年。

③ 《元史》卷六二《志一四》,北京:中华书局,1976年。

④ 《明史》卷四〇《志一六》,北京:中华书局,1974年。

⑤ 康熙《太平府志》卷二《建置沿革》,《中国方志丛书》本,台北:成文出版社,1970年。

⑥ (明)李贤等奉敕:《明一统志》卷一五,《四库全书》本,上海:上海古籍出版社,1987年。

祖至元十四年(1277年),太平州升为太平路。明太祖洪武四年(1371年),定太平府,直隶京师。

据太平府建置沿革,以"太平"为书名的志书应修于宋朝太平兴国二年(977年)以后,以"太平州"为书名的志书则修于宋朝太平兴国二年(977年)至元世祖至元十四年(1277年)之间,而以"太平府"为书名的志书则应该修于元至正十五年(1355年)以后。

二、太平府志编修源流

乾隆《太平府志》"王勍序"称太平府"至宋南渡时,转运副使刘子澄始为图经"①,此后历朝历代皆有修纂。乾隆《太平府志》所收明朝嘉靖十年(1531年)七月"邹壁序"言:"郡有志制也,志太平者旧矣,莫得而究其始也。弘治丁巳,一修于宪副钟君珹,为二十卷。正德丙子,再修于膳部鸣和祝君銮,约为十卷。历十有三年为嘉靖戊子,西泉林侯钺来守兹郡,明年鸣和致大参政以归,二公有同年之雅,议续前志,然未果也。"②其"书集"部分较为详细地列举了"郡邑志"的编修情况。康熙《太平府志》"书目"③部分亦载有相同资料。为说明之需,现将有关内容摘录如下。

  《平南军志》一卷,宋初郡名平南军,人失考。
  《太平图经》五卷,转运使刘澄著。
  《太平府志》,明永乐间学博戴祥、徐维超、梁伯温、王振同纂。
  《太平府志》二十四卷,提学副使钟珹著。
  《太平府志》十二卷,参政祝銮著。大删《钟志》,存其略。体裁虽严,人多借之。④

---

① 乾隆《太平府志》,《王勍序》,《中国地方志集成》本,南京:江苏古籍出版社,1998年。
② 乾隆《太平府志》,《邹壁序》,《中国地方志集成》本,南京:江苏古籍出版社,1998年。
③ 康熙《太平府志》卷三九《书目》,《中国方志丛书》本,台北:成文出版社,1970年。
④ 乾隆《太平府志》卷四三《艺文·书集》,《中国地方志集成》本,南京:江苏古籍出版社,1998年。

其他文献中也有关于历代太平府志编修情况的记载。光绪《重修安徽通志》载:"《太平图经》五卷,太平州刘澄著。"①乾隆《江南通志》载:"《太平图经》五卷,郡人刘澄。"②《文渊阁书目·旧志》载:"《太平州图志》,九册。""《太平路图志》,十册。""《太平州图志》,五册。"③

根据上述文献记载,可以明确知道,刘澄编修的《太平图经》修于南宋,钟城之志修于明朝弘治丁巳年(弘治十年,1497年),祝銮编修之志则修于明朝正德丙子年(正德十一年,1516年),邹璧编修之志修于明朝嘉靖十年(1531年)前后。明朝永乐年间编修的《太平府志》是否修于永乐六年(1408年)以前,尚需进一步考察。《文渊阁书目》修于明正统六年(1441年),其"旧志"部分著录的三部太平府志皆应修于此前,但因书名与其他文献中著录的不同,还不能准确判断这三部志书的编修时间。

刘澄,在古代文献记载中另有称呼。光绪《重修安徽通志》载:"《太平图经》五卷,太平州刘子澄著。"④乾隆《太平府志》"王勃序"亦称其为"刘子澄",并言太平府"至宋南渡时,转运副使刘子澄始为图经"⑤。关于刘澄的生平事迹在现存方志中鲜有记载,目前只知道他是转运使,高宗南渡后曾编修过一部5卷本的《太平图经》。《宋史》中有"刘子澄"的相关记载,如"端平二年,七月丁亥,全子才、刘子澄坐唐州之役弃兵宵遁,子才削二秩,谪居衡州,子澄削二秩,谪居瑞州"⑥;"宝祐三年二月乙亥,诏右千牛卫上将军乃猷授蕲州防御使,奉沂靖惠王祠事。兼给事中王埜言:'国家与大元本无深仇,而兵连祸结,皆原于入洛之师轻启兵端。二三狂妄如赵楷、全子才、刘子澄辈,轻而无谋,遂致双轮不返。全子才诞妄惨毒,今乃援刘子澄例,自陈改正,乞寝二

---

① 光绪《重修安徽通志》卷三三九,清光绪四年(1878年)刻本。
② (清)赵弘恩等监修:《(乾隆)江南通志》卷一九一《艺文志》,《四库全书》本,上海:上海古籍出版社,1987年。
③ (明)杨士奇:《文渊阁书目》卷四,清文渊阁四库全书本。
④ 光绪《重修安徽通志》卷三三九《艺文志》,清光绪四年(1878年)刻本。
⑤ 乾隆《太平府志》,《王勃序》,《中国地方志集成》本,南京:江苏古籍出版社,1998年。
⑥ 《宋史》卷四二《本纪四二》,北京:中华书局,1977年。

人之命,罢其祠禄,以为丧师误国之戒.'从之"。① 《南唐书》载:"刘澄,宣城人",后因犯罪被斩。② 可见,刘澄曾犯下重罪,被朝廷处以重罚问斩,或许是因为这一原因,方志中很少记载刘澄的情况。

明朝永乐年间编修的《太平府志》为戴祥、徐维超、梁伯温、王振四人同纂,关于这四人的情况在乾隆《太平府志》中有所记载,戴祥是太平府儒学教授,"浙江会稽人,永乐十六年任,同纂郡志";徐维超是太平府训导,"字士奇,浙江四明举人,永乐十六年任,修郡志,有文名";梁伯温也是太平府训导,永乐"十八年任,同修郡志";王振则为太平府儒学教谕,"湖广醴陵人,永乐十五年任,同徐维超修郡志"③。根据上述记载,戴祥、徐维超、梁伯温、王振四人共同编修的《太平府志》应修于永乐十八年(1420年)以后。这部志书不符合《永乐大典》的收书时间条件。

关于太平州图经编修的情况,宫为之先生在《皖志史稿》中有如下论述:

> 《太平州图经》已佚,有蒲圻张氏大典辑本。南唐时在当涂县置新和州,后改为雄远军,宋开宝八年改为南平军,太平兴国二年升为太平州。太平州在北宋修的图经有名可考者4部,最早为《南平军图经》④,在前面我们已经提到过。后有《(太平州)旧经》已佚,《舆地纪胜》引6条,《大明一统》引5条。次有《太平图经》五卷,是郡人刘澄纂,未见有书引用,只是乾隆《江南通志》191,录其书名及纂者。最后是《太平图经》,此图经是《永乐大典》引用安徽可知图经条文最多的图经,如《大典》三千一百五十:九真(陈规),三千五百八十七:九真(江南北诸屯),七千二百四十一:十八阳(怀古台),

---

① 《宋史》卷四四《本纪四四》,北京:中华书局,1977年。
② (宋)马令:《南唐书》卷二七,清嘉庆墨海金壶本。
③ 乾隆《太平府志》卷一七《职官三》,《中国地方志集成》本,南京:江苏古籍出版社,1998年。
④ 如此处确指安徽省太平府的志书,根据前文所述太平府建置沿革和府志编修源流,应为《平南军图经》,故下文改为《平南军图经》来论述。

七千五百十四：十八阳（平籴仓），七千五百十六：十八阳（省仓），共5条。《舆地纪胜》景物引青山，古迹引楚干将墓等两条。《永乐大典》修于永乐六年（1408），那就是说，此图经成书在明永乐六年以前，但也可能失传于南宋元时期，因为《永乐大典》对宋元以前的秘册佚文，往往一字不易的全行录入。但未见有其他引文之书，佚文何来？①

由此文可知，宫为之先生认为北宋编修的太平州图经共有4部，即《平南军图经》《（太平州）旧经》、刘澄《太平图经》和另一部《太平图经》，其中有两部是以"太平"为书名的。他认为《永乐大典》收录的这部太平图经不是刘澄编修的《太平图经》，而是一部修于明朝永乐六年（1408年）之前的图经，此图经可能失传于南宋、元时期。宫为之先生认为北宋修有4部太平州图经的主要依据是这4部图经为现存文献所著录和转引。

笔者对这段文字加以分析，发现其中有几处疑问。其一，宫先生认为他列举的4部太平州图经皆修于北宋是不准确的。根据太平府建置沿革，《平南军图经》确实是修于北宋，他的分析是正确的。根据宫先生的说明，《（太平州）旧经》为《舆地纪胜》所引，而《舆地纪胜》大约修于南宋嘉定十四年（1221年）左右，笔者认为此《（太平州）旧经》既可能是北宋编修的，也可能修于南宋且在嘉定十四年（1221年）以前，所以宫先生说此志修于北宋不准确。乾隆《太平府志》称："至宋南渡时，转运副使刘子澄始为图经。"②刘澄的《太平图经》修于南宋，而宫先生却称其修于北宋，这也是不合适的。如果宫先生是按编修时间的早晚顺序来排列上述4部志书的，那么《皖志史稿》中提到的另一部《太平图经》也不可能是北宋编修的，而应该是南宋编修的。其二，宫先生认为《永乐大典》收录的《太平图经》不是刘澄编修的《太平图经》，而是另一部修于明朝永乐六年（1408年）以前的《太平图经》，但也可能失传

---

① 宫为之：《皖志史稿》，合肥：安徽人民出版社，1997年。
② 乾隆《太平府志》，《王勃序》，《中国地方志集成》本，南京：江苏古籍出版社，1998年。

于南宋、元时期。既然前文已称这4部太平州图经皆为北宋所修,为何在此又称这部《太平图经》为明朝永乐六年(1408年)之前所修,两者是不一致的。既然宫先生肯定《永乐大典》收录的就是这部修于明朝永乐六年前的《太平图经》,而为何又称此志可能在南宋、元时期亡佚,如果此志已亡佚于南宋、元时期,《永乐大典》又怎能加以收录?其三,从这段文字的分析看,宫先生认为北宋修有4部太平州图经的主要依据是4部图经的书名皆为现存文献所著录,其中有两部志书的内容还被转引。笔者认为这一理由是不充分的。因为古代文献中存在着著录书名不严谨的情况,即不同的人对同一部文献在著录时可能会使用不同的名称。所以,据此做出的判断不一定准确。根据康熙《太平府志》和乾隆《太平府志》的记载,宫为之先生所说的4部太平州图经中只有《平南军图经》和刘澄的《太平图经》两部志书有明确记录,说明确实编修过这两部志书,而其余两部志书是否编修尚待考察,此处存疑。

虽然宫为之先生的分析尚存一些疑问,但亦提供了一些线索。本书在对太平府方志佚文进行分析和研究时主要以现存文献记载的太平府志编修源流为依据,并参考宫为之先生的观点。

笔者将《永乐大典方志辑佚》和《永乐大典方志辑本》辑出的佚文与《永乐大典》残卷收录的内容进行比较,发现两书中所辑书名及其相应的佚文有不准确的地方,故先对其归属进行梳理,再对所辑志书的编修时间进行探讨。

经核查,《永乐大典方志辑佚》辑出的佚文归属有错乱之处。《太平州图经志》中的"芜湖""先贤堂""瑞麦"3条属于《太平州图经》的佚文。《太平府图经》下所辑"江南北诸屯"条实为《太平州图经》佚文。如此梳理之后,《永乐大典方志辑佚》实际上辑出:一部《太平州图经志》,辑出"平籴仓""省仓""怀古堂""陈规""麦"5条佚文;一部《太平州图经》,辑出"芜湖""先贤堂""瑞麦""江南北诸屯"4条佚文;一部《太平府图经》,辑出"宿狷通海之洞"1条佚文。①

《永乐大典方志辑本》所辑志书的佚文亦有错乱,"怀古堂"应为《太平州图经志》的佚文,而不是《太平州图经》的佚文;"陈规"应是《太平州图经志》的佚文,而不是《太平图经志》的佚文。② 核查《永乐大典》残卷,其中没有《太平图经志》,《永乐大典方志辑本》所辑有误。

由以上分析可见,《永乐大典》收录了5部太平府方志,而不是《永乐大典方志辑佚》辑出的4部。这5部太平府方志是:《太平府图经》《太平州图经志》《太平州图经》《太平府志》《太平志》。

第二节 大典本《太平州图经》研究

根据太平府建置沿革、佚文提供的线索,本节对大典本《太平州图经》的编修时间进行分析和探讨,并对其佚文价值进行总结。

一、关于大典本《太平州图经》编修时间的探讨

根据太平府建置沿革,以"太平州"为书名的志书应修于宋朝太平兴国二年(977年)至元世祖至元十四年(1277年)之间。大典本《太平州图经》应修于这段时间内。

佚文也提供了时间线索,因此可以从这一角度来分析大典本《太平州图经》的编修时间。"先贤堂"条称:"[先贤]堂,祠齐谢宣城朓、梁陶隐居弘景、本朝陈少师规、宋少师惠直、郭金紫维、于朝请详正、王直讲逢、李编修之仪、李左司柽、唐修职敏求。旧名两贤,祠李翰林、潘逍遥。开禧间,增置像位凡十有二贤,在州学"。③ 根据《宋史》④的记载,陈规、宋惠直、王逢、郭维、李柽、

---

① 马蓉等点校:《永乐大典方志辑佚》第二册,北京:中华书局,2004年。
② 杜春和整理、张国淦:《永乐大典方志辑本》,北京:北京燕山出版社,2009年。
③ 马蓉等点校:《永乐大典方志辑佚》第二册,北京:中华书局,2004年。
④ 《宋史》卷二八四、卷四三二、卷四四三、卷四五三、卷四八七,北京:中华书局,1977年。

唐敏求皆是宋朝人，从行文方式看，文中所称"本朝"应指"宋朝"。这条资料说的是先贤堂最早只祀李翰林和潘逍遥二贤，到南宋开禧年间，则又增加上述十人，共祀十二人。因此，大典本《太平州图经》亦应修于南宋且在开禧（1205~1207年）以后。

从太平府志编修源流来看，以"图经"作为书名的志书只有一部，即南宋转运使刘澄编修的5卷本《太平图经》。刘澄的《太平图经》在时间上和大典本《太平州图经》是相当的，但该志以"太平"为名，未以"太平州"为名，所以还不能完全肯定大典本《太平州图经》就是刘澄所修之《太平图经》。而可以肯定的是，大典本《太平州图经》是修于南宋且在开禧（1205~1207年）以后的一部太平府志。现存文献记载的太平府方志编修源流里没有提及这部志书。它的存在可以补充文献记载的阙漏。

张国淦先生从《永乐大典》中辑佚出一部《太平州图经》，《中国古方志考》中有如下记述：

　　太平州图经　　佚　蒲圻张氏大典辑本
　《舆地纪胜》十八：太平州，景物上青山，古迹楚干将墓，引《图经》二条。
　　《大典辑本》据大典三千一百五十：九真（陈规），七千二百四十一：十八阳（怀古台），七千五百五十四：十八阳（平籴仓），七千五百十六：十八阳（省仓），引《太平州图经志》四条，又三千五百八十七：九真（江南北诸屯），引《太平州图经》一条。[①]

由此文可知，张国淦先生实际上从《永乐大典》中辑出了一部《太平州图经志》和一部《太平州图经》，他是将两志合在一起辑佚的，共辑出5条资料，前者有4条佚文，后者有1条佚文。看来张先生认为《太平州图经志》和《太平州图经》是同一部志书，并将两书内容放在一起辑佚，但并未说明其编修

---

① 张国淦：《中国古方志考》，北京：中华书局，1962年。

时间。

在杜春和整理、张国淦著的《永乐大典方志辑本》中,编者辑出《太平州图经志》《太平图经志》《太平州图经》各一部,按语称:"《大典》引《太平州图经志》凡三条,又《太平图经志》①凡一条,又《太平州图经》凡五条。宋太平州,元太平路,明太平府。曰太平州,知是宋志。其怀古堂条'淳熙六年'云云,当是淳熙六年以后修②。《舆地纪胜》十八:'太平州亦引《图经》'。《文渊阁书目·旧志》:'《太平州图志》九册,又五册',当有其一即是《图经志》。又'宋郡人刘澄《太平图经》五卷'(见《乾隆江南通志》一百九十一),未知即是《图经志》否?曰'图经志'、曰'图经',或修《大典》时传抄有省略字。(《大典》又引《太平府志》,录入明太平府。)"③从按语提供的信息看,其实《永乐大典方志辑本》辑出的《太平州图经志》之下还有《太平图经志》《太平州图经》两部志书。编者根据"太平州"建置沿革,认为两部以"太平州"为名的志书应修于宋朝,并根据"怀古堂"条提供的时间线索,认为志书修于宋"淳祐六年"以后。④ 编者认为《文渊阁书目》里提到的9册本和5册本《太平州图志》里有一部就是《永乐大典》收录的《太平州图经志》⑤,但不知其依据为何。编者对于《图经志》是不是宋朝刘澄编修的《太平图经》,亦未能确定。

因明朝嘉靖十年(1531年)七月"邹壁序"⑥中未提及大典本《太平州图经》,故此志最迟亡佚于明嘉靖十年(1531年)七月前。

二、大典本《太平州图经》佚文的价值

大典本《太平州图经》共有4条佚文,1800多字,包括地理、军事和遗事

---

① 核查《永乐大典》残卷,没有《太平图经志》,《永乐大典方志辑本》所辑有误。
② 核对大典本"怀古堂"佚文,应为"淳祐六年",此处言"淳熙六年",误。
③ 杜春和整理、张国淦:《永乐大典方志辑本》,北京:北京燕山出版社,2009年。
④ "怀古堂"一条原文是"淳祐六年",而《永乐大典方志辑本》误为"淳熙六年"。笔者据此改。
⑤ 因《永乐大典》残卷没有收录《太平图经志》,只有《太平州图经志》,所以《永乐大典》收录的太平府志书里以"图经志"为名的只有《太平州图经志》这一部志书。
⑥ 乾隆《太平府志》,《邹壁序》,《中国地方志集成》本,南京:江苏古籍出版社,1998年。

三个方面的内容。

(一)地理类资料的价值

地理类资料可分为自然地理和人文地理两个方面,各有一条,自然地理资料是山川方面的内容,人文地理资料主要是宫室方面的内容,反映了宋朝太平州祠堂建设的基本情况。

1. 芜湖以北水

丹阳湖,三源,在当涂东南六十九里。徽、池、昇、宣、广德诸溪所汇也。源出徽之黟县者,入宣州太平境,曰舒泉,合宣之白穰溪、藤溪、麻溪。并太平县。池之盖山泉,石埭。复合宣之漠溪、泾溪,并泾县。东北行至芜湖。源出广德白石山者曰桐水,建平。合宣之五湖、宁国。绥溪,一名白沙川。勾溪、源亦出于徽之蘘山。宛溪,并宣城县。东北行至芜湖。出升之东庐山者曰吴漕水,合太山水,并溧水。西南行至当涂,百川同汇,通为三湖,一石臼、二固城、三丹阳,溧水、当涂、宣城、芜湖皆分心为界。而丹阳最大,旧志①:丹阳南北横九十里,东西从七十五里。若合三湖,则不止是。盖总名也。故丹阳亦名三湖。丹阳既潴,本西行出芜湖以趋江,后人田于里侯顷取王琳处县岸也。西池水入之,县北百步,广二亩。过鳖洲,在县河入江之口。《江表记》:长三里。与碌矶相对,入于江。其一最北者曰龙山港,起路西湖之右,过青山之阳,白雪泉入之。发青山顶。又北过龙山之阳,港以此名。又西过牛头山之阴,山水皆入之。过新造桥,当涂南十里。西南行塔桥,县南二十五里。阴村港水入之。县西南十五里,港源县东南诸山。北行过大信镇,大信河水入之。大信自白岸湖分流,北行过梅塘、何墓山之间,西行过马鞍山,又西过镇,会龙山港。过天门山,入于江。此南股趋江之别流②也。自溧水入当涂境者为北股,西行过陈进圩之北黄野涧、县西九十里,接建康界。横望港,横望山水,一名博。湖心方圩以遏之,遂酾为二股,属芜湖者为南股,正西行过圩南,青弋水入之。出石埭,合泾县小溪。过黄池,五丈湖水

---

① 应加标点,为"《旧志》"。
② "流"字在《永乐大典》(北京:中华书局,1986年,第810页)中为"派"字。

入之。东南七十里。广十顷。过跋峑，东四十里，黄池水分流①。句慈二港。东四十里，即鸠兹也。语在本条。北行复汇为路西湖。路西非古名，以在圩路西故也。路西湖又分两小股，其一最南，即芜湖县河，乃②股趋江之正流③。县河起句慈，西行为白岸湖，东南五十里，广三顷。过荆山，天城湖水入之。"城"一作"圣"。县东南一十四里，广百八十顷。入处为荆招港，在县东南八里。又西过芜湖县治，《寰宇记》：有芜湖洲长望，一名新开，入之。又西过武山，武山港入之。又西过青山之阴，炼堆港入之。港侧有堆，世传丁令威炼丹处。有汊向西北，接建康章公塘。又西过白贮山之阳，合姑溪，过鼍浦、郡南一里。《寰宇记》云：有鼍魅，为歙州刺史李聿斩之。郡及当涂县治。其北是为南州津，《江源记》"姑浦口南岸有津"，即此。胭脂、南津二港及长河汀入之。港通龙山港，皆后人所开。④又北过黄山渡，灌头港入之。源出龙泉山，县北十五里。又北过牛渚，社公港入之，过采石入于江，此丹阳之北股也。丹阳湖，齐谢朓《望丹阳石臼固城三湖》诗："积水照赪霞，高台望归翼。平原周远近，连汀见纤直。葳蕤向春秀，芸黄共秋色。薄暮伤哉人，婵娟复何极。"李白："湖与元气连，风波浩难止。天外贾客归，云间片帆起。龟游莲叶上，鸟宿芦花里。少女棹轻舟，歌声逐流水。"论曰：余既以丹阳水书世俗所谓芜湖县河者，或曰丹阳入江岂特县河哉！有姑溪焉，有龙山港焉，今书县河曰丹阳之水，则姑溪、龙山港亦可书丹阳水乎！是不然，当禹治水时，丹阳湖未可圩田也，潴而复泄，水田其道，则过今县南而入江者正流⑤也。计水之深且大，必不止今日所观者。而龙山之自为港，姑孰之自为溪，各以其流入江，与丹阳实无所预。及既筑方数十里圩于湖之心，后人附益而筑者不可

---

① "流"字在《永乐大典》（北京：中华书局，1986年，第810页）中为"泒"字。
② "乃"字在《永乐大典》（北京：中华书局，1986年，第810页）中多一"南"字。
③ "流"字在《永乐大典》（北京：中华书局，1986年，第810页）中为"泒"字。
④ 此句之后在《永乐大典》（北京：中华书局，1986年，第811页）中有"又北行过江口渡，襄城港入之，县北三里□源"一句，《永乐大典方志辑佚》和《永乐大典方志辑本》皆缺此句。
⑤ "流"字在《永乐大典》（北京：中华书局，1986年，第811页）中为"泒"字。

枚举。昔之潴而一者,至是酾而二矣!上流正流①有所分,则水小而反缓;下流枝流②有所轧,则水溢而下趋。溪港之门,地势素下,乃水势所必趋,后人因而通港,然后溪与港遂受其余以入江尔,岂得与上流之正流③同日而语哉!

梁元帝《泛芜湖》诗曰:桂潭连菊岸,桃李夹成蹊。石文如濯锦,云飞似散珪。桡度菱根反,舡去荇枝低。帆随迎雨燕,鼓逐伺潮鸡。④[册二十卷二二六六页十七]⑤

这条资料介绍了"丹阳湖"三个水源的情况,说明了丹阳湖水流的方向、分流和合并以及水流经过的各个地方的有关情况,还收录了谢朓、李白和梁元帝歌咏丹阳湖的诗句,并且还有一段对丹阳湖水的评论。从这段评论可以了解到"丹阳湖"变迁的一些情况。丹阳湖在南宋以前水域广大,而南宋后水域则开始变小,而且水流变细、变缓,下流和支流与上流和正流相比,水量和水流相差很大。造成这一变化除了气候干燥、水源减少等自然原因外,更主要的还是人为因素所致。自从在丹阳湖湖心筑圩数十里之后,湖水开始减少,随着筑圩活动的日益加剧,湖水减少的速度加快,湖域面积也日渐缩小。此条资料可以说明,人类的活动应与周围环境相协调,如果不以保护环境为前提,生态环境必将遭到破坏,人类生存环境的质量将逐渐下降,人类的生活一定会受到不利影响。"丹阳湖"一条记载的内容非常丰富,是大典本《太平州图经》佚文保存下来的资料中篇幅最大的一条,约1500字,为了解丹阳湖的水源、水流走向、湖水流经地区等方面的情况提供了翔实的资料。通过这条资料可以较为全面地了解南宋"丹阳湖"的有关情况,也可以从中总结有关的经验和教训,以指导人类的活动。

现存方志也多有关于"丹阳湖"的记载,康熙《太平府志》中保存的一则

---

① "流"字在《永乐大典》(北京:中华书局,1986年,第811页)中为"派"字。
② "流"字在《永乐大典》(北京:中华书局,1986年,第811页)中为"派"字。
③ "流"字在《永乐大典》(北京:中华书局,1986年,第811页)中为"派"字。
④ 此条在《永乐大典》(北京:中华书局,1986年,第810页)中收录于"芜湖"条下。
⑤ 马蓉等点校:《永乐大典方志辑佚》第二册,北京:中华书局,2004年。

资料内容最为丰富,现将这段资料抄录于此,将其与佚文进行比较,从而可以说明大典本《太平州图经》佚文的价值所在。

府东南巨浸曰丹阳湖,徽、池、江宁、宁国、广德诸溪所汇也,源出徽之黟县者,入宣州、太平境,曰舒泉,合宣之曰石溪、藤溪、麻溪,池之盖山泉,复合宣之莫溪、泾溪,东北行至芜湖。出广德白石山者曰桐水,合宣之五湖、绥溪、句溪、宛溪,东北行至芜湖。出江宁之东庐山者曰吴漕水,合太山水。西南行至当涂,百川同汇通为三湖,一石臼,二固城,三丹阳,而丹阳最大,盖总名也。丹阳既潴,本西行出芜湖,后入田于湖心,方圩以遏之,遂酾为二股,其迤北属当涂者曰龙山港,起路西湖之右,过青山之阳,又西过牛头山之阴,山水皆入之。过新造桥,西南过塌桥,阴村港水入之。北行过大信镇,大信河水入之。过天门山,入于江。为南股趋江之别派。西过顽牛山诸说,本名山志,然当涂志称小水微流,虽水盛时亦不通大信河。履地之谈,自非纸上。南股趋江,别派旧说为讹,仍顺文序入,亦以见今昔,容有异同也。龙山港余水北过花山亭桥墩、牛濯桥墩入姑溪河。丹阳一支自溧水入当涂境为北股,西行陈进圩之北黄野涧横望港入之,又西过武山,武山港入之。又西过青山之阴,炼堆港入之。又西过白绽凌家山之阳,而合于姑溪之河,经桃花泉绕杨家坝郡及当涂,治其北,是为南州津。胭脂、南津二港及长河汀入之,又北行襄城港入之,汇于三江口即金柱山也。又西过黄山渡,观头港入之。又西过采石镇杜公港入之,至新河牛渚入于江,其出芜湖者正西过方圩,南青弋水入之,出石埭合泾县小溪,过黄池,五丈湖水入之。过跂耸,勾慈、荆珆二港,北行复汇路西湖。又分二经,最南者即芜湖县河,乃南股趋江之正派。河起勾慈,西行为白岸湖。过荆山,天城湖水入之。北行为匾担河,达姑孰溪入于江。又西过芜湖县治,西湖池水入之。过鳖洲入于江。江口稍南为双港,郑塘水入之,入于江。又南为鲁港,硙河入之。过青墩河,入于江。江口以北过韭叶矶,为二小港。又北过碛矶为乌汉港,山赤铸山入于江。繁昌水有二,荻港、鲁港。荻港水出南陵之大涌洞,绕马仁山西入繁昌界。北行为赤家滩,铜陵九龙庙山溪之水入之。又西为清流潭,为浒溪。过马鞍山至黄浒镇白马山麓,迤西官庄湖水入之。又西铜陵钟鸣耆水入之,北折为唐家渡,铜陵顺安河水入之。又北经马居山石龙桥水入之,又至凤凰山下,为荻港入江鲁港源出宣城之吕山,合中西二港。西港出大工山,在南陵。中港在宣城西南,北折而西绕,隐静山阴入繁昌,过铜山与小淮水合,过苎田港,白马山以东峨溪及苍龙洞水会之经下。峨桥市东行过虎槛洲折北,沿芜湖硔湖水会之。又折而西至鲁港,注于江统观。三邑诸水虽源流分出,有不专属于丹阳者,而以丹阳为最,以入江为归,则举一湖而江之大已包络于中矣。①

　　将这段记载与大典本《太平州图经》佚文相比,这段记载不仅在记载的内容和顺序上与佚文有所不同,而且记载的内容也比佚文少了许多。大典本《太平州图经》佚文较之康熙《太平府志》的记载多出了三首诗文,亦多出了宋朝人的评论,具有补充资料的价值。大典本《太平州图经》佚文还转载了其他文献的内容,并非常明确地标明了引文的出处,可以为考证这些记载的正误提供参考。大典本《太平州图经》佚文是目前保存下来的关于"丹阳湖"的最早、最为丰富的一条资料,为了解丹阳湖自然环境的变迁提供了新的参考,具有重要的史料价值。

　　谢朓的诗在《谢宣城诗集》中有收录,但诗名为《望三湖》②,其中"婵娟复何极"一句作"婵媛复何极"。大典本《太平州图经》佚文、《谢宣城诗集》、嘉靖

---

① 康熙《太平府志》卷三《地理志》,《中国方志丛书》本,台北:成文出版社,1970年。
② 《谢宣城诗集》卷一,《丛书集成初编》本,北京:中华书局,1983年。

《重修太平府志》①作"薄暮伤哉人"，而康熙《太平府志》②、康熙《当涂县志》③、乾隆《太平府志》④、民国《当涂县志》⑤则皆作"薄暮伤佳人"。大典本《太平州图经》佚文收录的李白诗在《李太白全集》⑥和《全唐诗》⑦中亦有收录，即《姑孰十咏·丹阳湖》："湖与元气连，风波浩难止。天外贾客归，云间片帆起。龟游莲叶上，鸟宿芦花里。少女棹归舟，歌声逐流水。"其文与大典本《太平州图经》佚文相同，可证佚文的准确性。清朝学者严可均曾有校辑之作《全上古三代秦汉三国六朝文·全梁文》⑧，这部作品对梁元帝的诗文作了辑校，但未辑出梁元帝的《泛芜湖》一诗，故大典本《太平州图经》佚文保存的资料是辑佚梁元帝诗文的资料来源，具有辑佚价值。佚文中梁元帝诗"桃李夹成蹊"一句，康熙《太平府志》⑨、乾隆《太平府志》⑩、嘉庆《芜湖县志》⑪、民国《芜湖县志》⑫皆作"桃李映成蹊"。

另外，大典本《太平州图经》还转引了一部《旧志》和《江表记》《江源记》的内容，而在《中国地方志联合目录》《中国地方志综录》等书目的统计及其

---

① 嘉靖《重修太平府志》卷一《舆地志》，《稀见中国地方志汇刊》本，北京：中国书店，1992年。
② 康熙《太平府志》卷三八《艺文四》，《中国方志丛书》本，台北：成文出版社，1970年。
③ 康熙《当涂县志》卷三〇《艺文》，《稀见中国地方志汇刊》本，北京：中国书店，1992年。
④ 乾隆《太平府志》卷四〇《艺文诗》，《中国地方志集成》本，南京：江苏古籍出版社，1998年。
⑤ 民国《当涂县志》卷之《志余·诗存》，《中国地方志集成》本，南京：江苏古籍出版社，1998年
⑥ （清）王琦注：《李太白全集》卷二二，北京：中华书局，1977年。
⑦ 陈贻焮主编：《全唐诗》（增订注释）卷一七〇，北京：文化艺术出版社，2001年。
⑧ （清）严可均校辑：《全上古三代秦汉三国六朝文》卷一五～一八《全梁文》，北京：中华书局，1958年。
⑨ 康熙《太平府志》卷三五《艺文一》，《中国方志丛书》本，台北：成文出版社，1970年。
⑩ 乾隆《太平府志》卷三四《艺文》，《中国地方志集成》本，南京：江苏古籍出版社，1998年。
⑪ 嘉庆《芜湖县志》卷一九《艺文志》，民国二年（1913年）翻印嘉庆刻本。
⑫ 民国《芜湖县志》卷五九《杂识》，民国八年己未（1919年）石印本。

他文献的著录中未见这三部文献,疑其早已亡佚,故大典本《太平州图经》又具有辑佚古书的价值。

2.[先贤]堂,祠齐谢宣城朓、梁陶隐居弘景、本朝陈少师规、宋少师惠直、郭金紫维、于朝请详正、王直讲逢、李编修之仪、李左司桎、唐修职敏求。旧名两贤,祠李翰林、潘逍遥。开禧间,增置像位凡十有二贤,在州学。[册六九卷七二三五页十三]①

这条资料介绍的是"先贤堂"的位置及祭祀先贤的情况。从开禧间增设像位的情况看,先贤堂修于南宋开禧之前,开禧以前仅祭祀李翰林、潘逍遥二贤,至开禧间增为十二贤。这条资料是目前太平府志中保存下来的最早的记载。这条资料在现存太平府方志中也很难见到,因此大典本《太平州图经》佚文是对现存文献记载不足的补充,为了解太平府的历史发展情况提供了新的资料,具有重要的史料价值。

(二)军事类资料的价值

军事类资料有一条,主要反映了南宋在长江沿岸设防的情况及宋军与金军在此对战的场景。

> 南岸六屯:望夫山。第一屯。张公荡。第二屯。东梁山。第三屯。双港口。第五屯。下矶头。第六屯。芮家沙。第九屯。
>
> 北岸四屯:裕溪河口。第四屯。栅江口。第七屯。泥汊河口。第八屯。糁潭河口。第十屯。
>
> 建炎庚戌,兀术自马家渡而济,纵蠡于江浙之间,我有虚可搗也。绍兴辛巳,逆亮谋渡采石而败,送死于荒江之喷,我无瑕可攻也。江流汤汤,古号天险,然有备则为难犯之金汤,无备则皆可涉之津涯。分屯列隘,当涂尚慎旃哉!②[册五二卷三五八七页十

---

① 马蓉等点校:《永乐大典方志辑佚》第二册,北京:中华书局,2004年。
② 此条在《永乐大典》(北京:中华书局,1986年,第2165页)中收录于"江南北诸屯"条下。

四]^①

这条资料主要介绍了建炎和绍兴年间,金兵南下,宋军以长江为天堑,并在长江沿岸分屯列隘以为防御的有关情况,说明南宋在长江建立的防御体系对抗击金兵的进攻起到了非常重要的作用。这条资料是一条军事方面的资料,记载了宋朝太平州在沿江南北两岸设置兵屯的情况,借此可以了解当时为加强防御力量,积极加强军事建设的有关情况。后世方志中很难见到这条资料,大典本《太平州图经》佚文保存的这条资料具有补阙史料的作用,为了解南宋抗金保国的有关历史事实提供了新的参考。

(三)遗事类资料的价值

遗事类资料只有一条,是祥瑞方面的内容。

> 嘉泰元年,州民献瑞麦,有歧而两者,有歧而四者。^②[册一百八八卷二二一八一页十一]^③

这条资料主要记载了宋朝嘉泰元年(1201年)时的祥瑞情况。这条资料是现存太平府方志中最早的记载,反映的是南宋时期的有关情况。现存方志中也有相关记载。嘉靖《太平府志》载:"嘉泰九年,州民献瑞麦,有歧而两者,有歧而四者。"^④乾隆《太平府志》载:"宁宗嘉泰元年旱,赈之,仍蠲其赋。时州民献瑞麦,有歧而两者,有歧而四者。"^⑤这两则记载与大典本《太平州图经》佚文基本相同,是对前志的继承。嘉靖《太平府志》"嘉泰九年"疑为"嘉泰元年"之误,应为形近之误。

---

① 马蓉等点校:《永乐大典方志辑佚》第二册,北京:中华书局,2004年。
② 此条在《永乐大典》(北京:中华书局,1986年,第7859页)中收录于"瑞麦"条下。
③ 马蓉等点校:《永乐大典方志辑佚》第二册,北京:中华书局,2004年。
④ 嘉靖《重修太平府志》卷一二《灾祥志》,《稀见中国地方志汇刊》本,北京:中国书店,1992年。
⑤ 乾隆《太平府志》卷三二《祥异》,《中国地方志集成》本,南京:江苏古籍出版社,1998年。

根据佚文中提供的时间线索和地区建置沿革，大典本《太平州图经》应该是修于南宋且在开禧（1205～1207年）以后的一部太平府志。大典本《太平州图经》有4条佚文，其中"先贤堂"和"江南北诸屯"两条为现存文献所鲜载，可以补充现存文献记载的不足，为了解太平府历史发展过程中的相关情况提供了新资料。"芜湖以北水"一条则与现存文献记载不完全相同，亦可补其他记载之阙，而且此条佚文还可以为辑佚古书提供资料来源。

第三节　大典本《太平州图经志》研究

《永乐大典》还收录了一部《太平州图经志》，根据建置沿革和佚文提供的时间线索，笔者认为这部志书应该修于元朝或明朝且在永乐六年（1408年）之前。

一、关于大典本《太平州图经志》编修时间的探讨

根据太平府建置沿革，以"太平州"为书名的志书应修于宋朝太平兴国二年（977年）至元世祖至元十四年（1277年）之间。

大典本《太平州图经志》佚文中也提供了更为明确的时间线索，如"乾道四年""开禧间""嘉泰元年""淳祐六年"等，其中最迟的时间是"淳祐六年"，据此可推断大典本《太平州图经志》应修于南宋淳祐六年（1246年）以后。"祥异"条下则有"宋乾道二年，当涂宰韩琳行野劳农，得双穗之麦，献于郡。州民余氏，又得一本六穗者以献，洪迈因以瑞麦名亭"[1]一段文字。根据"宋乾道二年"的行文方式，只有后世才称"宋"，则大典本《太平州图经志》应修于元朝或明朝。

综合考虑太平府建置沿革、佚文提供的时间线索、《永乐大典》收书的时间限制，大典本《太平州图经志》应修于元朝或明朝且在永乐六年（1408年）

---

[1]　马蓉等点校：《永乐大典方志辑佚》第二册，北京：中华书局，2004年。

以前。

大典本《太平州图经志》是现存文献所未著录的,可以补充现存文献记载的不足,为了解历代太平府志编修情况提供了新线索。这是大典本《太平州图经志》的价值所在。

在明朝嘉靖十年(1531 年)七月邹壁写的志序①中没有提到这部大典本《太平州图经》,因此可知这部志书在明嘉靖十年(1531 年)七月前就已亡佚了。

二、大典本《太平州图经志》佚文的价值

大典本《太平州图经志》佚文共有 5 条,1200 多字,分为地理、经济、人物、遗事四方面的内容,为了解明朝永乐六年(1408 年)以前太平府及其所辖地区的有关情况提供了丰富的资料。

(一)地理类资料的价值

地理类资料只有 1 条,是人文地理方面的内容。

> 怀古堂,在凌歊台后。乾道四年,吴芾建。淳祐六年,陈垲修,并和陈梦斗诗:"蛾眉亭下路,舟楫几经过。晚识黄山面,新添白发多。学仙徒化鹤,病偻喜名驼。四上江湖请,金章许换蓑。"[册七一卷七二四一页十四]②

这条资料介绍了"怀古堂"的位置、创建和维修的时间以及相关人物等方面的情况,并收录了一首诗。这条资料反映的是南宋时期的有关历史事实。现存太平府方志也多有这方面的记载。嘉靖《重修太平府志》载:"怀古堂,凌歊台后。宋乾道四年,吴芾建。"③康熙《当涂县志》载:"怀古堂,在凌歊

---

① 乾隆《太平府志》,《邹壁序》,《中国地方志集成》本,南京:江苏古籍出版社,1998 年。
② 马蓉等点校:《永乐大典方志辑佚》第二册,北京:中华书局,2004 年。
③ 嘉靖《重修太平府志》卷二《宫室志》,《稀见中国地方志汇刊》本,北京:中国书店,1992 年。

台后。乾道四年,吴芾建。淳祐六年,陈垲修。"①乾隆《太平府志》②、民国《当涂县志》③皆载有相同内容。康熙《当涂县志》称"今废",说明怀古堂在元朝或明朝永乐六年(1408年)前编修这部太平图经时尚存世,而到康熙三十四年(1695年)修当涂县志时已不存世。关于"吴芾"和"陈垲"的资料现存方志中有记载。康熙《太平府志》载:"吴芾,字明可,仙居人。乾道三年敷文阁直学士、左中奉大夫,知力图上流造舟,以梁姑溪、历阳筑者久役,溃归声言欲趋郡境,芾呼至城下,厚犒遣之,而密倡乱者系狱,以闻诏褒谕之,内侍家僮殴伤酒家,保治之狗于市,权豪侧目,四年撰知军州事题名记,寻除徽猷阁学士,入祀名宦";"陈垲,字子爽,崇德人。淳祐五年,以中大夫集英殿修撰知,兼江东转运副史,奏蠲诸郡灾伤,发公帑代三县转折丝帛钱五十余万,作浮淮书堂。子大信,处淮士教之,治声赫然。在任四年,除显谟阁待制、福建安抚使,历官端明殿学士,谥清毅。"④这两则记载皆未提及"吴芾"和"陈垲"修建"怀古堂"的事情,因此,大典本《太平州图经志》佚文保存的这条资料为了解太平府人文地理和历史人物提供了一些新的资料。

(二)经济类资料的价值

经济类资料有两条,都是关于仓廪方面的,主要介绍了仓廪的位置和建设方面的情况。

1.省仓,在南津门内街东。[册八一卷七五一六页十一]⑤

这条资料介绍了"省仓"的位置,没有其他相关内容。但这是目前太平府方志中保存下来的最早的一条资料,而且现存太平府方志中很难见到这

---

① 康熙《当涂县志》卷一八《古迹》,《稀见中国地方志汇刊》本,北京:中国书店,1992年。
② 乾隆《太平府志》卷一三《古迹志》,《中国地方志集成》本,南京:江苏古籍出版社,1998年。
③ 民国《当涂县志》卷之《舆地志·胜迹》,《中国地方志集成》本,南京:江苏古籍出版社,1998年。
④ 康熙《太平府志》卷二六《名宦》,《中国方志丛书》本,台北:成文出版社,1970年。
⑤ 马蓉等点校:《永乐大典方志辑佚》第二册,北京:中华书局,2004年。

条资料,因此,它具有补阙现存文献记载不足的作用,为了解太平府仓廪建设的有关情况提供了新的参考。

2.平籴仓,在省仓北。先是吴柔胜籴米四千硕,以备平粜。陈贵谦增籴为二万硕,又置田一千三百三十亩有奇,岁收其租,为郡民代输役钱和买,以其余增平籴之。[册八一卷七五一四页十一]①

乾隆《太平府志》中有关于"吴柔胜"和"陈贵谦"这两个人的记载:"吴柔胜,字胜之,宁国县人。游郡学,遂籍宣城。登淳熙辛丑进士,嘉定十年以朝奉郎知。宗嚮伊洛正传,持大节不苟富贵,容貌端伟,临下以庄人,望之起敬。郡乃昔授徒处,亲戚故旧有犯毫发弗贷罢,城下税减,万春圩租,疏市河多惠利。次年,转朝散直文华阁,寻引疾丐闲,除秘阁修撰,奉祠。卒,赐少卿,谥正肃。"②"陈贵谦,嘉定间以朝奉大夫知,寻转朝散。重修州学,四斋易名,率性修道,正心诚意。除江东提督。《宋史·吕午传》作'贵谊',继吴任。"③据此可知,佚文中提到的这两个人是南宋人,佚文保存的这条资料应该是介绍南宋"平籴仓"建设方面的有关情况的。乾隆《太平府志》保存的两人的资料皆未记载他们建设"平籴仓"的事,《宋史·吴柔胜传》④亦未记载这一情况,因此大典本《太平州图经志》佚文保存的这条资料可以补充现存其他文献记载的不足,可以为更加全面地了解历史人物提供新的资料。从佚文保存的内容可以了解南宋太平府"平籴仓"的所在位置、籴米数量,以及置田收租、代民输役等方面的情况。目前保存下来的太平府方志中很难见到这样的资料,因此大典本《太平州图经志》佚文是对现存太平府方志的补充,丰富了有关的记载,为了解太平府仓廪的发展情况提供了新的资料,具有重要的史料价值。

---

① 马蓉等点校:《永乐大典方志辑佚》第二册,北京:中华书局,2004年。
② 乾隆《太平府志》卷二二《名宦志》,《中国地方志集成》本,南京:江苏古籍出版社,1998年。
③ 乾隆《太平府志》卷一六《职官二》,《中国地方志集成》本,南京:江苏古籍出版社,1998年。
④ 《宋史》卷四〇〇《列传一五九》,北京:中华书局,1977年。

(三)人物类资料的价值

人物资料只有一条,即"陈规",其内容十分丰富,在佚文中占有重要的份量。这条资料较为全面地介绍了宋朝人陈规的生平事迹,内容比现存其他文献记载要丰富,是研究宋朝太平州历史人物的重要参考资料。

陈规,其先密州安丘人。少负大志,刻意于学,天文卜筮,靡不通究。年逾三十,以新科明法出身。初任隆德府法曹,再调安陆县令。靖康元年,诏诸道勤王,规慨然曰:'此志士效死之秋也'。号召民兵,感以义,得数千人,鼓行而前。至上蔡,遇溃兵蔽遮不得进,勒兵还至应山。会阎仅聚党纵火焚劫,规与战于市,寇北而遁。抵郡境,民欢呼以迎。就摄府事。规首修堞壁,砺戈矛,备弓矢,募民入粟,常如寇至。是时王在党忠啸侪类,攻城无虚日,规奖督将士,连败之。事闻,命即真为守。未几,张世拥众五万攻城,规选勇敢,更番出战,贼锋屡挫散去。流民入境,计口给米,全活不胜计。超迁德安府复州汉阳军镇抚使。李横掠地过德安,合围百计攻城,规冒矢石登陴激众,飞炮伤足,神色不动。令居民伐鼓张帜助声势。城中粮乏,得陈麦,屑之杂木皮为粥,与士卒同食,人殊死守。又设托竿以遏鹅车,穴地道以颓寨栅,横败而走,城赖以全。至于谕吴锡以全孝感之民,诱霍明以间桑仲之众,招韩通以为尉,戮方寿以惩奸,驾御操纵,知略不穷。刘豫遣人持书招之,规不启封,抵之地,曰:"逆贼负国厚恩,狗猪不食其余,吾恨不磔汝以谢天下,顾甘言啖我耶!"械其人,以书闻。上壮之。会朝廷议行屯田,命诸郡守臣条上。公请以兵为农,因农为兵,诏嘉之。被旨,赴在所。既至,首奏乞罢镇抚,且言诸将权重,请用偏裨分其势。因疾力请祠居当涂。未几,再被旨,赴阙陛对。词旨明切,当上意,出知顺昌府。始至,巡视城壁多摧圮,料丁立表,周遭筑甓。不淹旬,整备招集流移,编立保伍,百姓按堵。后由选调,历官至侍从。常驱驰兵间,九死一生,功名与诸大将等,而位不至贵显,公议惜之。葬当涂青山北,每岁春秋,郡遣僚吏致祭。乾道八年,诏刻规《德安守城录》,颁天下,为请守将法,且立庙德安,赐额贤城,追封忠利侯。敕:尔生而弦歌,保鄣千里;没而俎豆,终利一方。古所谓性根惠利,以父母斯民,没而可祭于社者,非斯人欤!职联禁密之崇,官有维师之贵,已旌其正直于时矣。建侯锡号,以报其为民于冥冥者,朕庶几无愧焉。可后加封忠利知敏。敕士夫经理边防,纤悉备具,使后之人,祖其故智,以成扞蔽一方之功,其可不尸而祝之,社而稷之乎?尔守安陆,当房要冲,凡而城堞器具,靡不详致,虏至辄衄,一方赖焉。推所由来,实肇于汝。朕既以汝所述守御方略,俾枢庭颁行于诸郡,复加封爵,增贲庙祀,幽明虽异,激劝则一。其祗朕命,终卫乃民。可。邦人祀之尤谨云。[册四七卷三一五〇页二]①

这条资料的内容非常翔实,近1000字,较为全面地介绍了陈规的生平事迹,主要介绍了陈规在北宋末年、南宋初年领兵勤王,抗击外乱内患、与士兵同甘共苦、安抚流民、实行屯田、修筑城墙、不计较个人得失等方面的情况。这条资料还保存了宋朝皇帝为表彰陈规所颁的一篇敕文,敕文中充分肯定了陈规一生的所作所为。当金人南下侵掠之时,陈规率民迎战;当阎仅、王在、张世、李横等起兵反叛朝廷之时,陈规领命平乱;当汉奸刘豫派人前来招降之时,陈规痛斥之;当朝廷议行屯田之法时,陈规力陈应以兵为农、以农为兵的思想。陈规每在一地做官,都非常重视加强这个地方的城池建设,注意储备粮食,训练兵勇,并招集流民,建立保伍,以稳定秩序。陈规一生功绩卓著,虽然他位不显贵,但皇上非常器重和赏识他,朝廷百官也非常敬重他。所以他去世以后,皇上"诏刻规《德安守城录》,颁天下,为请守将法,且立庙德安,赐额贤城,追封忠利侯",并亲撰敕文以为表彰。这条资料既介绍了陈规生平事迹,也保存了他人对陈规所作的评价,是一条非常重要的人物资料,也是研究陈规这个历史人物乃至太平府有关问题的重要资料。

---

① 马蓉等点校:《永乐大典方志辑佚》第二册,北京:中华书局,2004年。

《宋史·陈规传》①较为详细地记载了陈规的一生,相比而言,大典本《太平州图经志》佚文"陈规"的资料虽不如正史详细,但亦有自己的特色,保存了一些正史没有记载的内容,特别是保存了皇帝撰写的表彰陈规的敕文,可以补充《宋史·陈规传》的不足,是全面了解陈规其人的重要资料。

关于"陈规"的资料在现存方志中多有记载。正德《颍州志》②、嘉靖《太平府志》③、成化《中都志》④、康熙《太平府志》⑤、雍正《合肥县志》⑥、乾隆《颍州府志》⑦、乾隆《太平府志》⑧、乾隆《池州府志》⑨、乾隆《颍州府志》⑩、嘉庆《庐州府志》⑪、《嘉庆重修一统志》⑫、道光《阜阳县志》⑬、光绪《贵池县志》⑭、

---

① 《宋史》卷三七七《列传一三六》,北京:中华书局,1977年。
② 正德《颍州志》卷四《名宦传》,《天一阁藏明代方志选刊》本,上海:上海古籍书店影印,1964年。
③ 嘉靖《太平府志》卷七《寓贤》,《稀见中国地方志汇刊》本,北京:中国书店,1992年。
④ 成化《中都志》卷六,《四库全书存目丛书》本,济南:齐鲁书社,1996年。
⑤ 康熙《太平府志》卷三一《流寓》,《中国方志丛书》本,台北:成文出版社,1970年。
⑥ 雍正《合肥县志》卷一二《名宦》,《稀见中国地方志汇刊》本,北京:中国书店,1992年。
⑦ 乾隆《颍州府志》卷五《秩官表》,《中国地方志集成》本,南京:江苏古籍出版社,1998年。
⑧ 乾隆《太平府志》卷二九《人物志》,《中国地方志集成》本,南京:江苏古籍出版社,1998年。
⑨ 乾隆《池州府志》卷二七《府秩官》;卷三七《名宦上》,《中国地方志集成》本,南京:江苏古籍出版社,1998年。
⑩ 乾隆《颍州府志》卷六《名宦志》,《中国地方志集成》本,南京:江苏古籍出版社,1998年。
⑪ 嘉庆《重修庐州府志》卷二四《名宦中》,《中国地方志集成》本,南京:江苏古籍出版社,1998年。
⑫ 《嘉庆重修一统志》卷一一九《池州》,《中国古代地理总志丛刊》本,北京:中华书局,1986年。
⑬ 道光《阜阳县志》卷一〇《宦业》,民国三十六年(1947年)石印本。
⑭ 光绪《贵池县志》卷一三、卷一六《职官志》,《中国地方志集成》本,南京:江苏古籍出版社,1998年。

光绪《续修庐州府志》①、民国《当涂县志》②等皆有关于"陈规"的记载,但均不如大典本《太平州图经志》佚文"陈规"的资料全面,因此大典本《太平州图经志》佚文具有补阙现存其他方志记载不足的作用,为全面了解陈规以及相关问题提供了很多新的资料。

(四)遗事类资料的价值

遗事类资料只有一条,是关于"祥异"方面的内容。

> 宋乾道二年,当涂宰韩琳行野劳农,得双穗之麦,献于郡。州民余氏,又得一本六穗者以献,洪迈因以瑞麦名亭。[册一百八八卷二二一八二页四]③

这条资料介绍了是南宋乾道年间有关瑞麦的情况,并说明了瑞麦亭的来历。现存方志也有相关记载。嘉靖《太平府志》④、乾隆《太平府志》⑤、民国《当涂县志》⑥所载内容与佚文相比没有太大的差异。但大典本《太平州图经志》是现存最早的记载,后世方志应是对它的继承。

根据地区建置沿革和佚文提供的线索,大典本《太平州图经志》应修于元朝或明朝且在永乐六年(1408年)以前,这部志书亦未被现存文献著录,可以为更加全面地了解历代太平府志编修源流提供参考。此志共有5条佚文,其中"省仓"和"平籴仓"两条为现存文献所鲜载,"怀古堂"和"陈规"两条

---

① 光绪《续修庐州府志》卷二七《名宦传》,《中国地方志集成》本,南京:江苏古籍出版社,1998年。

② 民国《当涂县志》卷之《人物志·宦绩》,《中国地方志集成》本,南京:江苏古籍出版社,1998年。

③ 马蓉等点校:《永乐大典方志辑佚》第二册,北京:中华书局,2004年。

④ 嘉靖《重修太平府志》卷一二《灾祥志》,《稀见中国地方志汇刊》本,北京:中国书店,1992年。

⑤ 乾隆《太平府志》卷三二《祥异》,《中国地方志集成》本,南京:江苏古籍出版社,1998年。

⑥ 民国《当涂县志》卷之《舆地志·胜迹》,《中国地方志集成》本,南京:江苏古籍出版社,1998年。

所载内容与现存文献所载不同,具有补充现存文献记载不足的价值。

第四节 大典本《太平府志》《太平志》和《太平府图经》研究

根据佚文提供的时间线索和太平府方志编修源流,本节对大典本《太平府志》《太平志》和《太平府图经》的编修时间和佚文价值进行分析和探讨。

一、大典本《太平府志》研究

依据太平府建置沿革的的情况,以"太平府"为书名的志书应该修于元至正十五年(1355年)以后。

关于大典本《太平府志》的编修时间,还可以从佚文提供的时间线索入手进行探讨。大典本《太平府志》佚文中有较为明确的时间线索,即"永丰仓,在府治西。洪武四年创造。八年,又于城东北隅增盖,收贮攒运盐粮。设大使"。[①] 根据《永乐大典》成书的时间,由"洪武八年"可知,大典本《太平府志》应修于明洪武八年(1375年)以后永乐六年(1408年)以前。

康熙《太平府志》和乾隆《太平府志》记载的太平府志编修源流中并未提及明朝洪武八年到永乐六年之间编修的这部太平府志,因此大典本《太平府志》的存在是对这一记载的补充,为更加全面地了解历代太平府志编修情况提供了新的线索。

20世纪30年代张国淦先生未从《永乐大典》中辑出《太平府志》,后经不断补充、完善,张国淦先生的《永乐大典方志辑本》则辑出《太平府志》,其按语曰:"《大典》引《太平府志》凡五条,《太平志》凡一条。宋太平州,元太平路,明太平府。其永丰仓条'洪武四年创造,八年又于城东北隅增盖'云云,知是洪武八年以后所修。《文渊阁书目·新志》:'《太平府志》,'当即是志。"[②]由此可知,除《太平府志》外,《永乐大典方志辑本》还辑出一部《太平

---

① 马蓉等点校:《永乐大典方志辑佚》第二册,北京:中华书局,2004年。
② 杜春和整理、张国淦:《永乐大典方志辑本》,北京:北京燕山出版社,2009年。

志》，编者可能认为两志是同一部志书，故将两志合在一起辑佚。编者应该是根据太平府建置沿革和书目的记载，认为此志修于明朝洪武八年（1375年）之后，就是《文渊阁书目·新志》中提到的《太平府志》。

笔者将《永乐大典方志辑本》辑出的佚文与《永乐大典》残卷进行核对，其所辑出的"小麦五种"和"大麦三种"两条应该是《太平志》佚文而不是《太平府志》佚文。《永乐大典方志辑本》实际上辑出的《太平府志》有"永丰仓""戟门仪门""惠洪"3条佚文，辑出的《太平志》有"小麦五种""大麦三种""瑞竹"3条佚文。

由于缺乏足够的依据，所以目前对大典本《太平府志》的编修时间只能作出修于明朝洪武八年（1375年）到永乐六年（1408年）间的结论。至于此志为何人所修、具体修于何年等问题则无从考证。康熙《太平府志》修于康熙十二年（1673年）前后，由于康熙《太平府志》没有提及这部志书，所以大典本《太平府志》最迟在清朝康熙十二年（1673年）以前就已经亡佚了。

大典本《太平府志》佚文保存3条资料，共270多字，涉及政治、经济、人物三方面的内容，主要包括【仓廪】、【宫室】、【人物】三个类目，为了解宋朝和明朝初年太平府社会历史发展的有关情况提供了参考资料。

1.永丰仓，在府治西。洪武四年创造。八年，又于城东北隅增盖，收贮攒运盐粮。设大使。[册八一卷七五一四页二十七][1]

这条资料是经济资料，介绍了明朝洪武年间"永丰仓"初设的时间、地点以及扩建的时间、地点、功用、管理官员等方面的情况。这条佚文反映的明朝初年的历史事实，应该是由大典本《太平府志》首次载入太平府志的，具有首创性价值，为研究明初太平府仓廪建设的情况提供了资料。关于明朝"永丰仓"的资料在现存太平府志中很难见到，因此大典本《太平府志》佚文保存的这条资料又具有补充现存文献记载不足的作用，为认识明初太平府仓廪的建设和发展提供了新的资料，具有十分重要的价值。

---

[1] 马蓉等点校：《永乐大典方志辑佚》第二册，北京：中华书局，2004年。

2. 自谯门而次仪门,列棨戟,进列两庑,中为设厅。①[册四九卷三五二五页十二]②

从这条资料的内容看,应该是介绍府衙或是某所厅堂的设置的。这一资料在现存太平府方志中很难见到,是十分珍贵的资料,对现存太平府志的记载是一个补充,为了解太平府官衙的设置情况提供了新的参考。

3. 惠洪,以能诗名,苏轼、黄庭坚诸公与进之。尝与李之仪自金陵过姑溪,赋云:"东坡坐中醉客,让君翰墨风流。竟作羊昙折意,暮年泪眼山丘。"又云:"月下一声渔笛,樽前万顷云涛。玉堂他年图画,卧看今日渔舠。"它诗甚多,今录其在当涂所赋云。吴炯《五总志》觉范,虽以诗名而荒唐不学,世无其比,未易一二举也。如四更自宝公塔还合妙斋,疲卧松下石上,其诗云:"露眠不管牛羊践,我是人间无事僧。"初不知牛羊下来为底时节,而用于四更事中。以吾法议之,当断不应为从重。[册二百一七卷八七七八三页七]③

这条资料主要介绍了宋朝僧人惠洪的有关情况,并收录了他的几首诗中的诗句。关于"惠洪"的生平事迹和著作方面的情况在现存文献中多有记载,如《郡斋读书志》④《文献通考》⑤皆载:"皇朝僧惠洪觉范,姓喻氏,高安人。少孤,能缉文。张天觉闻其名,请住峡州天宁寺,以为今世融肇也。未几,坐累民之。及天觉当国,复度为僧,易名德洪。数延入府中。及天觉去位,制狱穷治其传达言语于郭天信,窜海南岛上,后北归。建炎中卒。著书数万言,如《林间录》、《僧宝传》、《冷斋夜话》之类,皆行于世。然多夸诞,人莫之信云"。《能改斋漫录》载:"洪觉范,本名德洪,俗姓彭,筠州人。始在峡州,以医刘养娘识张天觉。大观四年八月,觉范入京,而天觉已为右揆,因乞得祠部一道为僧。又因叔彭几在郭天信家作门客,遂识天信,因往来于张、郭

---

① 此条在《永乐大典》(北京:中华书局,1986年,第2012页)中收录于"戟门仪门"条下。
② 马蓉等点校:《永乐大典方志辑佚》第二册,北京:中华书局,2004年。
③ 马蓉等点校:《永乐大典方志辑佚》第二册,北京:中华书局,2004年。
④ (宋)晁公武:《郡斋读书志》卷一九,《四库全书》本,上海:上海古籍出版社,1987年。
⑤ (宋)马端临著:《文献通考》卷二四一《经籍考六八》,北京:中华书局,2003年。

二公之门。政和元年,张、郭得罪,而觉范决脊杖二十,刺配朱崖军牢。后改名惠洪。"①以上记载虽介绍了惠洪的有关情况,但与大典本《太平府志》记载的角度不同,上述各条记载主要收录的是惠洪生平事迹方面的情况,而大典本《太平府志》佚文则主要记载惠洪的文学创作情况。

惠洪,即觉范。北宋后期人,卒于南宋初年。"以能诗名",曾得到著名文学家苏轼、黄庭坚的赏识,又曾游历于张天觉、郭天信二公之门,曾二度为僧。晚年曾与李之仪自金陵过姑溪而作赋。大典本《太平府志》收录其与地方有关的诗文,又引吴炯《五总志》评其诗文的文字,甚为得体。《能改斋漫录》称其叔叔是彭几,则其当俗姓彭,《郡斋读书志》以姓喻氏,或为其出家所改。惠洪事迹详见《石门文字禅》②卷二十四、《僧宝正续传》卷二。

现存太平府方志中也有关于"惠洪"的记载,嘉靖《重修太平府志》③和康熙《当涂县志》④所载内容与大典本《太平府志》佚文略同。

根据文意,大典本《太平府志》佚文"吴炯《五总志》觉范,虽以诗名而荒唐不学,世无其比,未易一二举也"一句标点有误,应为:"吴炯《五总志》:觉范,虽以诗名而荒唐不学,世无其比,未易一二举也。"

根据佚文提供的时间线索和太平府志编修源流的有关情况,目前只能推断出大典本《太平府志》修于明朝洪武八年(1375年)至永乐六年(1408年)间,应该是明朝编修的第一部太平府志,其所载明朝"永丰仓"为第一次收入太平府志,具有首载之功,为后世方志编修提供了资料来源。这部志书是现存文献所未著录的,可以补充现存文献记载的不足,为进一步全面了解历代太平府志编修情况提供了新的线索。大典本《太平府志》佚文虽然只保存了3条资料,但多为现存太平府方志所鲜载,因此具有补阙文献记载不足

---

① (宋)吴曾:《能改斋漫录》卷一二,《丛书集成初编》本,北京:中华书局,1985年。
② 僧惠洪:《石门文字禅》卷二四《集部》,四部丛刊景明径山寺本。
③ 嘉靖《重修太平府志》卷八《仙释》,《稀见中国地方志汇刊》本,北京:中国书店,1992年。
④ 康熙《当涂县志》卷三二《仙释》,《稀见中国地方志汇刊》本,北京:中国书店,1992年。

的价值,为了解宋、明两朝太平府社会历史发展的有关情况提供了新的资料。

二、大典本《太平志》研究

从太平府建置沿革的情况看,以"太平"为书名的志书应修于宋朝太平兴国二年(977年)以后。考虑到《永乐大典》收书的时间条件,大典本《太平志》应修于宋朝太平兴国二年(977年)以后明朝永乐六年(1408年)以前。因目前没有更多的线索,对这部志书的编修时间只能做出这样的推断。

大典本《太平志》在康熙《太平府志》和乾隆《太平府志》记载的太平府志编修源流中均未提及,因此它的存在补充了上述文献关于太平府志编修情况的阙漏,有利于更加全面了解历代太平府志编修的情况。

《永乐大典方志辑本》在《太平府志》下辑出《太平志》3条佚文[1],其内容与《永乐大典方志辑佚》辑出的《太平志》佚文内容基本相同。

大典本《太平志》佚文保存下来的内容不多,只有3条物产方面的资料。这3条资料与现存记载不完全相同,具有补充现存文献记载的价值。

1. 小麦五种:春二月可种,短管,赤壳,白壳,和尚。以穗光得名。[册一百八八卷二二一八一页二][2]

这条资料介绍了太平府地区种植小麦的时间和品种,说明了小麦是在二月播种,有5个品种,并说明了小麦的特点和取名的原因。关于太平府小麦的种植情况在现存方志中也有记载。康熙《太平府志》载:"小麦七种,白小麦,稃白芒短。长关小麦,黄白稃芒长。排子小麦,黄白稃芒短。和尚小麦,一名火烧麦,黄白稃无芒。早白、松蒲、娜麦,三种旧志所载,今无。"[3]乾隆《太平府志》载:"小麦,白小麦,稃白芒短,长关小麦,排子小麦三种。余有

---

[1] 杜春和整理、张国淦:《永乐大典方志辑本》,北京:北京燕山出版社,2009年。
[2] 马蓉等点校:《永乐大典方志辑佚》第二册,北京:中华书局,2004年。
[3] 康熙《太平府志》卷一三《物产》,《中国方志丛书》本,台北:成文出版社,1970年。

旱白松,蒲乡麦等种,今无。"①从上述记载可以看出,大典本《太平志》佚文提到的小麦品种和后世的不完全一样,反映了物种的变化,也反映了农业生产的发展和变化。这条资料为了解明朝初年以前太平府农业生产方面的情况提供了新的参考。

2.大麦三种:六棱,中早,红黏。[册一百八八卷二二一八一页五]②

这条资料介绍了3个大麦品种的名称,提供了有关明朝初年以前太平府物产的基本情况。关于太平府大麦品种的情况在现存方志中也有记载。康熙《太平府志》载:"大麦五种,白大麦,一名牟麦,长粒、长芒、白稃、黏子。粒管麦即无芒大麦,落秸稃自退。六棱、中早、红黏,三种旧志所载,今无。"③乾隆《太平府志》载:"大麦,古名稃麦,长粒长芒者谓之管麦,旧称六棱、中早、红粘三种,今无。"④从这两条资料可以知道,六棱、中早、红黏三个品种的大麦最迟到康熙年间就已经不存在了,那么,大典本《太平志》佚文保存的这条关于大麦的记载为了解明朝初年以前太平府粮食品种的情况提供了重要的参考。

以上两条资料反映了明初以前大麦、小麦这些北方农作物在江南太平府地区种植的情况。

3.瑞竹。唐姑孰崔氏有骈竹之瑞,观察使崔准奏,因建寺,名瑞竹,今报恩寺是也。[册二百二二卷一九八六六页一]⑤

这条资料记载了唐朝瑞竹寺即报恩寺的来历。这条资料是目前保存下来的最早的一条记载。现存方志也多有这方面的记载。嘉靖《重修太平府

---

① 乾隆《太平府志》卷一二《物产志》,《中国地方志集成》本,南京:江苏古籍出版社,1998年。
② 马蓉等点校:《永乐大典方志辑佚》第二册,北京:中华书局,2004年。
③ 康熙《太平府志》卷一三《物产》,《中国方志丛书》本,台北:成文出版社,1970年。
④ 乾隆《太平府志》卷一二《物产志》,《中国地方志集成》本,南京:江苏古籍出版社,1998年。
⑤ 马蓉等点校:《永乐大典方志辑佚》第二册,北京:中华书局,2004年。

志》载:唐"贞观三年,当涂崔氏有骈竹之瑞,观察使崔准奏,因建寺,赐名瑞竹。"①康熙《太平府志》载:"唐太宗贞观二年,当涂崔姓家有骈竹之异,观察使崔准以闻,崔氏改宅为寺,赐名瑞竹。"②"骈竹,唐姑孰崔氏有骈竹之瑞,观察使崔准奏,因建寺名瑞竹,今报恩光孝寺是也,俱见《太平图经》,今世绝无存之,以征异产。"③这说明《太平图经》中曾记载了"瑞竹"的有关资料,这部《太平图经》或许就是南宋刘澄编修的《太平图经》。

根据太平府建置沿革和《永乐大典》收书的条件限制,大典本《太平志》应该修于宋朝太平兴国二年(977年)至明朝永乐六年(1408年)之间,这部志书没有被现存文献所著录,它的存在可以补充说明历代太平府志编修的情况。大典本《太平志》佚文虽然只保留下来3条物产方面的资料,内容较为简略,但为了解太平府物产变化的相关情况提供了新线索。

三、大典本《太平府图经》研究

根据太平府建置沿革的的情况,以"太平府"为书名的志书应该修于元至正十五年(1355年)以后。

大典本《太平府图经》佚文收录了繁昌县隐静山的资料,因此可以考察繁昌县的建置沿革,以分析这部志书的编修时间。关于繁昌县建置沿革的情况,《明一统志》中有如下记载:繁昌县,"本汉春穀县地,属丹阳郡。晋属宣城郡。东晋侨立襄城郡繁昌县,后罢郡以县属淮南郡。陈属州。隋以繁昌并入当涂。南唐复析置繁昌县,属昇州。宋初属宣州,后属太平州,元仍

---

① 嘉靖《重修太平府志》卷一二《灾祥志》,《稀见中国地方志汇刊》本,北京:中国书店,1992年。
② 康熙《太平府志》卷三《星野》,《中国方志丛书》本,台北:成文出版社,1970年。
③ 康熙《太平府志》卷一三《物产》,《中国方志丛书》本,台北:成文出版社,1970年。

旧,本朝因之。"①根据道光《繁昌县志》②的记载,繁昌县始置于东晋元帝时期,梁武帝时曾一度废置,陈文帝时复设繁昌县,隋文帝开皇时又一度裁撤,至南唐时则再次复置。宋太宗太平兴国二年(977年)置太平州,繁昌县为其属县。元世祖至元十四年(1277年),明太祖渡江后,改太平州为太平路,繁昌县为其属县。元顺帝至正十五年(1355年),升太平路为太平府,繁昌县为其属县。

根据繁昌县建置沿革,它是在元至正十五年(1355年)才开始归属于太平府管辖的,因此,大典本《太平府图经》应修于元至正十五年(1355年)至明永乐六年(1408年)间。

按书名来看,现存其他文献并未著录这部志书,因此大典本《太平府图经》的存在可以进一步补充说明历代太平府志编修的情况,体现了它的价值所在。

《永乐大典方志辑本》未从《永乐大典》中辑出《太平府图经》,目前《永乐大典方志辑佚》是关于大典本《太平府图经》佚文内容最丰富的辑本。

大典本《太平府图经》只有一条佚文,是自然地理方面的内容。

> 繁昌县隐静山有宿猿通之洞。一名宿猿岩。多猿。通海,传与海通。③[册一百三四卷一三〇七五页十一]④

这条资料主要介绍了繁昌县隐静山宿猿洞的有关情况,包括它的别名、特点以及传说与海相通的情况。关于"隐静山"的资料在现存文献中多有记载。《舆地纪胜》载:"在繁昌县东南七十里,乃杯渡建道场之所,为普惠寺。

---

① (明)李贤等奉敕:《明一统志》卷一五,《四库全书》本,上海:上海古籍出版社,1987年。
② 道光《繁昌县志》卷一《舆地志》,《中国地方志集成》本,南京:江苏古籍出版社,1998年。
③ 此条在《永乐大典》(北京:中华书局,1986年,第5633页)中收录于"宿猿通海之洞"条下。
④ 马蓉等点校:《永乐大典方志辑佚》第二册,北京:中华书局,2004年。

山有五峰，碧霄峰泉出其下，中有鱼、金鬣。桂月峰乃杯渡经行之地，有桂树，每月夜宴坐其下，坐石今在。鸣磬峰当杯渡时每至秋夕自然有磬声。宿猿岩多栖猿穴，喷云泉在寺北，通海。洞在寺东。"①嘉靖《重修太平府志》载："隐静山，在繁昌县东南铜官乡。有五峰，曰碧霄、桂月、鸣磬、紫气、行道。又有金鱼喷云泉、宿猿洞、禅月石。梁浮屠杯渡禅师隐处也。"②康熙《太平府志》③、乾隆《太平府志》④、道光《繁昌县志》⑤皆有相关记载，虽皆比大典本《太平府图经》佚文内容丰富，但在上述太平府志中只有大典本《太平府图经》佚文记载了"通海，传与海通"这样的内容，这是对现存太平府志记载的补充，为了解太平府自然地理方面的情况提供了新的资料。

小　结

　　《太平州图经》《太平州图经志》《太平府图经》《太平府志》和《太平志》是《永乐大典》收录的5部太平府方志，根据建置沿革、方志编修源流和佚文提供的线索，笔者对这5部志书的编修时间进行了分析和说明。《太平州图经》应该修于南宋且在开禧（1205～1207年）以后，《太平州图经志》应修于元朝或明朝且在永乐六年（1408年）之前，《太平府志》应该修于明朝洪武八年（1375年）以后永乐六年（1408年）以前，《太平志》则修于宋太平兴国二年（977年）到明朝永乐六年（1408年）之间，《太平府图经》应修于元至正十五年（1355年）到明朝永乐六年（1408年）之间。这5部志书皆未被现存文献

---

① （宋）王象之：《舆地纪胜》卷一八《江南东路》，扬州：江苏广陵古籍刻印社，1991年。
② 嘉靖《重修太平府志》卷一《地理志》，《稀见中国地方志汇刊》本，北京：中国书店，1992年。
③ 康熙《太平府志》卷三《地理志》，《中国方志丛书》本，台北：成文出版社，1970年。
④ 乾隆《太平府志》卷三《地理志》，《中国地方志集成》本，南京：江苏古籍出版社，1998年。
⑤ 道光《繁昌县志》卷二《舆地志》，《中国地方志集成》本，南京：江苏古籍出版社，1998年。

著录，可以补充现存记载的不足，为进一步全面认识历代太平府志编修情况提供了新的线索。而且这五部志书的编修时间皆早于现存方志，为了解早期太平府方志编修的情况及其基本面貌提供了资料。

  这 5 部志书的佚文保存了 16 条资料，3500 多字，内容涉及太平府及下辖繁昌、当涂、芜湖等县，主要分为地理、经济、军事、人物、遗事等几大类，包括山川、仓廪、宫室、物产、人物、祥异等方面的内容，这些资料内容丰富，涉及面广，为了解明朝初年以前太平府及其所辖地区的社会历史发展的相关情况提供了丰富的资料。"先贤堂""省仓""平籴仓""南北屯""大麦""小麦""陈规"等资料具有非常重要的价值，或为首次载入太平府志，或为现存方志所鲜载，或与现存记载不完全相同，为研究太平府历史发展的有关问题提供了新的资料。

第四章
广德州方志研究

《永乐大典》一书收录了三部广德州方志,即《广德军志》《桐汭志》《桐汭新志》。本章对这三部志书进行分析和研究。

第一节 广德州建置沿革和广德州志编修源流

"桐汭,春秋名。鲁哀公十五年,楚子西子期伐吴,见桐花随溪流下,故名。今谓之桐川"。"广德,汉成帝名帝封中山靖王胜之后,为广德国,因名"①。光绪《广德州志》载:"广德,古桐汭地也。"②《明一统志》载:广德"郡名桐汭,在桐水内,故名。"③《记纂渊海》在介绍广德军时亦称:"郡号桐源、桐川、桐汭。"④《舆地纪胜》⑤亦有相同记载。"桐汭"为广德古名,因其地有桐水,故名。因此,可以从考察广德州建置沿革和方志编修源流入手来探讨大

---

① 嘉靖《广德州志》卷三《舆地志》,明嘉靖十五年(1536年)刊本。
② 光绪《广德州志》,《裕文序》,《中国地方志集成》本,南京:江苏古籍出版社,1998年。
③ (明)李贤等奉敕:《明一统志》卷一七,《四库全书》本,上海:上海古籍出版社,1987年。
④ (宋)潘自牧:《记纂渊海》卷一〇,清文渊阁四库全书本。
⑤ (宋)王象之:《舆地纪胜》卷二四,《中国古代地理总志丛刊》本,北京:中华书局,2003年。

典本广德州方志的编修时间。

一、广德州建置沿革

关于广德州的建置沿革,嘉靖《广德州志》有如下记载:广德州,唐虞、夏、商、周并属扬州。春秋战国属吴,后属越,再属楚。秦以其地属鄣郡。西汉高帝七年,置故鄣县,属丹阳郡。成帝鸿嘉二年,封中山靖王胜之后为广德国。东汉光武中平二年,分置广德县,属丹阳郡。三国属吴。晋世祖太康二年为广德县,时徙丹阳郡治于建业,与宛陵郡并隶扬州。齐分置为石封县。梁末年增置为大梁郡,隶南豫州。陈改大梁郡为陈留郡。隋改陈留为绥安,广德县省入。唐武德三年,以绥安置桃州,并置桐城、怀德二县,至七年废省,仍并桐城、怀德为绥安。至德二载,又改绥安为广德郡,隶江南道。南唐改为广德制置司,属江宁府。宋太祖开宝末为广德县,隶江南东路。太宗太平兴国四年,更置为广德军。端拱元年,以广德之郎埠镇置建平县,隶焉。元至元十二年,升军为路,属江浙行省,理广德,建平隶县。明朝丙申高皇帝至广德,首倡归附,命元帅赵继祖、邵荣城守之,寻改路为府,又改广德县为广阳县。洪武四年,改府为州,仍统广阳、建平二县。洪武十三年,裁革广阳县入州治,止领建平一县。① 《明一统志》则载:广德州,"《禹贡》扬州之域,天文斗分野。春秋属吴地,名桐汭,后属越。战国属楚。秦为鄣郡地。汉为丹阳郡故鄣县地。鸿嘉初为广德国。东汉分置广德县,仍属丹阳郡。三国属吴,晋属宣城郡。宋齐因之。梁分置石封县。梁末增置大梁郡,寻改为陈留郡。隋郡废,改石封为绥安县,属湖州,以广德县省入。炀帝改属宣城郡。唐初,以绥安置桃州,后又改置宣州。至德初,更绥安为广德县。南唐,改为广德制置司,属昇州。宋太平兴国中,置广德军,隶江南东路。元至元中,升为广德路,隶江浙行省。本朝改广德州,直隶京师,寻以广德县省

---

① 嘉靖《广德州志》卷二《职官表》,明嘉靖十五年(1536年)刊本。

入。"①领建平县。

另,《元史·地理五》亦载:"广德路,下。宋广德军,属江南东路。至元十四年,升为广德路总管府。"②《明史·地理一》载:"广德州,元广德路,属江浙行省。太祖丙申年六月曰广兴府。洪武四年九月曰广德州。十三年四月以州治广德县省入,直隶京师。"③

根据以上记载,春秋时为桐汭,西汉鸿嘉初设有广德国,始有广德之称。东汉中平二年(185年)置广德县,隋将广德县省入绥安县,唐朝至德初年更绥安为广德县,南唐改为广德制置司,宋开宝末复为广德县,太平兴国四年升广德县为广德军,元至元中升为广德路,明朝改为广德州,直隶京师。

二、广德州志编修源流

光绪《广德州志》"广德州属旧志缘起"记载了自宋以来广德州志编修的情况。现将清朝以前编修的广德州志的有关内容摘录如下。

《桐汭志》

宋郡守赵亮夫序,王象之《舆地碑记目》,不著撰人。

案:《南畿志》修于明嘉靖十三四年间尚引此志,则其亡失,当在《邹志》告成后也。《江南通志》所引有《桐川志》,文与《桐汭志》同,意有异名欤,亮夫知军在淳熙十一年。

《桐汭新志》二十卷

宋绍定五年教授钱塘赵子直撰,太守林棐序。见陈振孙《书录解题》绍定旧讹绍兴,详职官。

案:周秉秀于熹熙己亥纂《祠山事要》、《指掌集》引之,亦作《桐川新志》,此与《桐汭志》虽俱逸,而名不可没,宁瑞鲤序。李得中志

---

① (明)李贤等奉敕:《明一统志》卷一七,《四库全书》本,上海:上海古籍出版社,1987年。
② 《元史》卷五〇《志一七》,北京:中华书局,1976年。
③ 《明史》卷四〇《志一六》,北京:中华书局,1974年。

直云广德故无志,非也。

  弘治《广德州志》

  明弘治年知州范昌龄修。

  嘉靖《广德州志》

  嘉靖五年判官邹守益纂,州守龙大有主修,未成,徙官去,十四年州守朱麟取旧稿续成之。

  《广德州志》十卷

  万历年州人李得阳修。

  万历《广德州志》十卷

  万历四十年州守李得中主修。

  万历《广德州志评》本

  崇祯末邑人盛于德评,李州守国相得其本。①

  另外,《直斋书录解题》载:"《桐汭新志》二十卷,教授钱塘赵子直撰,绍熙五年也,太守林棐序。案:《文献通考》作'绍定五年'。"②《文献通考》载:"《桐汭新志》二十卷。陈氏曰:教授钱塘赵子直撰,绍定五年也,太守林棐序。"③嘉靖《广德州志》载:"赵子直,钱塘人,绍定中为军学教授,尝撰《桐汭新志》二十卷。"④《文渊阁书目》载:"《桐汭县志》,五册。""《桐汭志》,五册。"⑤《六艺之一录》载:"广德军《桐汭志》,郡守赵夫序。"⑥《蓬庐文钞》载:"广德在宋有《桐汭志》,又有赵子直《桐川新志》二十卷。"⑦

---

① 光绪《广德州志》首卷《广德州属旧志缘起》,《中国地方志集成》本,南京:江苏古籍出版社,1998年。
② (宋)陈振孙:《直斋书录解题》卷八《地理类》,《四库全书》本,上海:上海古籍出版社,1987年。
③ (宋)马端临:《文献通考》卷二〇五《经籍考三二》,北京:中华书局,2003年。
④ 嘉靖《广德州志》卷七《秩官志》,明嘉靖十五年(1536年)刊本。
⑤ (明)杨士奇:《文渊阁书目》卷四,清文渊阁四库全书本。
⑥ (清)倪涛:《六艺之一录》卷一〇三,清文渊阁四库全书本。
⑦ (清)周广业:《蓬庐文钞》卷三《序》,民国二十九年(1940年)铅印本。

光绪《广德州志》中的"胡文铨序"亦称："广德在宋有《桐汭志》，又有赵子直《桐川新志》二十卷，见于《舆地碑目》《文献通考》《陈氏书录》。"①也就是说，《桐汭志》和《桐汭新志》两部志书的编修时间，一前一后，两部志书收录的内容在时间界限上应该是有区别的。根据赵亮夫在广德做官的时间，《桐汭志》应修于宋朝淳熙十一年十二月到十三年十二月（1184－1186年）之间，那么，它收录的内容最迟应在淳熙十三年（1186年）十二月以前。关于赵子直《桐汭新志》的编修时间目前有两种说法，一说修于宋绍熙五年（1194年）②，一说修于宋绍定五年（1232年）③。《南畿志》④、乾隆《广德州志》⑤《清一统志》⑥、光绪《广德州志》⑦、光绪《重修安徽通志》⑧皆称林棐是在绍定四年（1231年）以朝奉郎知广德军事的。关于赵子直的情况，光绪《广德州志》中有记载。赵子直曾任广德州参军，"浙江于潜人，嘉定间进士，绍定五年教授，撰《桐汭新志》二十卷，见《杭州府志》。案：《书录》作钱塘人，绍熙五年任，较前四十四年。据称林棐序，林任在绍定四年，与赵同时，杭志是也。《文献通考》作绍兴尤误"。⑨ 据此，笔者认为《桐汭新志》修于宋绍定五年（1232年）这一说法是准确的。关于赵子直《桐汭新志》的情况，《文献通考》

---

① 光绪《广德州志》，《胡文铨序》，《中国地方志集成》本，南京：江苏古籍出版社，1998年。
② （宋）陈振孙：《直斋书录解题》卷八，《四库全书》本，上海：上海古籍出版社，1987年。
③ 光绪《广德州志》首卷《广德州属旧志缘起》，《中国地方志集成》本，南京：江苏古籍出版社，1998年。
④ （明）闻人诠、陈沂纂修：《南畿志》卷五八，《四库全书存目丛书》本，济南：齐鲁书社，1996年。
⑤ 乾隆四年《广德州志》卷八《秩官志》，《稀见中国地方志汇刊》本，北京：中国书店，1992年。
⑥ （清）和珅等奉敕：《钦定大清一统志》卷九二，《四库全书》本，上海：上海古籍出版社，1987年。
⑦ 光绪《广德州志》卷三一《宦绩》，《中国地方志集成》本，南京：江苏古籍出版社，1998年。
⑧ 光绪《重修安徽通志》卷一四九《职官志》，清光绪四年（1878年）刻本。
⑨ 光绪《广德州志》卷二五《职官·守令》，《中国地方志集成》本，南京：江苏古籍出版社，1998年。

是转引了陈振孙《直斋书录解题》里的内容,认为此志修于"绍定五年",故光绪《广德州志》称"《文献通考》作绍兴尤误"是不正确的。

根据上述文献记载,能够确定的是,修于明朝永乐六年(1408年)以前的广德州志有两部,一部是宋朝编修的《桐汭志》,郡守赵亮夫为之序,《桐汭志》应修于宋朝淳熙十一年十二月到十三年十二月(1184—1186年)之间;一部是宋绍定五年(1232年)钱塘赵子直撰,太守林棐作序的20卷本《桐汭新志》,亦称为《桐川新志》。这两部志书皆是借用古地名。而《文渊阁书目·旧志》中著录的两部"桐汭"志修于何时却无法准确判断,根据《文渊阁书目》的编修时间,目前只能推论出这两部志书修于明正统六年(1441年)以前。

第二节　大典本《桐汭志》研究

根据志书名称、方志编修源流和佚文提供的时间线索,笔者从不同角度对《永乐大典》收录的《桐汭志》的编修时间进行了分析,认为这部志书不是宋朝淳熙年间郡守赵亮夫作序的《桐汭志》,而应该是修于南宋淳熙《桐汭志》之后的另一部《桐汭志》

一、关于大典本《桐汭志》编修时间的探讨

根据文献记载的广德州志编修源流,修于明朝永乐六年(1408年)以前且书名为《桐汭志》的只有一部宋朝编修的《桐汭志》,未著撰者,郡守赵亮夫为之作序。

关于赵亮夫的情况,文献中有所记载。嘉靖《广德州志》载:"赵亮夫,淳熙十一年知军事。"[①]光绪《广德州志》载:知军事"赵亮夫,宗室,高密郡王房,淳熙十一年任。案,《(祠山)事要》载题名记云:赵亮夫淳熙十一年十二月到

---

① 嘉靖《广德州志》卷七《秩官志》,明嘉靖十五年(1536年)刊本。

任,十三年十二月满。"①据此可知,赵亮夫是在淳熙十一年十二月到十三年十二月(1184—1186年)间知广德军事的。那么,根据他在广德做官的时间,由赵亮夫作序的这部《桐汭志》应该修于淳熙十一年十二月到十三年十二月之间。只有宋朝淳熙年间郡守赵亮夫作序的《桐汭志》与大典本《桐汭志》的书名是相匹配的,从这一角度考虑,大典本《桐汭志》应该是这部志书。

淳熙《桐汭志》亡佚的时间,文献中没有明确记载,但光绪《广德州志》"广德州属旧志缘起"在说明"《桐汭志》"时有一条案语称:"《南畿志》修于明嘉靖十三四年间,尚引此志,则其亡失当在邹志告成后也。"②这一记载为了解《桐汭志》散佚的时间提供了线索。据此可知,淳熙《桐汭志》应该是在明朝嘉靖十三四年(1534~1535年)以后亡佚的。

但是如果从大典本《桐汭志》佚文提供的时间线索来考察这部志书的编修时间,却出现了另一种情况:大典本《桐汭志》佚文提供了一些时间线索,如"建炎间""治平间""绍兴八年""淳熙十二年""庆元四年""熙宁戊申(熙宁元年)""开禧二年""绍定元年""绍定三年"等,其中最晚的时间是"绍定三年"。根据佚文提供的时间线索,大典本《桐汭志》应该修于南宋绍定三年(1230年)以后明朝永乐六年(1408年)以前。这一结论与前一个判断,即大典本《桐汭志》修于宋朝淳熙十一年十二月到十三年十二月(1184—1186年)之间,是不一致的。

大典本《桐汭志》佚文收录了清流县、建平县的资料,可以从考察这两个县的建置沿革来分析这部志书的编修时间。

关于清流县建置沿革的情况,文献中有所记载。根据万历《滁阳志》③的记载,隋炀帝初年始设清流县,唐乾元元年(758年)清流县属滁州管辖。宋朝清流县与全椒县、来安县同属滁州。滁州在元至元十三年(1276年)改为

---

① 光绪《广德州志》卷二五《职官》,《中国地方志集成》本,南京:江苏古籍出版社,1998年。

② 光绪《广德州志》首卷《广德州属旧志缘起》,《中国地方志集成》本,南京:江苏古籍出版社,1998年。

③ 万历《滁阳志》卷二《沿革》,《稀见中国地方志汇刊》本,北京:中国书店,1992年。

滁州路,三县同属之。元至元二十年(1283年),滁州路复为滁州,三县亦同属之。明朝初年汰清流县、全椒县与来安县三县,洪武十四年(1381年)复置全椒、来安两县,仍汰清流县。清流县自明初裁废后不复再置。从建置沿革看,清流县到明朝初年即已废置,此后不再设置。而且历史上清流县一直属滁州、滁州路管辖,从未归属于广德州。另外,从地理位置看,清流县和广德州相距甚远,在自然地理上不可能有任何联系。而大典本《桐汭志》却称:"苦岭,在清流县南六十里。"①根据文献记载,滁州南至全椒县界二十五里,至全椒城五十里②,全椒县南三十里至康丰寺坊官渡后河,与和县以河为界③,清流县南六十里不是广德州的辖境。但为何大典本《桐汭志》中会收录清流县的资料?笔者尚未得出其中原因,故仍遵循《永乐大典》收录的内容,未妄加变动。

关于建平县建置沿革的情况,《宋朝事实》载:"广平军,开宝八年置。端拱元年,以郎步镇置建平县。"④《舆地广记》载:"建平县,本广德县之郎步镇。皇朝端拱元年置,属广德军。有伍牙山,伍员伐楚还吴经此山,因以为名。"⑤嘉靖《广德州志》亦有关于建平县的记载:宋太祖开宝末,为广德县,隶江南东路。太宗太平兴国四年,更置为广德军。端拱元年,以广德之郎埠镇置建平县,隶焉。元至元十二年,升军为路,属江浙行省,理广德、建平隶县。皇明丙申,高皇帝至广德首倡归附,命元帅赵继祖、邵荣城守之,寻改路为府,又改广德县为广阳县,领广阳、建平二县,直隶京师。洪武四年,以粮不满万,改府为州,仍统广阳、建平二县。洪武十三年,裁广阳县入州治,只领建

---

① 马蓉等点校:《永乐大典方志辑佚》第二册,北京:中华书局,2004年。
② 光绪《滁州志》卷一《舆地志》,《中国地方志集成》本,南京:江苏古籍出版社,1998年。
③ 民国《全椒县志》卷一《舆地志》,《中国地方志集成》本,南京:江苏古籍出版社,1998年。
④ (宋)李攸:《宋朝事实》卷一八《升降州县一》,清刻武英殿聚珍版丛书本。
⑤ (宋)欧阳忞:《舆地广记》卷二五,士礼居丛书景宋本。

平一县①。根据以上记载,建平县创置于北宋端拱元年(988年),先后属广德军、广德路、广德府、广德州管辖。

综合上述分析,大典本《桐汭志》不是宋朝淳熙年间郡守赵亮夫作序的《桐汭志》,而应该是修于南宋淳熙《桐汭志》之后的另一部《桐汭志》,应该修于南宋绍定三年(1230年)至明朝永乐六年(1408年)间。但关于这部志书的具体编修时间、编修者尚无法做出判断。这部志书未被现存文献著录,它的存在可以补充现存记载的不足,为进一步全面了解历代广德州志编修情况提供了新的线索。

张国淦先生的《蒲圻张氏大典辑本》虽未从《永乐大典》中直接辑出《桐汭志》,却在《桐汭新志》下辑出了《桐汭志》的几条佚文。《中国古方志考》中有如下记述:

  桐汭新志二十卷　宋　佚　蒲圻张氏大典辑本
    宋赵子直纂　赵子直,浙江钱塘人,嘉定间进士,绍定五年教授。

  《直斋书录解题》八:《桐汭新志》二十卷,教授钱塘赵子直撰,绍熙五年也,太守林棐序。案《文献通考》作绍定五年。

  《文渊阁书目》十九:旧志,《桐汭新志》五册,案此是广德军志,非县志。

  乾隆《江南通志》九十一:《桐汭志》。

  《大典辑本》据大典二千八百八:八灰(古梅),二千八百一十:八灰(重叶梅),三千五百二十五:九真(谯门),七千五百十六:十八阳(军仓),一万四百二十一:四济(李彭年),一万九千七百八十一:一屋(婴儿局),引《桐汭志》六条。又二千二百五十六:六模(提壶),八千五百二十六:十九庚(黄精),《九江志》引《桐汭新志》二条。

---

① 嘉靖《广德州志》卷二《郡县表》,明嘉靖十五年(1536年)刊本。

第四章 广德州方志研究

案:光绪县志,旧志缘起,《桐汭新志》二十卷,周秉秀于嘉熙己亥纂,《祠山事要指掌集》引之,亦作《桐川新志》。此与《桐汭志》虽俱逸,而名不可没,宁瑞鲤序李得中志,直云广德故无志,非也。①

根据上文可知,张国淦先生曾从《永乐大典》中辑佚出一部《桐汭新志》,在这部志书下还辑出一部名为《桐汭志》的志书。张先生共辑出《桐汭志》6条佚文。张先生应该是将《桐汭志》和《桐汭新志》看作同一部志书,故将两部志书合在一起进行辑佚了,并认为此志是宋朝赵子直纂修的。

杜春和整理、张国淦著的《永乐大典方志辑本》亦辑出《桐汭志》②,书中按语曰:"《大典》引《桐汭志》凡十一条。其婴儿局条'绍定四年'云云,知是绍定四年以后所修。③《文渊阁书目·旧志》:'《桐汭志》五册,'当即是志。《舆地纪胜》二十四:'《广德军碑记》;《广德军桐汭志》,郡守赵亮夫序。'未知即是志否?"④看来编者对于大典本《桐汭志》的编修时间也存在一些疑问,虽认为此志是《文渊阁书目·旧志》中所言五册本《桐汭志》,但又无法确定是否为《舆地纪胜》中提到的赵亮夫作序的《广德军桐汭志》。《文渊阁书目》修于明朝正统六年(1441年),其"旧志"部分著录的当是此前所修之志,但此书目并未明确说明著录书籍的编修时间,目前还没有更为明确的线索,尚无法确定《文渊阁书目·旧志》中的《桐汭志》和赵亮夫作序的《桐汭志》是否是同一部志书,也不能确定《文渊阁书目·旧志》中的《桐汭志》的具体编修时间,所以还不能确定《永乐大典方志辑本》编者做出的相应判断是准确的。

笔者将《永乐大典方志辑本》和《永乐大典方志辑佚》辑出的《桐汭志》佚文进行比较,发现两者所辑佚文基本相同。

---

① 张国淦:《中国古方志考》,北京:中华书局,1962年。
② "汭"字在《永乐大典方志辑本》(北京:北京燕山出版社,2009年,第91页)中作"沁"字。"沁"字误。
③ 核查大典本《桐汭志》"婴儿局"条,未提及"绍定四年",只有"绍定三年",故此说有误。
④ 杜春和整理、张国淦:《永乐大典方志辑本》,北京:北京燕山出版社,2009年。

二、大典本《桐汭志》佚文的价值

大典本《桐汭志》佚文共保存了 11 条资料，2300 多字，主要有地理、经济、社会、人物、文化、遗事等几个方面的内容，包括山川、官署、仓廪、宫室、古迹、人物、祥异、诗文等方面，涉及清流县、建平县等地。

（一）地理类资料的价值

地理类资料共有 4 条，可分为自然地理和人文地理两个方面的内容。自然地理主要是山川方面的资料，人文地理主要是古迹方面的资料。

1. 苦岭，在清流县南六十里。建炎间，戚方兵入郡境，朝廷调岳飞讨之，方遂南遁至苦岭，恶其名，知兵必败。时飞兵失道，遇一田父，引至贼营，遂大破之。[册一百二二卷一一九八〇页二]①

这条资料介绍了"苦岭"的地理位置和岳飞在此山讨伐戚方的相关情况。后世方志也载有"苦岭"的资料。嘉靖《广德州志》②、乾隆《广德州志》③皆载："苦岭，在州治南七十里。"这条资料仅记载了"苦岭"的地理位置，而未载岳飞讨贼的事情，比大典本《桐汭志》佚文保存的内容简略。光绪《广德州志》载："苦岭，州南七十里。《宋史》：高宗建炎四年，岳飞讨戚方以三千人营于苦岭，即此。"④这条资料也记载了岳飞讨戚方的事情，但在具体内容上大典本《桐汭志》佚文要比它更加丰富。关于岳飞讨伐戚方之事，《宋史》载："诏讨戚方，（岳）飞以三千人营于苦岭。方遁，俄益兵来，飞自领兵千人，战数十合，皆捷。"⑤《宋史》关于岳飞讨戚方的记载应该是较为准确的，但缺乏细节。大典本《桐汭志》佚文的记载更重视地方性特色，记载了战场所在地

---

① 马蓉等点校：《永乐大典方志辑佚》第二册，北京：中华书局，2004 年。
② 嘉靖《广德州志》卷三《舆地志》，明嘉靖十五年（1536 年）刊本。
③ 乾隆《广德州志》卷四《舆地志》，《稀见中国地方志汇刊》本，北京：中国书店，1992 年。
④ 光绪《广德州志》卷三《地域志》，《中国地方志集成》本，南京：江苏古籍出版社，1998 年。
⑤ 《宋史》卷三六五《列传一二四》，北京：中华书局，1977 年。

"苦岭"的具体位置,至于田父为岳飞军作向导,或亦有其事,这些皆可补《宋史》之缺,为了解广德州自然地理和历史发展的有关情况提供了新的参考。

2. 东亭湖,在朝阳门外三十里。按《祠山显应集》,张王始于长兴县顺灵乡役阴兵导通流,欲抵广德县东。自长兴荆溪凿河,俗呼为圣渎。仍于岸侧先开一浴兵池,方三十余亩,寻广圣渎之岸,迤逦而西,志欲通津于广德。复于后村毕宅保小山之上枫木之侧为挂鼓坛,鸣鼓则饷至,功未遂而遁于横山。今圣渎之河涸为民田,岁富仓箱,其利尤博。浴兵之池为东亭湖,灌溉滨湖之田仅万顷,菱莲间岁不种而生。至于挂鼓坛,禽不敢栖,蚁不敢聚。[册二十卷二二七〇页二十六]①

这条资料实际上介绍了"东亭湖"的历史源渊情况。此条佚文转引了《祠山显应集》中的一段资料,说明了张王起兵的有关情况。张王曾预谋起兵,为了方便交通,开凿圣渎和浴兵池,并设立挂鼓坛,但这些工程尚未完工,张王就因事情败露而逃往横山。张王开凿的圣渎后来逐渐干涸,为百姓所用,开垦成农田,由于土壤肥沃,所以粮食收成很好。浴兵池则变成了东亭湖,不仅可以灌溉周围的农田,而且湖中菱莲自生,这些都给当地百姓带来了好处。原来的"挂鼓坛"则成了"禽不敢栖,蚁不敢聚"的地方。大典本《桐汭志》佚文收录的这条资料反映了广德州历史发展变化的一些情况。现存文献也有关于"东亭湖"的记载。《舆地纪胜》载:"东亭湖,在朝阳门外三十里,张王兴迹之所。王先开一池曰浴兵池,今呼为□□。"②光绪《广德州志》载:"东亭湖,州东三十里。《南畿志》云:在湖忠都。《混一方舆胜览》作'东湖'。《通志》云:一名浴兵池。《万历志》云:广五百余亩,俗传张真君所开饭时余粒化为石鱼食之。《通志》作:余面饲鱼。至今斯鱼腹中必有肠如面条。"③《读史方舆纪要》载:"东亭湖,在州东南三十里,广五百余亩,一名浴

---

① 马蓉等点校:《永乐大典方志辑佚》第二册,北京:中华书局,2004年。
② (宋)王象之:《舆地纪胜》卷二四《江南东路》,扬州:江苏广陵古籍刻印社,1991年。
③ 光绪《广德州志》卷四《地域志》,《中国地方志集成》本,南京:江苏古籍出版社,1998年。

兵池。"①光绪《重修安徽通志》载："东亭湖,《方舆胜览》作'东湖',州东三十里,一名浴兵池,广五百余亩,产面肠鱼。又有塔湖,周三里。"②相比而言,大典本《桐汭志》佚文保存的这条资料内容是最丰富的,有些内容是现存文献所未收录的。大典本《桐汭志》佚文具有补充现存文献记载不足的价值,为了解广德州历史发展的有关情况提供了新的资料。而且大典本《桐汭志》佚文还转引了另一部文献即《祠山显应集》的一段内容,又具有存史之功。

3.南碕湖,在建平县西南四十里。广袤百余里,广德、建平之水皆③汇焉,入丹阳芜湖,达于大江。《九域志》作南碕湖,俗呼为南湖。[册二十卷二二七〇页二十八]④

这条资料主要介绍了"南碕湖"的地理位置、广度及湖水流向等方面的情况,并且还收录了《九域志》中的有关资料。现存方志也多有"南碕湖"的记载,有称"南漪湖"或"南埼湖"的。嘉靖《建平县志》则作："南碕湖,在县西南四十里,广德、建平之水皆汇焉,入丹阳湖,通于大江。《九域志》作'南碕湖',俗呼为'南湖'。"⑤雍正《建平县志》⑥、乾隆《广德州志》⑦所载略同。以上三则记载与大典本《桐汭志》佚文基本相同。当是对大典本《桐汭志》佚文的继承,几条记载可以互为参考。另外,《舆地纪胜》载："南漪湖,在建平,即

---

① (清)顾祖禹:《读史方舆纪要》卷二九,《中国古代地理总志丛刊》本,北京:中华书局,2006年。
② 光绪《重修安徽通志》卷三二《舆地志》,清光绪四年(1878年)刻本。
③ "皆"字在《永乐大典方志辑本》(北京:北京燕山出版社,2009年,第93页)中作"智"字。"智"字误。
④ 马蓉等点校:《永乐大典方志辑佚》第二册,北京:中华书局,2004年。
⑤ 嘉靖《建平县志》卷一《舆地志》,《天一阁藏明代方志选刊》本,上海:上海古籍书店影印,1964年。
⑥ 雍正《建平县志》卷五《山川》,《中国地方志集成》本,南京:江苏古籍出版社,1998年。
⑦ 乾隆《广德州志》卷四《舆地志》,《稀见中国地方志汇刊》本,北京:中国书店,1992年。

桐水下流。"①《续文献通考》载:"南碕湖,建平县西十里,流入丹阳湖。"②万历《宁国府志》载:"城东北四十里,曰南埼湖,其北为北埼湖,今总称'南湖'。周广四十余里,东受广德、建平诸水,由绥溪入,绥溪一名白沙,宣之东境诸水并泻入焉,此境内一巨浸也。"③光绪《广德州志》④、光绪《重修安徽通志》⑤亦载有相关资料。通过比较,这些记载与大典本《桐汭志》佚文保存的内容不完全相同,大典本《桐汭志》佚文对这些记载有补阙的作用。

4.古梅,在玉溪之北,俗号曰千枝梅。枝柯盘屈,姿态奇古。筑亭其上,扁曰回春,骚人雅士,多载酒赏焉。宣和间,用事者尝图以进。淳熙六年,郡守赵希仁摹刻于石。梅今不存。[册三五卷二八〇八页十三]⑥

这条资料主要记载了"古梅"的位置、别名、特点,并且还介绍了因此梅之奇特人们喜爱它而筑亭其上、文人雅士在此饮酒赏景的情况。另外,还说明了"用事者尝图以进"、郡守摹刻于石的情况。通过佚文可以了解到此"古梅"已不存世的事实。光绪《广德州志》载:赵希仁知广德军事,"宗室燕王房,字山甫,绍兴庚辰进士,淳熙四年任,修大成殿"⑦。据此可知,赵希仁是宗室后代,于南宋淳熙四年(1177年)到广德做官。再据大典本《桐汭志》佚文可知,他曾于淳熙六年(1179年)令人将"古梅"之图摹刻于石。大典本《桐汭志》佚文可以和现存文献记载相互补充,从而让人们更加全面地了解有关的历史事实。现存广德州方志中也很难见到这条资料,因此它是十分珍贵

---

① (宋)王象之:《舆地纪胜》卷二四,《中国古代地理总志丛刊》本,北京:中华书局,2003年。
② (明)王圻:《续文献通考》卷一一《田赋考》,明万历三十年(1592年)松江府刻本。
③ 万历《宁国府志》卷六《方舆志》,《稀见中国地方志汇刊》本,北京:中国书店,1992年。
④ 光绪《广德州志》卷四《地域志》,《中国地方志集成》本,南京:江苏古籍出版社,1998年。
⑤ 光绪《重修安徽通志》卷三二《舆地志》,清光绪四年(1878年)刻本。
⑥ 马蓉等点校:《永乐大典方志辑佚》第二册,北京:中华书局,2004年。
⑦ 光绪《广德州志》卷二五《职官》,《中国地方志集成》本,南京:江苏古籍出版社,1998年。

的资料,为了解广德州地区的人文地理方面的情况提供了新的参考资料。

5. 观政堂,在桐川堂之东北,旧名濯缨。淳熙十二年,郡守赵亮夫建。开禧二年,郡守今知枢密院事薛极易此名,作诗云:"野水弥茫春更多,文昌观政意如何。了无惭色清相照,试听当年襦袴歌。"[册七一卷七二三九页七]①

这条资料介绍了"观政堂"的地理位置、别名、初建的时间和初建者、易名的时间和易名者,并收录了一首诗。光绪《广德州志》载:"赵亮夫,宗室高密郡王房,淳熙十一年任",知广德军事;"薛极,字会之,常州武进人,开禧元年任",亦知广德军事。② 由此可知,郡守赵亮夫上任第二年即淳熙十二年(1185年)在桐川堂北创建了濯缨堂,而到开禧二年(1206年),即郡守薛极上任的第二年又将此堂易名为"观政堂"。关于"观政堂"的资料在现存文献中很难见到,故大典本《桐汭志》保存的这条资料是十分少见的珍贵资料,对现存记载可以起到的补充资料的作用,借此可以了解广德州人文地理和文化方面的内容。

(二)经济类资料的价值

经济类资料只有1条,是仓廪方面的资料。

军仓,在军衙前街之东,名九储。[册八一卷七五一六页一]③

这条资料介绍了"军仓"的地理位置和别名。关于"军仓"的资料在现存广德州方志中很难见到,因此大典本《桐汭志》佚文保存的这条资料能够补充现存记载的不足,具有一定史料价值,为了解广德州地区仓廪的有关情况提供了新的资料。《宋史》④曾提到"大军仓"和"军仓",这些资料可以与大典

---

① 马蓉等点校:《永乐大典方志辑佚》第二册,北京:中华书局,2004年。
② 光绪《广德州志》卷二五《职官》,《中国地方志集成》本,南京:江苏古籍出版社,1998年。
③ 马蓉等点校:《永乐大典方志辑佚》第二册,北京:中华书局,2004年。
④ 《宋史》卷四一、一六七、二三六、三六四、三八四、三八八、四〇二、四一三、四五〇,北京:中华书局,1977年。

本《桐汭志》佚文互相补充。

(三)社会类资料的价值

社会方面的资料只有一条,即"婴儿局"。这条资料介绍了"婴儿局"的性质和功用、修建的原因和修建者、经费的来源和使用等方面的情况,这是有关广德州社会保障方面的内容,是研究社会史的重要参考资料。

婴儿局,收养遗弃小儿法也。绍定三年,通判赵善璙以歉岁贫民有子弗育,弃之道旁,呱呱而泣,终日不食,至饥而死者有之。乃捐己俸五百缗及措置到五百缗,共一千缗,创局置田,募民收养。仓使袁甫亦给常平钱五百缗添置田产,仍月支常平米五石以助。今具规约于后。详见《规约碑》,今立于教授厅。郡侯古括潘大临,以开庆①改元,来牧是邦。政以教先,捐资辟军学讲堂西庑祠。治平间清修之士笪清容,绍兴初孝行之士李元老,亲题二贤扁额,仍择二贤后以主祠。视事才三月余,即召还,竟未毕。奉安郡侯天台陈詧踵至,喜契于中,下车即躬率僚属,燕集韦布,奠礼安灵,桐人益知所趋向。[册一百七八卷一九七八一页八]②

这条资料实际上包括两部分内容,一部分介绍了"婴儿局"的情况。"婴儿局"实际上是一种社会救济性机构,其作用主要是收养遗弃婴儿。由于收成不好,百姓经常将婴儿弃于道旁,任其饿死。鉴于此,通判赵善璙捐己俸并募集资金一千缗创局置田,收养被弃婴儿。后仓使袁甫用常平钱五百缗添置田产,每月支常平米五石来资助婴儿局。为了使婴儿局正常发挥作用,袁甫还将规约刻于碑上立于教授厅,以昭示于众。另一部分介绍了郡侯潘大临的政绩。潘大临曾在广德为官,政以教先,非常重视学校的建设,教人以礼,使人人知礼。通过这条资料的记载,可以了解到宋朝广德州社会发展的一些基本情况。关于"婴儿局"的资料在现存其他广德州志中未曾见到,

---

① "庆"字在《永乐大典》(北京:中华书局,1986年,第 7379 页)中为"度"字。《永乐大典方志辑本》(北京:北京燕山出版社,2009年,第 94 页)中亦为"庆"字。开庆(1259 年)是宋理宗赵昀的第七个年号,南宋使用这个年号只有一年。故"度"字误,应为"庆"字。

② 马蓉等点校:《永乐大典方志辑佚》第二册,北京:中华书局,2004 年。

因此这条佚文可以起到补阙资料的作用。

(四)人物类资料的价值

人物类资料只有1条。

> 李彭年,字元老,郡人也。绍兴八年,举进士第。调铜陵尉。初咸方入境,父母殁①于贼兵,彭年追慕不已。郡守洪兴祖尝表称之曰:"伏见土居官李彭年,言行有常,乡里称孝。昨者贼兵入境作过,彭年二亲相继被害,冒犯白刃,收敛营葬,追慕哀恸,人不忍闻。除丧累年,疏食水饮,誓终此身不食酒肉。语及其亲,凄怆泣下。自兵戈以来,习熟见闻孝养废阙不能如礼者多矣,彭年独躬行之,出于至诚,委有显迹,可以激励风俗。"朝廷嘉之,敕赐旌表门闾,官至镇江府教授。今旌表犹在石磴山之旧居,号其里曰旌孝。②[册一百四卷一○四二一页一]③

这条资料主要记载了李彭年的字、籍贯、举进士第的时间、官品等方面的情况,并通过郡守洪兴祖所上之表,较为详细地记载了自父母双亡后李彭年长年守孝、疏食终身、为父母行孝的事情,朝廷因此而旌表其门闾。现存文献也多载有"李彭年"的资料。《舆地纪胜》载:"李彭年,为镇江府教授。以父母没于兵火感慕不已,疏食终身。绍兴中,郡守洪兴祖以事闻于朝,旌表门闾。"④《明一统志》载:"李彭年,广德人,绍兴中进士。以二亲没于兵,感慕不已,疏食终身。郡守洪兴祖开于朝,诏旌表其门人,号其里曰旌孝。"⑤乾隆《广德州志》载:"宋李彭年,绍兴间进士,父病笃,彭年割股杂米以食,久病

---

① "殁"字在《永乐大典》(北京:中华书局,1986年,第4327页)中为"没"字。《永乐大典方志辑本》(北京:北京燕山出版社,2009年,第95页)中亦为"殁"字。
② 此条在《永乐大典》(北京:中华书局,1986年,第4327页)中收录于"李"字条下。
③ 马蓉等点校:《永乐大典方志辑佚》第二册,北京:中华书局,2004年。
④ (宋)王象之:《舆地纪胜》卷二四《江南东路》,扬州:江苏广陵古籍刻印社,1991年。
⑤ (明)李贤等奉敕撰:《明一统志》卷七二,《四库全书》本,上海:上海古籍出版社,1987年。

遂愈。事闻,高宗旌表其都曰旌孝,乡人积土于门,质以黄欤以白,时人呼为孝义堆。"①光绪《广德州志》②亦载有相关资料。这几则记载都记载了李彭年行孝及朝廷对其旌表的事情,但皆不如大典本《桐汭志》佚文保存的资料丰富,故大典本《桐汭志》佚文对现存文献记载有补充资料的价值,为了解李彭年这个人物的有关情况提供了新的资料,具有重要的价值。

(五)文化类资料的价值

文化类资料有 3 条,包括两首诗和一篇记文。

1.赵汝谈《题刘明叟浩重梅》:薄罗不障春风面,数竹扶疏月断肠。昔日单衣今御夹,非关仙骨怯冰霜。白衣居士亦多身,冷淡家风祗本真。百万亿千无不可,莫教一片落惊春。花得道腴凝远度,枝缘③诗瘦绝孤标。风裳水佩已魂断,练帨缟裙何处招。双头绿萼颇蛮触,百叶缃苞亦孔壬。铅华剥落唯真色,表里分明祗此心。添香传白护春寒,可奈檀心半点酸。乳眼莫生双叶想,道人只作一花看。重重着意天公巧,字字钟情我辈工。弄影供愁半窗月,含颦索笑一檐风。④[册三六卷二八一〇页四]⑤

关于"赵汝谈"这个人物的生平事迹,现存安徽方志中多有记载。光绪《广德州志》载:"(参军)赵汝谈,浙江余姚人,进士,淳熙中汀州教授,改广德军,后权刑部尚书。"⑥据此可知,赵汝谈曾在淳熙年间到广德军做参军。赵

---

① 乾隆四年《广德州志》卷二二《人物志》,《稀见中国地方志汇刊》本,北京:中国书店,1992年。
② 光绪《广德州志》卷八《学校》、卷四一《人物志》,《中国地方志集成》本,南京:江苏古籍出版社,1998年。
③ "缘"字在《永乐大典》(北京:中华书局,1986年,第1470页)中为"绿"字。《永乐大典方志辑本》(北京:北京燕山出版社,2009年,第94页)中亦为"缘"字。根据文意,"缘"字误。
④ 此条在《永乐大典》(北京:中华书局,1986年,第1470页)中收录于"重叶梅"条下。
⑤ 马蓉等点校:《永乐大典方志辑佚》第二册,北京:中华书局,2004年。
⑥ 光绪《广德州志》卷二五《职官》,《中国地方志集成》本,南京:江苏古籍出版社,1998年。

汝谈应该是在淳熙年间写下这首诗的。另外,《宋史》①有其传,正德《安庆府志》②、康熙《安庆府志》③、乾隆《无为州志》④、嘉庆《无为州志》⑤、嘉庆《重修庐州府志》⑥、光绪《续修庐州府志》⑦、光绪《重修安徽通志》⑧、民国《怀宁县志》⑨等都载有赵汝谈的生平情况。赵汝谈,字履常,号南塘,余杭(今浙江余杭西南)人,太宗八世孙。孝宗淳熙十一年(1184年)进士。曾调任汀州教授,召除太社令。宁宗开禧三年(1207年)擢秘书正字。嘉定间通判嘉兴府,改知无为军、温州,迁江西提举常平。理宗端平元年(1234年)迁宗正少卿。权吏部侍郎,升侍读,以言去。三年(1236年)起知婺州。官至刑部尚书。嘉熙元年(1237年)卒。有《南塘集》九卷。但这些记载均未收录赵汝谈所作的这首《题刘明叟浩重梅》诗,因此大典本《桐汭志》佚文保存的这首赵汝谈的诗作是对现存文献记载的补充,有利于全面了解赵汝谈的文学创作成果,具有重要的史料价值。

2.《次韵曾守述和删定鲍倅喜谯门复旧观》:公家文字足搜寻,周览容⑩

---

① 《宋史》卷四一三《列传一七二》,北京:中华书局,1977年。
② 正德《安庆府志》,《官籍传》,《四库全书存目丛书》本,济南:齐鲁书社,1996年。
③ 康熙《安庆府志》卷一〇《秩官》,《中国地方志集成》本,南京:江苏古籍出版社,1998年。
④ 乾隆《无为州志》卷一一《职官》;卷一四《名宦》,《中国地方志集成》本,南京:江苏古籍出版社,1998年。
⑤ 嘉庆《无为州志》卷一二《职官志》,《中国地方志集成》本,南京:江苏古籍出版社,1998年。
⑥ 嘉庆《重修庐州府志》卷二四《名宦中》,《中国地方志集成》本,南京:江苏古籍出版社,1998年。
⑦ 光绪《续修庐州府志》卷二八《名宦传》,《中国地方志集成》本,南京:江苏古籍出版社,1998年。
⑧ 光绪《重修安徽通志》卷一四六《职官志》,清光绪四年(1878年)刻本。
⑨ 民国《怀宁县志》卷一三《职官表》,《中国地方志集成》本,南京:江苏古籍出版社,1998年。
⑩ "容"字在《永乐大典》(北京:中华书局,1986年,第2010页)中为"客"字。《永乐大典方志辑本》(北京:北京燕山出版社,2009年,第93页)中亦为"客"字。根据文意,"容"字误,为形近之误。

陪暇日临。句里江山元自旧,笔端造化速宜今。朱扉对启宜潭府,秀气平①分入泮林。青佩龙门行在望,跃鞭莫负史君心。②[册四九卷三五二五页八]③

大典本《桐汭志》是目前最早保存这首诗的广德州方志,而且这首诗在现存其他广德州方志中很难见到,故大典本《桐汭志》佚文保存的这条资料有补充现存文献记载不足的作用。

3.周必大撰《重修谯门记》:天子五门,诸侯三之,礼也。《緜》之诗曰:"乃立皋门,皋门有伉。乃立应门,应门将将'。是时古公居岐,为商诸侯,故郑氏笺云:诸侯之宫,外曰皋门,朝曰应门,内有路门,天子加以库、雉。其义昭然。先儒释《尔雅》亦引《周礼》注:天子诸侯同此三名。惟毛氏因《戴记·明堂位》言鲁以库门为天子之皋门,雉门为天子之应门,遂谓天子郭门为皋门,正门为应门,而侯门当名库、雉,与郑矛盾。孔颖达无所折衷,既言郑以皋、应,自是诸侯正法。又云名之曰库、雉,制之如皋、应,制二兼四,特褒周公以传毛氏。予谓《诗经》圣人所删,《记》出汉儒之手,古公非王也,于笺有取焉。或曰:"鲁史书雉门何也?"曰:"礼。"天子诸侯台门,天子外阙两观,诸侯内阙一观。春秋之际,诸侯僭王,大夫僭诸侯,两观犹僭,库、雉可知,经因灾以示贬耳。"书亦言应门何也?"曰:"在周为王门,在岐为侯门,郑氏固谓天子诸侯之所同,复何疑焉!"本朝帅藩督府,参用周制,其门三重,余二而已。仪门之外,谯楼巍然,以高为贵,殆皋门之遗制欤! 按唐节度使入境,州县筑节楼,迎以鼓角,今遂以是名门。其数则节镇十有二,列郡用十,著于甲令。视漏刻以警昏昕,盖一邦之耳目也。广德为军,名隶江东,实邻浙西,素号乐土。熙宁戊申,守臣朱寿昌大修谯门,紫微南丰曾公为之记。六十年而毁。绍兴甲子,魏侯安行始再营之,距庆元丁巳,复五十四年,枝倾补陋,不可以久。会承议郎曾侯桌,被命分符,有绝人之才。百废具举,谓万乘行在,

---

① 《永乐大典方志辑本》(北京:北京燕山出版社,2009年,第93页)中少一"平"字。
② 此条在《永乐大典》(北京:中华书局,1986年,第2010页)中收录于"谯门"条下。
③ 马蓉等点校:《永乐大典方志辑佚》第二册,北京:中华书局,2004年。

吴中郡乃近辅,华丽嶕峣,当应古义。适岁丰人和,鬻材偫工,兴役于暮春,落成以季夏,轮奂之美,与创始均。其外两亭,东以宣诏,西以颁春。其内两楼,左曰架阁,右曰甲仗。前后映带,粲然一新,观者叹服。侯以予与其世父原伯、先君仲躬,同朝相善也,不远二千里,请记其事。惟南丰古文在前,娄谢不敢,而请益勤,姑为考众说之异同而识其岁月如此。庆元四年三月望日记。[册四九卷三五二五页三]①②

根据《宋史》的记载,周必大未曾在广德做官,只是在徽州做过官。《宋史·周必大传》载:"绍兴二十年,第进士,授徽州户曹。"③道光《徽州府志》载:"(宋司户参军)周必大,字子充,庐陵人,绍兴中任。"④广德州志中也没有周必大在此为官的记载。周必大当是受人之请而撰写这篇记文的。这段佚文称:"(曾)侯以予与其世父原伯、先君仲躬,同朝相善也,不远二千里,请记其事。"由于重修谯门的曾侯的世父原伯和先君仲躬与周必大同朝且关系较好,所以应是曾侯请求周必大为之撰写记文的。记文末尾署明此记文撰写于"庆元四年三月望日",而根据《宋史》的记载,周必大死于庆元四年,"年七十有九"。这篇记文应该是他在去世之前的一段时间里撰写的。

这篇记文虽然记载了重修谯门的事情,但其内容却涉及了与谯门有关的礼仪制度、谯门的规模和形制、谯门本身的发展变化以及谯门重修的原因、过程等情况,亦提及周必大学术和思想方面的一些情况。这篇记文实际上可以分为两个部分。第一部分是强调"礼"的重要性及与"门"有关的礼制。从这篇记文看,周必大是非常重视礼制的,对于"门"的建制和规模也特别强调"礼"。他引经据典,运用大量资料说明"门"当中所包含的有关礼制方面的规定,同时也说明了不同的"门"是供不同的人使用的,不同的门又有

---

① 马蓉等点校:《永乐大典方志辑佚》第二册,北京:中华书局,2004年。
② 《永乐大典方志辑本》(北京:北京燕山出版社,2009年,第92~93页)中未注明此条资料的出处。
③ 《宋史》卷三九一《列传一五○》,北京:中华书局,1977年。
④ 道光《徽州府志》卷七《职官志》,《中国地方志集成》本,南京:江苏古籍出版社,1998年。

着不同的用途,反映了不同的礼制规定。由此可见,他强调重视"礼"乃至"门"所包含的礼对于国君统治国家都是非常重要的。第二部分就是以广德军重修"谯门"的具体事实为例,一方面叙述了"谯门"的初建、初毁、再建、再毁以及曾侯再次重修的有关情况,对再修谯门的情况做了较为具体的叙述;另一方面实际上是把有关"礼"的内容贯穿于此次重修谯门一事中。另外,从周必大引经据典论述"礼"的过程中,亦可以看出他的学术观点及他对前人学术成就评价方面的一些内容,"予谓《诗经》圣人所删,《记》出汉儒之手,古公非王也,于笺有取焉"这一句话正反映了他的学术观点。这篇记文反映的是南宋熙宁戊申(熙宁元年,1068年)以来广德州谯门屡经修建的事,是现存文献所鲜载的,为了解广德州谯门的建设和变化及相关的历史情况提供了新的资料,可以补史之阙。

(六)遗事类资料的价值

文化遗事类资料只有一条,是关于祥异方面的资料,即"瑞麦",记载了南宋绍定元年(1228年)瑞麦呈祥的事情。

绍定元年四月,瑞麦生于县境,一茎四穗。郡守袁君儒图而上之,因刻石置于县治。①[册四九卷三五二五页八]②

关于广德州绍定元年(1228年)的瑞麦之事在光绪《广德州志》中也有记载,即"理宗绍定元年,建平县麦一茎四穗,《门志》、《通志》作'广德'。知县袁君儒图上之,刻石县治"。③ 由这条资料中的按语可知,关于这次瑞麦,文献有称在"建平县"的,有称在"广德县"的。虽然大典本《桐汭新志》佚文保存的这条资料无法看出是哪一个县的,但其内容与光绪《广德州志》基本相同,两者可以互相参证。根据光绪《广德州志》④的记载,袁君儒是宝庆二年

---

① 此条在《永乐大典》(北京:中华书局,1986年,第7859页)中收录于"瑞麦"条下。
② 马蓉等点校:《永乐大典方志辑佚》第二册,北京:中华书局,2004年。
③ 光绪《广德州志》卷五八《杂志》,《中国地方志集成》本,南京:江苏古籍出版社,1998年。
④ 光绪《广德州志》卷二五《职官》,《中国地方志集成》本,南京:江苏古籍出版社,1998年。

(1225年)开始知广德军事的,他是在任上刻石记载此次瑞麦之祥的。

综上所述,大典本《桐汭志》应该修于南宋绍定三年(1230年)至明朝永乐六年(1408年)间,是修于南宋淳熙《桐汭志》之后的另一部《桐汭志》。现存文献中未提及这部志书,它的存在可以补充现存记载之阙,为进一步全面了解历代广德州志编修源流提供了新线索。虽然它不是最早的一部广德州志,但它保存的内容都是现存广德州方志中最早的记载。其中"古梅""军仓""婴儿局""赵汝谈《题刘明叟浩重梅》"和"《次韵曾守述和删定鲍倅喜谯门复旧观》"5条都是现存广德州方志所鲜载的,为认识广德州历史发展过程中地理、经济、文化方面的情况提供了新的资料。

第三节　大典本《桐汭新志》研究

根据佚文提供的时间线索和广德州志编修源流,本节对大典本《桐汭新志》的编修时间、佚文价值等问题进行探讨。

一、关于大典本《桐汭新志》编修时间的探讨

根据文献记载的广德州志编修源流,修于明朝永乐六年(1408年)以前且书名为《桐汭新志》的只有一部,即南宋绍定五年(1232年)教授钱塘赵子直撰、太守林桌作序的20卷本《桐汭新志》。从书名的角度考虑,大典本《桐汭新志》应该就是这部志书。

关于这部志书的情况,光绪《广德州志》中的"胡文铨序"称:"广德在宋有《桐汭志》,又有赵子直《桐川新志》二十卷,见于《舆地碑目》《文献通考》《陈氏书录》。"[①]《直斋书录解题》载:"《桐汭新志》二十卷,教授钱塘赵子直

---

① 光绪《广德州志》,《胡文铨序》,《中国地方志集成》本,南京:江苏古籍出版社,1998年。

撰,绍熙五年也,太守林棐序。"①《文献通考》亦载:"《桐汭新志》二十卷。陈氏曰:教授钱塘赵子直撰,绍定五年也,太守林棐序。"②从书名和《永乐大典》收书的时间界限看,大典本《桐汭新志》确实应该是教授钱塘赵子直撰、太守林棐作序的20卷本《桐汭新志》,这部《桐汭新志》也被称为《桐川新志》。前文已作了分析,这部《桐汭新志》应修于绍定五年(1232年)而不是绍熙五年(1194年)。

但如果考察大典本《桐汭新志》佚文,上述观点又无法成立。大典本《桐汭新志》佚文提及的时间有"绍定六年""淳祐十年""淳祐十二年""宝祐二年""开庆改元",最迟的时间是开庆改元(1259年),这比绍定五年晚了二十七年时间。如果大典本《桐汭新志》确实是教授钱塘赵子直撰、太守林棐作序的20卷本《桐汭新志》,那么它应该是在宋绍定五年(1232年)编修的,不可能收录这一时间之后的资料。

从以上分析可知,大典本《桐汭新志》不应该是宋绍定五年教授钱塘赵子直撰、太守林棐作序的20卷本《桐汭新志》,而是修于南宋开庆元年(1259年)到明永乐六年(1408年)间的一部广德州志。但光绪《广德州志》记载的广德州志编修源流中未曾提及这部志书。根据光绪《广德州志》的记载,并考虑到《永乐大典》成书时间,南宋绍定五年(1232年)到明代永乐六年(1408年)的170多年时间里竟没有编修过一部广德州志,这是不符合实际情况的。根据本章第二节"大典本《广德军志》佚文研究",光绪《广德州志》叙述的广德州志编修情况是有遗漏的。因此,笔者认为在南宋绍定五年(1232年)到明代永乐六年(1408年)间至少应该还修有一部广德州志,此志亦称为《桐汭新志》,该志早已亡佚,并为《永乐大典》所收录,只是光绪《广德州志》因无法考征而未加记载。这部志书的存在补充了光绪《广德州志》记载的阙漏,为全面了解历代广德州志编修情况提供了新的线索,这也是大典本《桐

---

① (宋)陈振孙:《直斋书录解题》卷八《地理类》,《四库全书》本,上海:上海古籍出版社,1987年。

② (宋)马端临:《文献通考》卷二〇五《经籍考三二》,北京:中华书局,2003年。

汭新志》的文献学价值所在。

另外，在大典本《桐汭新志》佚文中保存了一条"林棐"的资料，从佚文内容看，这则资料应该是属于"人物传"类目的。根据《南畿志》、乾隆《广德州志》《清一统志》、光绪《广德州志》、光绪《重修安徽通志》的记载，林棐是在绍定四年（1231年）以朝奉郎知广德军事的。如果大典本《桐汭新志》确实是宋绍定五年（1232年）教授钱塘赵子直撰、太守林棐作序的20卷本《桐汭新志》，那么《桐汭新志》成书时林棐还活在世上。根据当时编修方志的原则，一般是不为生人立传的，由林棐作序的这部《桐汭新志》中是不会有"林棐"传的。

张国淦先生曾从《永乐大典》中辑佚出一部《桐汭新志》，将其收录在《蒲圻张氏大典辑本》中，并认为此志是宋朝赵子直纂修的《桐汭新志》。①

《永乐大典方志辑本》中亦辑出一部《桐汭新志》，书中按语称："《大典》引《桐汭新志》凡二条，又《黄精》条《九江志》引《桐汭新志》凡一条。《直斋书录解题》八：'《桐汭新志》二十卷，教授钱塘赵子直撰，绍熙五年也，太守林斐序'云云。《文渊阁书目·旧志》：'《桐汭县志》五册'，（广德军有军志，无桐汭县志，此'县'字似'新'字之误。）当即是志。"②编者应该是根据志书名称和文献记载的广德州志编修源流做出这些判断的，认为大典本《桐汭新志》是赵子直编修的，《文渊阁书目》里提到的《桐汭县志》就是这部志书。

笔者将《永乐大典方志辑佚》辑出的《桐汭新志》佚文与《永乐大典方志辑本》辑出的《桐汭新志》佚文进行比较，前者多出"赵彦悈"一条，后者多出"黄精"一条。"黄精"一条是转引自《九江志》的，而《永乐大典方志辑佚》一书的编者在辑佚时遵循"一志转引他志，他志不单独辑出列目"③的原则，没有把《九江志》转引的《桐汭新志》的内容单独辑出。《永乐大典方志辑佚》是目前关于大典本《桐汭新志》佚文内容最丰富的辑本。

---

① 张国淦：《中国古方志考》，北京：中华书局，1962年。
② 杜春和整理、张国淦：《永乐大典方志辑本》，北京：北京燕山出版社，2009年。
③ 马蓉等点校：《永乐大典方志辑佚》第一册《前言》北京：中华书局，2004年。

二、大典本《桐汭新志》佚文的价值

大典本《桐汭新志》佚文保存了 6 条资料，300 多字，主要是物产和人物方面的资料。

（一）物产类资料的价值

经济类资料仅收有 1 条，是物产方面的资料，即"提壶"①。此条资料虽只有两字，只保存了这种物产的名称，别无其他内容，却说明了广德州有这样一种物产，为了解广德州物产情况提供了参考。

（二）人物类资料的价值

人物类资料有 5 条，分别介绍了 5 个人物的官职、就任的时间及有关的政绩，是了解广德州历史人物的重要参考资料。人物类资料在大典本《桐汭新志》佚文中所占比重最重。

1. 赵彦悈，承议郎，嘉定十一年十月到，十五年十二月满。作成学校，行乡饮酒礼，以示风化。仍立为善斋，教导宗子，创置田产，以资赡养。重建桐川、山光二楼，移建横塘。②［册二百一四卷七三二三页七］③

这条资料介绍了"赵彦悈"的官职、到任时间、离任时间及有关政绩等方面的情况。这条资料记载了南宋嘉定年间的史事，是现存广德州志中最早的记载。现存文献中很难见到有关"赵彦悈"的记载，但光绪《重修安徽通志》、光绪《广德州志》、乾隆《江南通志》中记载的"赵彦诚"的资料却与之极为相似。光绪《重修安徽通志》载："赵彦诚，嘉定中知广德军，兴学校，重乡饮，置田以赡生徒，立为善斋，以教宗子。"④乾隆《江南通志》⑤所载内容与之相同。光绪《广德州志》载："赵彦诚，嘉定中由奉议郎知广德军，兴学校，重

---

① 马蓉等点校：《永乐大典方志辑佚》第二册，北京：中华书局，2004 年。
② 此条在《永乐大典》（北京：中华书局，1986 年，第 8946 页）中收录于"承议郎"条下。
③ 马蓉等点校：《永乐大典方志辑佚》第二册，北京：中华书局，2004 年。
④ 光绪《重修安徽通志》卷一四九《职官志》，清光绪四年（1878 年）刻本。
⑤ （清）赵弘恩等监修：《（乾隆）江南通志》卷一一八，《四库全书》本，上海：上海古籍出版社，1987 年。

乡饮,置田以赡生徒,立为善斋以教宗子,政泽甚溥,士民德之"①;"赵彦诚,宗室高密郡王房,奉议郎,嘉定十一年任。"②虽所载人姓名最后一字不同,一为"諴",一为"诚",但所载内容却非常相似,如在任为官的时间、兴建学校、重视乡饮、建立善斋、教导宗子、置田产以资生徒等方面的内容,虽表达的字句不完全相同,但意思完全一致,而且"諴"、"诚"两字为形近之字,因此,笔者认为两人当为一人。《宋史》载:"其后史弥忠知饶州,赵彦諴知广德军,皆自积钱籴米五千石。"③但"諴""诚"究竟哪个字是准确的,尚难考征。相比而言,大典本《桐汭新志》佚文保存的这条资料内容更加丰富一些,补充了现存文献记载的不足,为认识广德州地区历史人物的有关情况提供了新的参考。

2. 赵汝历,奉议郎,在任转承议郎,淳祐十年六月初三到任。十二年四月除司农丞。增创钓台书院。④［册二百一四卷七三二三页七］⑤

这条资料介绍了"赵汝历"的官职、到任时间、离任时间以及创建书院等方面的情况。记载了南宋淳祐年间的史事,是现存广德州志中最早的记载。而且在现存广德州方志中很难见到这条资料,因此,大典本《桐汭新志》佚文保存的这条资料是对现存文献记载不足的补充,为认识广德州地区历史人物提供了新的资料,具有重要的史料价值。

3. 季镛,承议郎,淳祐十二年八月初一日到任。宝祐二年八月十三日赞拯溺有大功。修学舍,采齿饮,郡政纲目悉举。⑥［册二百一四卷七三二三页七］⑦

这条资料介绍了"季镛"的官职、到任时间、离任时间以及整修学舍等方

---

① 光绪《广德州志》卷三一《宦绩》,《中国地方志集成》本,南京:江苏古籍出版社,1998年。
② 光绪《广德州志》卷二五《职官》,《中国地方志集成》本,南京:江苏古籍出版社,1998年。
③ 《宋史》卷一七六《志一二九》,北京:中华书局,1977年。
④ 此条在《永乐大典》(北京:中华书局,1986年,第8946页)中收录于"承议郎"条下。
⑤ 马蓉等点校:《永乐大典方志辑佚》第二册,北京:中华书局,2004年。
⑥ 此条在《永乐大典》(北京:中华书局,1986年,第8946页)中收录于"承议郎"条下。
⑦ 马蓉等点校:《永乐大典方志辑佚》第二册,北京:中华书局,2004年。

面的情况。这条资料保存了南宋宝祐年间的史事,是现存广德州志中最早的记载。而且在现存广德州方志中很难见到这条资料,因此,大典本《桐汭新志》佚文保存的这条资料是对现存文献记载不足的补充,为认识广德州地区历史人物提供了新的资料,具有重要的史料价值。

4. 赵亲夫,朝奉郎,嘉定九年闰七月到,十一年七月除军器监丞。易清霜门曰通津。①［册二百一四卷七三二四页九］②

这条资料介绍了"赵亲夫"的官职、到任时间、离任时间等方面的情况。记载了南宋嘉定年间的史事,是现存广德州志中最早的记载。而且在现存广德州方志中很难见到这条资料,因此大典本《桐汭新志》佚文保存的这条资料是对现存文献记载不足的补充,为认识广德州地区历史人物提供了新的资料,具有重要的史料价值。

5. 林棐,朝奉郎,绍定四年七月到任。修复经界,厘正版籍,移建贡院,改辟签厅,增筑三堤,创仁政阁,修仁政桥,请度牒四十道,鼎新广惠显应阁朵楼、献台,从祠神像,及东南两门廊庑四带。奏蠲两县逃苗六千九百四十八石九升六合,代输积欠苗税十一万七百余贯。五年六月,磨勘转朝散郎。九月,处州申前任丽水经界,推赏转朝请郎。六年三月,本军两县经界结局,得旨特与转行两官,六月授朝散大夫。③［册二百一四卷七三二四页九］④

这条资料介绍了"林棐"的官职的转迁、到任时间以及定经界、修贡院、筑河堤、修桥梁、重教化等惠政,描绘出"林棐"这个人物的基本面貌。这条资料中有涉及南宋绍定六年(1233年)的内容,是现存广德州志中最早的记载。

关于太守林棐的情况现存文献中多有记载。《南畿志》载:"林棐,绍定四年知郡事,为政宽简,奏蠲两县逋租一万五千余石,代输积欠十二万贯,民

---

① 此条在《永乐大典》(北京:中华书局,1986年,第8955页)中收录于"朝奉郎"条下。
② 马蓉等点校:《永乐大典方志辑佚》第二册,北京:中华书局,2004年。
③ 此条在《永乐大典》(北京:中华书局,1986年,第8955页)中收录于"朝奉郎"条下。
④ 马蓉等点校:《永乐大典方志辑佚》第二册,北京:中华书局,2004年。

被其惠。"①乾隆《广德州志》载:"林棐,绍定四年,以朝奉郎出为知军。政崇宽简,尝奏蠲两县逋租一万五千有奇,代输积逋十一万七千余贯,民爱戴之。公余修《桐汭新志》二十卷,入通省志。"②《清一统志》③、光绪《广德州志》④、光绪《重修安徽通志》⑤亦有相关记载。以上关于太守林棐的记载还是大典本《桐汭新志》佚文保存的资料最为丰富,这也从另一个侧面反映了大典本《桐汭新志》佚文的史料价值。

根据以上文献的记载,可以勾勒出林棐的基本情况。林棐在南宋绍定四年(1231年)以朝奉郎⑥的身份知广德军事,为政期间,政崇宽简,勤于政事。他不仅重新厘定了版籍,修复经界,而且还大规模地进行基础建设,如移建贡院、改辟签厅、增筑三堤、创仁政阁、修仁政桥,重修楼台亭阁。由于政绩卓著,因而连续升迁,林棐在绍定五年(1232年)六月升任朝散郎,九月又被荐升为朝请郎,绍定六年(1233年)六月又升任朝散大夫。林棐不仅政绩显著,而且还十分关注地方志书的编纂,并亲自撰写志序。从以上资料看,林棐应该是一位卓有政绩、重视地方文化建设的杰出人物。

大典本《桐汭新志》佚文保存的资料,内容涉及物产、人物两个方面,为研究广德州历史发展的有关情况提供了重要的资料。大典本《桐汭新志》佚文保存的人物方面的资料多为现存广德州方志所鲜载,因而具有重要的史料价值。

---

① (明)闻人诠、陈沂纂修:《南畿志》卷五八,《四库全书存目丛书》本,济南:齐鲁书社,1996年。
② 乾隆四年《广德州志》卷八《秩官志》,《稀见中国地方志汇刊》本,北京:中国书店,1992年。
③ (清)和坤等奉敕撰:《钦定大清一统志》卷九二,《四库全书》本,上海:上海古籍出版社,1987年。
④ 光绪《广德州志》卷二五《职官》;卷三一《宦绩》,《中国地方志集成》本,南京:江苏古籍出版社,1998年。
⑤ 光绪《重修安徽通志》卷一四九《职官志》,清光绪四年(1878年)刻本。
⑥ 光绪《广德州志》作"朝议郎",疑误。

第四节 大典本《广德军志》研究

根据广德州建置沿革的有关情况,宋朝太平兴国四年(979年)升广德县为广德军,元朝至元十四年(1277年)升广德军为广德路。以"广德军"为名的志书应该修于宋朝太平兴国四年(979年)至元朝至元十四年(1277年)之间。

另外,还可以根据大典本《广德军志》佚文提供的时间线索来考察此志的编修时间。虽然佚文中没有提及明确的时间,但可以根据佚文提到的三个历史人物,即钱公辅、范仲淹、洪兴祖在广德为官的时间来考察志书的编修时间。

《宋史》和光绪《广德州志》均记载了这三个人的有关情况,也提到了他们在广德为官的大体时间和政绩。光绪《广德州志》载:"洪兴祖,字庆善,镇江府丹阳人。绍兴中驾部郎,言事不合,主管太平观,起知军事,后知饶州。祀名宦祠。"[①]"洪兴祖,字庆善,丹阳人,登政和上舍第。绍兴四年,苏湖地震,上疏为时宰所恶。主管太平观,起知广德军。视水源为陂塘六百余所,民无旱忧。一新学舍,因定崇祀,自十哲曾子而下七十有一人,又列先贤左邱明而下二十有六人。"[②]再考之《宋史·洪兴祖传》[③],洪兴祖是在南宋绍兴四年(1134年)以后知广德军的,为政期间修筑陂塘、兴修学舍、重视教化,颇有政绩。光绪《广德州志》载:"范仲淹,字希文,苏州吴县人。祥符八年进士,授司理参军。时姓名为朱说,祀四先生祠。"[④]"范仲淹,字希文,吴县人",

---

① 光绪《广德州志》卷二五《职官》,《中国地方志集成》本,南京:江苏古籍出版社,1998年。
② 光绪《广德州志》卷三一《宦绩》,《中国地方志集成》本,南京:江苏古籍出版社,1998年。
③ 《宋史》卷四三三《列传一九二》,北京:中华书局,1977年。
④ 光绪《广德州志》卷二五《职官》,《中国地方志集成》本,南京:江苏古籍出版社,1998年。

"祥符八年,年二十七登蔡齐榜中乙科,调广德军司理参军","越二年为天禧元年,迁集庆军节度推官。"①再考以《宋史·范仲淹传》②,范仲淹于祥符八年(1015年)任广德军司理参军,到天禧元年(1017年)迁集庆军节度推官,离开广德,他在广德军做司理参军的时间为祥符八年(1015年)到天禧元年(1017年)。光绪《广德州志》载:"钱公辅,字君倚,江南武进人。进士,治平二年任。祠名宦祀。"③"钱公辅,字君倚,武进人。少从胡翼之学,有名吴中。第进士甲科,历官知制诰。英宗即位,陈治平十议,寻谪滁州团练使,逾年起知广德军。首建学校,兴教化。又作学谕,委曲训诱,使知崇响。后拜天章阁侍制。"④再考《宋史·钱公辅传》⑤,钱公辅是在治平二年(1065年)始知广德军事,为政期间,创建学校,重视教化,政绩显著。大典本《广德军志》佚文中提到了因这三人兴学校有功所以才在思贤堂为此三人立祠的。根据上文分析,范仲淹、钱公辅和洪兴祖三人以洪兴祖知广德军的时间最晚,当在南宋绍兴四年以后(1134年),因此大典本《广德军志》应修于南宋绍兴四年(1134年)以后。综合以上分析,大典本《广德军志》应该修于南宋绍兴四年(1134年)至元朝至元十四年(1277年)之间。

但光绪《广德州志》⑥记载的广德州志编修源流中未曾提及以"广德军"为名的志书,或许是漏载,或许是在光绪以前该志早已亡佚而不可考证,故未加记载。大典本《广德军志》的存在补充了这一不足,为更加全面了解历代广德州志的编修情况提供了新的线索。这是大典本《广德州志》的文献学价值所在。

---

① 光绪《广德州志》卷三一《宦绩》,《中国地方志集成》本,南京:江苏古籍出版社,1998年。
② 《宋史》卷三一四《列传七三》,北京:中华书局,1977年。
③ 光绪《广德州志》卷二五《职官》,《中国地方志集成》本,南京:江苏古籍出版社,1998年。
④ 光绪《广德州志》卷三一《宋史》宦绩,《中国地方志集成》本,南京:江苏古籍出版社,1998年。
⑤ 《宋史》卷三二一《列传八〇》,北京:中华书局,1977年。
⑥ 光绪《广德州志》,《首卷》,《中国地方志集成》本,南京:江苏古籍出版社,1998年。

第四章 广德州方志研究

宫为之先生的《皖志史稿》指出，北宋安徽七个军中，只有广德、无为、南平三军留有图经书名。在这三部军图经中，《广德军图经》被《舆地纪胜》引用7条，所引内容主要是军沿革和景物，沿革3条，景物4条。① 宫为之先生提到的《广德军图经》虽然也以"广德军"为书名，但书名与大典本《广德军志》不同。而且大典本《广德军志》仅存1条佚文，这条资料又与宫先生所指《舆地纪胜》引用的7条《广德军图经》亦不同，因此，尚无法确定大典本《广德军志》和《舆地纪胜》中提到的《广德军图经》是不是同一部书。

《永乐大典方志辑本》未从《永乐大典》中辑出《广德军志》，《永乐大典方志辑佚》是目前关于大典本《广德军志》佚文内容最丰富的辑本。

大典本《广德军志》仅存1条【宫室】方面的佚文，即"思贤堂，在广德军学。绘文正范公仲淹、紫微钱公公辅、敷文洪公兴祖，皆以兴学校之功也"。② 根据上文引述的资料，可知"思贤堂"为一祭祀贤者的祠堂，因范仲淹、钱公辅、洪兴祖三人重视教化，兴建学校，在广德军做官期间取得了显著政绩，当地百姓非常感谢和尊重他们，在"思贤堂"为三人立祠，以表敬仰之心。这条佚文是目前广德州志中保留下来的关于"思贤堂"最早的记载。现存文献中也有这样的记载。《舆地纪胜》载："思贤堂，在军学，绘文正范公仲淹、紫微钱公公辅、敷文洪公兴祖，皆以兴学校之功也，内翰汪藻作记。"③ 光绪《广德州志》载："思贤堂，在军学，绘范仲淹、钱公辅、洪兴祖以其兴学校之功，汪藻作记。"④ 大典本《广德军志》佚文与上述两则记载内容基本相同。另外，《舆地纪胜》和光绪《广德州志》的记载均称汪藻为思贤堂作记文，可补大典本《广德军志》之阙。

根据广德州建置沿革及佚文中提供的线索，大典本《广德军志》应该修于南宋绍兴四年（1134年）至元朝至元十四年（1277年）之间。由于大典本《广德

---

① 宫为之：《皖志史稿》，合肥：安徽人民出版社，1997年。
② 马蓉等点校：《永乐大典方志辑佚》第二册，北京：中华书局，2004年。
③ （宋）王象之：《舆地纪胜》卷二四《江南东路》，扬州：江苏广陵古籍刻印社，1991年。
④ 光绪《广德州志》卷末《补正》，《中国地方志集成》本，南京：江苏古籍出版社，1998年。

军志》是广德州编修时间较早的一部方志,虽然现仅存一条佚文,但它的存在可以为了解广德州志编修的源流流提供新的线索,仍具有重要的史料价值。

小 结

《永乐大典》共收录了三部广德州志,即《桐汭志》《桐汭新志》《广德军志》。根据地区建置沿革、方志编修源流、佚文提供的时间线索,本书对这三部志书的编修时间进行了分析,并对其价值进行了总结。

《桐汭志》应该修于南宋绍定三年(1230年)至明朝永乐六年(1408年)间,是修于南宋淳熙《桐汭志》之后的另一部《桐汭志》。《桐汭新志》不应该是宋绍定五年教授钱塘赵子直撰、太守林棐作序的20卷本《桐汭新志》,而是修于南宋开庆元年(1259年)以后明永乐六年(1408年)以前的一部广德州志,亦名《桐汭新志》。《广德军志》应该修于南宋绍兴四年(1134年)至元朝至元十四年(1277年)之间。这几部志书在现存文献中均未著录,它们的存在可以补充现存记载之阙,为进一步全面了解历代广德州志编修源流提供了新线索。

三部志书共保存18条资料,近2700字,主要有地理、经济、社会、物产、人物、文化、遗事等几个方面,包括山川、官署、仓廪、宫室、古迹、物产、人物、祥异、诗文等内容。其中"古梅""军仓""婴儿局""赵汝谈《题刘明叟浩重梅》""《次韵曾守述和删定鲍倅喜谯门复旧观》""赵汝历""季镛""赵亲夫"等条都是现存广德州方志所鲜载的,为认识广德州历史发展过程中地理、经济、文化、人物方面的情况提供了新的资料,可以补充现存文献记载的不足,具有较为重要的史料价值。

总　结

　　从书名来看,《永乐大典》收录的安徽江南方志共有 22 部,而《青阳志》下实则有两部志书,一部是《元青阳志》,一部是《青阳志》,另外在太平府志下还收录一部《太平州图经》,故《永乐大典》实际收录 24 部安徽江南方志,包括 7 部宁国府方志、9 部池州府方志、5 部太平府方志和 3 部广德州方志。根据地区建置沿革、方志编修源流、佚文提供的时间线索,本书对这 24 部方志的编修时间和佚文价值进行了分析和总结,并对几部佚志佚文进行了辑补。

　　《永乐大典》安徽江南方志编修时间较早,且均已亡佚。《宣城志》是明朝洪武年间且在洪武十年以后(1377 年)编修的《宣城志》,很有可能就是修于洪武十年(1377 年)。《续宣城志》应该是修于宋淳祐二年(1242 年)到明永乐六年(1408 年)间的另一部志书,与洪武《宣城志》是不是同一部志书还无法判断。《泾川志》是南宋嘉定三年(1210 年)泾县知县濡须王栎编辑、嘉定六年(1213 年)承议郎权发遣无为军赵汝谈作序的 13 卷本泾县县志。《泾城志》应修于宋朝。《旌川志》即是宋朝绍熙年间李瞻纂修、绍熙三年(1192 年)谢昌国作序的 8 卷本《旌川志》。《旌德志》最有可能是元朝大德年间王贞(桢)纂修的那部旌德县志,而如果明朝永乐年间编修的那部旌德县志修于永乐六年(1408 年)前,那么,大典本《旌德志》也可能是这部志书。《宁国县志》修于东汉建安十三年(208 年)至明永乐六年(1408 年)之间。《秋浦新志》应该是南宋端平二年(1235年)郡守王伯大编修的16卷本《秋浦新志》。《池州府志》应修于明朝且在永乐六年(1408年)以前。《池州府图志》应修于明朝且在永乐六年(1408年)以前。《池州府新志》应修于明朝且在永乐六年(1408年)以前。《池州府志》《池州府图志》《池州府新志》这3部志书有可能是同一部志书。《池州志》应该修于北宋徽宗大观以后明朝永乐六年(1408年)以前。《池州路志》应修于元朝。大典本《青阳志》实际上包括两部志书,一部是《元青阳志》,一部是《青阳志》。《元青阳志》应修于元朝末年且在至正十一年(1351年)到至正十八年(1358年)间。《青阳志》或可能是明朝洪武初年青阳县主簿陈子通所修的青阳县志,或可能修于元朝,和大典本《元青阳志》是同一部志书。《青阳县志》或修于明朝洪武初年,由青阳县主簿陈子通所修;或修于元朝,可能与大典本《元青阳志》《青阳志》是同一部志书。《太平州图经》应该是修于南宋且在开禧(1205~1207年)以后的一部太平府志。《太平州图经志》,根据建置沿革和佚文提供的时间线索,笔者认为这部志书应该修于元朝或明朝且在永乐六年(1408年)之前。《太平府志》应修于明洪武八年(1375年)以后永乐六年(1408年)以前。《太平志》应修于宋朝太平兴国二年(977年)以后明朝永乐六年(1408年)以前。《太平府图经》应修于元至正十五年(1355年)至明永乐六年(1408年)间。《桐汭志》不是宋朝淳熙年间郡守赵亮夫作序的《桐汭志》,而应该是修于南宋淳熙《桐汭志》之后的另一部《桐汭志》,修于南宋绍定三年(1230年)至明朝永乐六年(1408年)间。《桐汭新志》不应该是宋绍定五年教授钱塘赵子直撰、太守林棐作序的20卷本《桐汭新志》,而是修于南宋开庆元年(1259年)以后明永乐六年(1408年)以前的一部广德州志。《广德军志》应该修于南宋绍兴四年(1134年)至元朝至元十四年(1277年)之间。有些志书可以明确编修时间、编修者,有些只能分析出大体的编修时间。

根据《中国地方志联合目录》《中国地方志综录》等方志书目,以及其他文献的记载,上述方志均已亡佚,无法得见其全貌,赖《永乐大典》和其他文献的转引得见部分内容。《永乐大典》安徽江南方志中只有《宣城志》《泾川志》《旌川志》《秋浦新志》为现存文献所著录，其他各志均未被著录，这一情况可以补充现存文献记载的不足，为更加全面地了解历代安徽江南方志编修情况提供了新线索。这是大典本安徽江南方志一个方面的价值。

《永乐大典》安徽江南方志佚文涉及宁国府、池州府、太平府、广德州，以及下辖泾县、旌德县、宁国县、宣城县、南陵县、贵池县、铜陵县、青阳县、东流县、石埭县、建德县、繁昌县、当涂县、芜湖县、建平县、清流县等地，涉及地区广，包括安徽长江以南大部分地区，为了解这些地区社会历史发展过程提供了丰富的资料，具有重要的史料价值。

《永乐大典》安徽江南方志佚文保存的资料非常丰富，24500多字，主要分为地理、政治、经济、人物、军事、文化几大类，包括山川、官署、仓廪、陂塘、物产、宫室、古迹、社会救助机构、人物、诗文、军屯、遗事、祥异等类目，共135条资料，为了解唐、五代、宋、元及明朝初年社会历史发展的基本情况提供了重要的资料基础。这些佚文保存的资料有些是现存文献所鲜载的，特别是文思斛斗、解纳粮米、潜火队、撩造会子局、张种、胡诚、陆令公、王侍郎《祭师学老文》、陈辅之、《曾子宣集》、《宣阳观三清圣像记》、李宏《和吕居仁泾县旌德道中见寄》、许端友为僧肇知山作《法相澄心堂记》、陈天麟《与客饮乾明寺东古梅下》诗、程应鼎撰《重建徽水门记》、《瑞麦记》、古梅、军仓、婴儿局、赵汝谈《题刘明叟浩重梅》、《次韵曾守述和删定鲍倅喜谯门复旧观》、赵汝历、季镛、赵亲夫、先贤堂、省仓、平籴仓、江南北诸屯、大麦、小麦、陈规、涩口湖、王家汀、葑泥汀、胡家汀、棠黎汀、童家湖、青丝湖、罗家湖、大陂湖、芜湖以北水、先贤堂、怀古堂、省仓、平籴仓、永丰仓等内容，这些资料是现存安徽江南方志中很难见到的，具有非常重要的史料价值，为研究相关地区历史发展提供了经济、政治、社会、人物、军事、文化等方面的新资料。也有一些内容与现存记载不完全相同，这可以起到补阙资料的作用。这些佚文也有一些为首次载入方志的，如李瞻《旌川志》收录的资料皆是第一次载入旌德县志的，具有首创性价值，为后世方志的编修提供了资料来源。又如洪武《宣城志》佚文保存了一些元末明初的资料，如"平籴仓""元际留仓""陂塘"，这些资料都是第一次载入宁国府志的,为后世方志编修提供了参考。

《永乐大典》安徽江南方志佚文收录了几部佚书的内容,具有辑佚古书的价值。如洪武《宣城志》佚文"千秋岭"条下收录《旧经》资料一条,"青土湖"条下收录《旧经》资料一条、范传正《宣州记》的"元际留仓"条下收录《旧志》资料一条,"铁牛门"条下收录《前志》资料一条,根据《中国地方志联合目录》《中国地方志综录》等目录可知,《旧经》《旧志》《前志》以及范传正《宣州记》早已亡佚,故大典本洪武《宣城志》具有辑佚古书的价值。

笔者在查阅资料时也从其他文献中辑出洪武《宣城志》、王栐《泾川志》、李瞻《旌川志》3部佚志的部分内容,一并收录于此书中,以之为对大典本志书的补辑。补辑洪武《宣城志》佚文50条,近4000字,其中49条为地理方面的资料,1条为经济类资料。补辑王栐《泾川志》佚文85条,6200多字,包括自然地理和人文地理两方面的内容。补辑李瞻《旌川志》佚文21条,1200多字。补辑的佚文为进一步了解相关志书的原始面貌提供了新的参考。

参考文献

(一)古代文献

[1] 晋书[O]. 北京:中华书局,1974.

[2] 陈书[O]. 北京:中华书局,1972.

[3] 隋书[O]. 北京:中华书局,1973.

[4] 旧唐书[O]. 北京:中华书局,1975.

[5] (宋)马令. 南唐书[O]. 清嘉庆墨海金壶本.

[6] 宋史[O]. 北京:中华书局,1977.

[7] 元史[O]. 北京:中华书局,1976.

[8] 新元史[O]. 北京:中国书店,1988.

[9] 明史[O]. 北京:中华书局,1974.

[10] (宋)晁公武. 郡斋读书志[O]//四库全书. 上海:上海古籍出版社,1987.

[11] (宋)陈振孙. 直斋书录解题[O]//四库全书. 上海:上海古籍出版社,1987.

[12] (明)杨士奇. 文渊阁书目[O]. 清文渊阁四库全书本.

[13] (清)永瑢. 四库全书总目[O]. 北京:中华书局,2008.

[14] (宋)王钦若. 册府元龟[O]. 清文渊阁四库全书本.

[15] (宋)马端临. 文献通考[O]. 北京:中华书局,2003.

[16] (明)王圻. 续文献通考[O]. 明万历三十年(1592年)松江府刻本.

[17] (宋)欧阳忞. 舆地广记[O]. 士礼居丛书景宋本.

[18] 元丰九域志[O]//中国古代地理总志丛刊[O]. 北京:中华书局,2005.

[19] (宋)乐史. 宋本太平寰宇记[O]. 北京:中华书局,2000.

[20] (宋)王象之. 舆地纪胜[O]//中国古代地理总志丛刊[O]. 北京:中华书局,2003.

[21] (宋)李昉. 太平御览[O]. 北京:中华书局,1960.

[22] (宋)祝穆,祝洙. 方舆胜览[O]. 上海:上海古籍出版社,1991.

[23] (明)李贤. 明一统志[O]//四库全书[O]. 上海:上海古籍出版社,1987.

[24] (明)曹学佺. 大明一统名胜志[O]//四库全书存目丛书[O]. 济南:齐鲁书社,1996.

[25] (清)穆彰阿. 嘉庆大清一统志[O]. 四部丛刊续编景旧钞本.

[26] 嘉庆重修一统志[O]//中国古代地理总志丛刊[O]. 北京:中华书局,1986.

[27] (清)顾祖禹. 读史方舆纪要[O]//中国古代地理总志丛刊[O]. 北京:中华书局,2006.

[28] (明)闻人诠、陈沂. 南畿志[O]//四库全书存目丛书[O]. 济南:齐鲁书社,1996.

[29] (清)赵弘恩. 乾隆江南通志[O]//四库全书[O]. 上海:上海古籍出版社,1987.

[30] (清)顾炎武. 肇域志[O]. 清钞本.

[31] 光绪重修安徽通志[O]. 清光绪四年(1878年)刻本.

[32] 嘉庆重修庐州府志[O]//中国地方志集成[O]. 南京:江苏古籍出版社,1998.

[33]光绪续修庐州府志[O]//中国地方志集成[O].南京:江苏古籍出版社,1998.

[34]正德安庆府志[O]//四库全书存目丛书[O].济南:齐鲁书社,1996.

[35]康熙安庆府志[O]//中国地方志集成[O].南京:江苏古籍出版社,1998.

[36]嘉靖宁国府志[O]//天一阁藏明代方志选刊[O].上海:上海古籍书店影印,1964.

[37]万历宁国府志[O]//稀见中国地方志汇刊[O].北京:中国书店,1992.

[38]嘉庆宁国府志[O]//中国地方志集成[O].南京:江苏古籍出版社,1998.

[39]嘉靖重修太平府志[O]//稀见中国地方志汇刊[O].北京:中国书店,1992.

[40]康熙太平府志[O]//中国方志丛书[O].台北:成文出版社,1970.

[41]乾隆太平府志[O]//中国地方志集成[O].南京:江苏古籍出版社,1998.

[42]嘉靖池州府志[O]//天一阁藏明代方志选刊[O].上海:上海古籍书店影印,1964.

[43]乾隆池州府志[O]//中国地方志集成[O].南京:江苏古籍出版社,1998.

[44]道光徽州府志[O]//中国地方志集成[O].南京:江苏古籍出版社,1998.

[45]成化中都志[O]//四库全书存目丛书[O].济南:齐鲁书社,1996.

[46]嘉靖广德州志[O].明嘉靖十五年(1536年)刊本.

[47]康熙广德州志[O].清康熙十二年(1673年)增刻本.

[48]乾隆四年广德州志[O]//稀见中国地方志汇刊[O].北京:中国书

店,1992.

[49]乾隆五十七年广德州志[O]. 清乾隆五十七年(1792年)刻本.

[50]道光广德州志[O]. 清道光二十七年(1847年)刻本.

[51]光绪广德州志[O]//中国地方志集成[O]. 南京:江苏古籍出版社,1998.

[52]历阳典录[O]. 清同治六年(1867年)刻本.

[53]光绪直隶和州志[O]//中国地方志集成[O]. 南京:江苏古籍出版社,1998.

[54]乾隆无为州志[O]//中国地方志集成[O]. 南京:江苏古籍出版社,1998.

[55]嘉庆无为州志[O]//中国地方志集成[O]. 南京:江苏古籍出版社,1998.

[56]正德颍州志[O]//天一阁藏明代方志选刊[O]. 上海:上海古籍书店影印,1964.

[57]乾隆颍州府志[O]//中国地方志集成[O]. 南京:江苏古籍出版社,1998.

[58]至顺镇江志[O]. 清嘉庆宛委别藏本.

[59]嘉庆宣城县志[O]//稀见中国地方志汇刊[O]. 北京:中国书店,1992.

[60]光绪宣城县志[O]//中国地方志集成[O]. 南京:江苏古籍出版社,1998.

[61]光绪宁国县通志[O]. 清光绪十九年(1893年)刻本.

[62]民国宁国县志[O]//中国地方志集成[O]. 南京:江苏古籍出版社,1998.

[63]光绪南陵小志[O]. 光绪二十五年(1899年)活字本.

[64]民国南陵县志[O]//中国地方志集成[O]. 南京:江苏古籍出版社,1998.

[65]嘉庆泾县志[○]//中国地方志集成[○].南京:江苏古籍出版社,1998.

[66]道光泾县续志[○]//中国地方志集成[○].南京:江苏古籍出版社,1998.

[67]嘉庆旌德县志[○]//中国地方志集成[○].南京:江苏古籍出版社,1998.

[68]道光旌德县志[○]//中国地方志集成[○].南京:江苏古籍出版社,1998.

[69]乾隆贵池县志续编[○].民国二十二年(1933年)据故宫图书馆藏清乾隆十年(1745年)刻本抄.

[70]光绪贵池县志[○]//中国地方志集成[○].南京:江苏古籍出版社,1998.

[71]康熙石埭县志[○].民国二十四年(1935年)铅印本.

[72]乾隆续石埭县志[○].民国二十四年(1935年)铅印本.

[73]民国石埭备志汇编[○]//中国地方志集成[○].南京:江苏古籍出版社,1998.

[74]康熙建德县志[○]//稀见中国地方志汇刊[○].北京:中国书店,1992.

[75]宣统建德县志[○]//中国地方志集成[○].南京:江苏古籍出版社,1998.

[76]光绪青阳县志[○]//中国地方志集成[○].南京:江苏古籍出版社,1998.

[77]嘉靖铜陵县志[○]//天一阁藏明代方志选刊[○].上海:上海古籍书店影印,1964.

[78]乾隆铜陵县志[○]//中国地方志集成[○].南京:江苏古籍出版社,1998.

[79]嘉庆东流县志[○]//中国地方志集成[○].南京:江苏古籍出版

[80]康熙当涂县志[O]//稀见中国地方志汇刊[O].北京:中国书店,1992.

[81]民国当涂县志[O]//中国地方志集成[O].南京:江苏古籍出版社,1998.

[82]嘉庆芜湖县志[O].民国二年(1913年)翻印嘉庆刻本.

[83]民国芜湖县志[O].民国八年(1919年)石印本.

[84]雍正合肥县志[O]//稀见中国地方志汇刊[O].北京:中国书店,1992.

[85]道光阜阳县志[O].民国三十六年(1947年)石印本.

[86]道光繁昌县志[O]//中国地方志集成[O].南京:江苏古籍出版社,1998.

[87]嘉靖建平县志[O]//天一阁藏明代方志选刊[O].上海:上海古籍书店影印,1964.

[88]康熙建平县志[O].清康熙三十八年(1699年)刻本.

[89]雍正建平县志[O]//中国地方志集成[O].南京:江苏古籍出版社,1998.

[90]道光怀宁县志[O].清道光五年(1825年)刻本.

[91]民国怀宁县志[O]//中国地方志集成[O].南京:江苏古籍出版社,1998.

[92]民国怀宁县志补[O]//中国地方志集成[O].南京:江苏古籍出版社,1998.

[93]民国怀宁县志略[O].民国二十五年(1936年)铅印本.

[94]康熙庐江县志[O]//稀见中国地方志汇刊[O].北京:中国书店,1992.

[95](明)张国维.吴中水利全书[O].清文渊阁四库全书本.

[96]谢宣城诗集[O]//丛书集成初编[O].北京:中华书局,1983.

[97]僧惠洪.石门文字禅[O]//四部丛刊景明径山寺本.

[98](宋)王巩.闻见近录[O]//中华再造善本[O].北京:北京图书馆出版社,2003.

[99](宋)张师正.括异志[O]//四库全书存目丛书[O].济南:齐鲁书社,1995.

[100](宋)张师正.括异志[O]//续修四库全书[O].上海:上海古籍出版社,2002.

[101](宋)吴曾.能改斋漫录[O]//丛书集成初编[O].北京:中华书局,1985.

[102](宋)潘自牧.记纂渊海[O].清文渊阁四库全书本.

[103](宋)李攸.宋朝事实[O].清刻武英殿聚珍版丛书本.

[104](宋)王栐.燕翼贻谋录[O]//四库全书[O].上海:上海古籍出版社,1987.

[105](清)厉鹗.宋诗纪事[O].清文渊阁四库全书本.

[106](清)倪涛.六艺之一录[O].清文渊阁四库全书本.

[107](清)周广业.蓬庐文钞[O].民国二十九年(1940年)铅印本.

[108](清)王琦注.李太白全集[O].北京:中华书局,1977.

[109](清)查慎行.补注东坡编年诗[O].清文渊阁四库全书本.

[110](清)严可均.全上古三代秦汉三国六朝文[O].北京:中华书局,1958.

[111]永乐大典[O].北京:中华书局,1986.

(二)今人著作

[1]张国淦.中国古方志考[M].北京:中华书局,1962.

[2]蒋元卿.皖人书录[M].合肥:黄山书社,1989.

[3]傅璇琮.全宋诗[M].北京:北京大学出版社,1995.

[4]宫为之.皖志史稿[M].合肥:安徽人民出版社,1997.

[5]傅成,穆俦.苏轼全集[M].上海:上海古籍出版社,2000.

[6]陈贻焮.全唐诗[M].北京:文化艺术出版社,2001.

[7]马蓉.永乐大典方志辑佚[M].北京:中华书局,2004.

[8]杜春和整理,张国淦.永乐大典方志辑本[M].北京:北京燕山出版社,2009.

(三)期刊论文

[1]张升.《永乐大典》正本的流传[J],图书馆建设,2003,(1).

[2]曹之.《永乐大典》编纂考略[J],图书馆,2000,(5).

[3]张升.《永乐大典》副本流散史[J],中国典籍与文化,2004,(4).

[4]刘春英.《永乐大典》散亡考[J],枣庄师专学报,2001,(4).

[5]黄燕生.《〈永乐大典》征引方志考述[J],中国历史文物,2002,(3).

后 记

时光荏苒,转眼到了 2019 年。回首过往,从 2004 年到现在学习和研究地方志已经有 15 个年头了。对《永乐大典》安徽方志的研究是开启这一征程的风向标,并在 2007 年以此选题顺利完成了博士学位。随着积累增多,学识加深,再次审阅这篇博士论文时发现了一些不足,便决定做进一步修改完善。但因教学和其他科研任务牵制了精力和时间,只得将博士论文分做《永乐大典》徽州方志、安徽江北方志、安徽江南方志三个部分,分别进行修改。一点一滴的辛苦付出终于有了收获,《〈永乐大典〉徽州方志研究》和《〈永乐大典〉安徽江北方志研究》两书分别在 2013 年、2015 年由安徽大学出版社出版。

在前两部书稿完成修改和出版之后,即开始陆陆续续地抽出时间对《永乐大典》安徽江南方志这一部分内容进行修改,弥补了以往研究的不足,细化了结构和内容。幸运的是,书稿修改完善之后,即得到安徽省社科规划后期资助项目的资助,最终得以将书稿付梓,也终于圆了自己多年来的心愿。欣喜之余,内心仍有些许惶恐,因个人的能力和学识有限,书中难免有不足之处,敬请指正。

《永乐大典》安徽方志的研究暂时告一段落,而对地方志的学习和研究工作却不会停步。感谢一直以来支持、帮助和关心我的人,也希望在今后的日子里继续得到你们的教诲和鼓励。

2019 年 6 月于合肥杏林书斋